文通天下

突 破 认 知 的 边 界

情感内耗

识别并摆脱他人对你的隐性操控

[德] 图里德·穆勒 (Turid Müller) - 著 / 水婷 - 译

光明日报出版社

图书在版编目（CIP）数据

情感内耗：识别并摆脱他人对你的隐性操控 /（德）

图里德·穆勒著；水婷译 . -- 北京：光明日报出版社，

2024. 7. -- ISBN 978-7-5194-8075-2

Ⅰ . C912.11

中国国家版本馆 CIP 数据核字第 20243WL017 号

Verdeckter Narzissmus in Beziehungen: Die subtile Form toxischen Verhaltens erkennen und sich
von emotionalem Missbrauch befreien by Turid Müller © 2022 by Kailash
a division of Penguin Random House Verlagsgruppe GmbH, München,Germany.

北京市版权局著作权合同登记：图字 01-2024-2399

情感内耗：识别并摆脱他人对你的隐性操控
QINGGAN NEIHAO:
SHIBIE BING BAITUO TAREN DUI NI DE YINXING CAOKONG

著　者：[德]图里德·穆勒		译　者：水　婷	
责任编辑：谢　香		责任校对：孙　展	
特约编辑：梁珍珍		责任印制：曹　净	
封面插图：干干川		封面设计：万　聪	

出版发行　光明日报出版社

地　　址：北京市西城区永安路 106 号，100050

电　　话：010-63169890（咨询），010-63131930（邮购）

传　　真：010-63131930

网　　址：http://book.gmw.cn

E - mail：gmrbcbs@gmw.cn

法律顾问：北京市兰台律师事务所龚柳方律师

印　　刷：天津睿和印艺科技有限公司

装　　订：天津睿和印艺科技有限公司

本书如有破损、缺页、装订错误，请与本社联系调换，电话：010-63131930

开　　本：146mm×210mm　　　　　　印　张：10.5

字　　数：270 千字

版　　次：2024 年 7 月第 1 版

印　　次：2024 年 7 月第 1 次印刷

书　　号：ISBN 978-7-5194-8075-2

定　　价：55.00 元

献给那些同我一起走过地狱的人

还有那些仍在水深火热中的人

......

提　　要

自恋型虐待不应被低估，因为当事人会成为精神和/或身体的暴力受害者。结果是：身心疾病、抑郁症、焦虑症、疲劳、创伤后应激障碍以及其他许多可能的病痛。威胁生命的健康状况、侵害性行为或自杀并不少见。

本书不能代替治疗。我建议所有患者（熟悉该主题的人）都应该去寻求治疗支持。如果你有自杀的念头或正处于严重的危机之中：请将此书放到一边，立即寻求专业的帮助。

作为幸存者，我们很久没有被认真对待了。现在是时候认真对待自己了！第一步就是自我照顾。

前　言

亲爱的读者：

正如你们所看到的，我用"你"和"你们"展开对话。我希望借用
"你"（这在自助文学中很常见）几个小时，不知道可以吗？我很珍视这
种家人之间的对话。

我觉得这种对话增强了全球性社区的凝聚力，在这个社区中，居住着所
有经历过并从自恋虐待中幸存下来的人们。你是有着相似经历的知情人
士中值得信赖的一分子，我们是前进道路上的战友，我们并不孤单。

你诚挚的，图里德

序　言

从我开始写这本书时起，就不断有人问我："你写的书是关于什么的？"

我快速地回答："是关于自恋的。"

大多数时候，人们的回应是："啊！就像特朗普那样！"

"就像特朗普那样——不过是隐性自恋。"我试图表达得更准确。

然而，当看到惊讶的眼神时，我补充道："为了知道特朗普是一个自恋的人。"这里，我总会习惯性地引用我父亲的话："人们不需要厨房心理学！——特朗普是自恋的典型代表，对于世界上所有的人来说都是。他是如此不同凡响，世界上从未有过像他一样的人。"

在大笑一番后，我们惊奇地发现，尽管如此，这样一个人还是当选了美国总统，于是，我继续解释道："我写的书是关于一种更加难以捉摸的自恋。人们认不出它，也因此，这种自恋是极为有害的。"

对面人的脸上如常浮现出疑惑的神情，我知道：这才是新鲜事！

正因如此，我才写下了这本书：辨认出这种自恋的行为方式才是保护我们自己和他人的关键所在。在政治舞台上，我们通常会有所怀疑，然而，在情侣关系中（最好的情况下），我们会卸下防备。这里，我们会毫无防备地遭遇自恋，受到严重伤害：谁能想到枕边人会是一个危险呢？

隐性自恋意味着滥用悄然存在——对于受害者来说，也并不少见！他们产生自我怀疑，失去生机和生之喜悦，身体和心灵开始生病。但是，他们想不到这一切都是因为他们的伴侣。毕竟，他们的心上人温柔且体贴——这一点由心上人广受欢迎即可证明！只有在夫妻咨询中，困难的原因才会另有出处……家人本身也认为：好的婚姻确实难啊！

虽然和伴侣的度假照片胜过每一部皮尔西纳[2]的电影，但是，依然会让人觉得哪里奇怪。最开始时是这样的，然后，越发觉得奇怪，却完全指不出究竟哪里不对。真是让人感到困惑！

如果你有一样的感觉，那么，我想要对你说：倾听自己的直觉！你没有发疯。有一个词可以形容你的经历：隐性自恋。

想要摆脱这种有毒的关系，不会如闲庭信步一般。但是，它是通向自由、自我和爱的门票。因为你将知道你所经历的不是真正的爱情。然

1　心理治疗师、导师，著有多部关于自恋、侮辱和饮食失调的书籍。

2　全名罗萨蒙德·皮尔西纳，英国女作家，以写作浪漫小说和短篇故事闻名，多部作品被翻拍成电影，如《四季》《拾贝者》《返乡》。

而，当爱情降临时，你会认出它，而你将不再受到伤害。

即使你现在还不能完全相信：不久，你将庆幸自己踏上了寻觅之旅。因为它将引领你走向一个无忧无虑且值得生活的未来。某天，当你醒来，你会惊叹：哎呀！原来生活可以如此轻松？

真的如此。我本人就曾亲身经历过……

引　言

我是一名心理学家。尽管如此，我确定自己（短暂，但强烈地）经历了人们可能称之为有毒的关系。如果我能早点读到这样一本书——也许，我会少受一些罪。

因为我没能幸免于难，我积攒了足够多的经验来写这本书，而我本人其实很乐意将这本书放入年轻时我的手中。我希望，这本书至少在对的时间到了你的手中。

> 我曾如此爱一个人，试图去治愈他，结果，却被他摧毁。
> ——自恋面面观小组，赫拉·桑德[1]

或许，你会问，在你们的关系中，究竟是什么这么奇怪？或许，你想分手，但还是做不到，因为所有人都赞赏你好的一面，认为你肯定已从中获益。或许，连你也不认为你们之间的问题有多么严重——只不过似乎怎样都说不通？或许，你才约了几次会，还不确定是否一定会有结果：显然你们情投意合——只是有点什么总让人觉得奇怪。

无论你在哪里遇到这个词——"隐性自恋"，显然这个概念都会引起你的注意。你希望，同时也害怕，它将回答所有那些折磨你的问题。因为

1　Spotify音乐服务平台上"自恋面面观"（Narzissmus Facetten）播客中的一员。

当你在网上搜索两人之间问题的时候，搜索引擎会给出"自恋"这个词——然而，你身边的人同这些陈词滥调一点也不沾边啊！尽管如此，你们之间还是积累了一大堆让人难以理解的伤害。你不知道究竟发生了什么。或许，你会为你所认为的"关系问题"而责备自己？

可能，这不是你第一次证明自己做了错误的选择。可能你正处于一个完全不同的困境之中。

幸运的是，总有许多合适的时机来阅读这本书：

第一部分

当你想要知道自己的伴侣关系是否有毒，或者自己较好的另一半是否自恋的时候，能够辨认出典型的自恋模式是很有帮助的。

当你怀疑自己的关系在情感上被滥用时，本书会帮你做出决定，是否以及怎样分手才是合理的。

第二部分

如果你过去曾遭受自恋虐待，那么，第二部分将陪伴你的治愈疗程。

第三部分

如果你想避免再次陷入被自恋者操控的困境，那么，在第三部分，你会了解到一些典型警告信号。此外，还有针对约会的必要知识和技能。

每章开头都是一篇日记形式的虚构报道（来自个人经历），文中所引用案例则来自其他幸存者，两者相互混合或被浓缩至事情的本质。由于源自无数事件，所以，具有普遍性。——如果你觉得对人有了新的认识，则表明本书并未写到你脑海中的那个人：书中所有案例（包括一系列我个人的日记）均源自真实生活——不过是相互混合，生出的艺术性人物。采用异化的手法也是为了保护个人隐私。

每章结尾都是对生活的具体建议，无须完成所有的任务，你可以选择其中的几个来做。其中，有的练习可能会让你觉得有趣，有的则可能会引起你内心的抗拒。但请注意！如果你内心的抗拒过于强烈，那么，它的存在很可能自有其因。例如，它可能在保护你的灵魂不会过度紧张。这可能就是你想要在治疗中去谈论的事情，或者你会想要将它放一放，留待这个结稍稍放松，而你也觉得已经准备好去面对的时候再去处理它。抑或这本就不是你应做的练习。把握界限也是我们这趟旅程的核心元素之一，请你认真对待自己的界限。如果你不确定，可以求助于咨询。即使你患有严重的心理疾病，也建议你谨慎对待自己探索灵魂这件事。

通常，对于所有体育锻炼都存在个体禁忌征象。如有疑问，请根据个人锻炼情况或医疗建议，检验本书中所描述的实践活动是否适合你，或者你是否还有其他更好的选择。

本书面向遭遇自恋虐待幸存者。此外，那些本人未直接受到影响的个人或许也会对这本指南感兴趣：例如，当事人的亲属或者来自医疗卫生系统的人员能够对此有所了解，从而为当事人提供更加有力的支持。
当然，你也可以从自己感兴趣的章节开始阅读。但是，我仍然建议你从头读起，因为对于辨识模式重要的新概念会不断被引入，中途插入则可能会错过对这些概念的解释。上述三部分内容共同构成了一幅完整的图画。另有一点需要说明的是：本书不是"十二步戒酒法"。

我恐怕本书所述相比灵丹妙药来说过于复杂，我更愿意将其看作一本带有地图和建议的旅行指南。至于选择哪条线路，你自己知道得最清楚。

本书也是一个平衡动作表演——我从两个视角出发写下这本书：心理学家和当事人。此外，我的调查研究还建立在专业文献及自助媒体和经验之上，这两种观点相辅相成。

这本指南的想法也来自我作为心理学家和当事人的双重角色：至今，我仍觉得震惊，每当我想起（自己身为心理学家）却总是不明白我紧张的人际关系究竟从何而来！而且也没有人注意到，我曾和专业人士进行过对话。如果它能发生在我的身上，那么，也可能发生在任何人身上！实际上，自从我讲述自己的故事以来，我已经听到过许多相似的经历——在亲密关系中、在公寓里、在工作场所以及在家庭中。

隐性自恋是难以捉摸的，因此，它很难被发现。但是，在生活中的各个领域，我们都可能遇到它。当我们在学习为生活做准备的时候，却没有被教导过要小心提防它。当虐待没有发生在身体上时，它通常会从周围人、医疗卫生系统和国家机构的栅栏间漏掉。在我看来，唯一有效的应对之策就是：拥有更多的知识。

我希望，这本书能对此有所贡献。

目 录
CONTENTS

第一部分　敢于跳跃

痛苦的真相比谎言好。

——托马斯·曼

第二部分：治愈伤口

治愈是身体、思想和灵魂共同作用的结果。

——杰克逊·麦肯齐

第三部分 发现爱

　　如果你想体验真正的归属感，你不必改变自己，你必须做自己。

　　　　　　　　　　　　　　——布芮尼·布朗

第一部分

敢于跳跃

痛苦的真相比谎言好。

——托马斯·曼 [1]

1　托马斯·曼（1875—1955），德国著名小说家和散文家，1929年获得诺贝尔文学奖，主要作品有《魔山》和《布登勃洛克一家》等。

第一章　两张面孔：了解隐性自恋

我躺在睡袋里，醒着，极度清醒。

这本该是一个愉快的假日，而我也应该好好休息。

但我实在无法理解他的行为。我们在度假！难道不应该快乐吗？

他刚一走开，我便拿起手机打开谷歌搜索。我本不愿这样做的。因为当我看到结果时，一阵痛苦袭来。痛苦一直存在。但是，现在，我清楚地感觉到它的存在，就像是一个开放性伤口。一个强烈到令我无法抗拒的认知将我淹没：躺在我旁边的这个男人——是反社会者还是自恋者？

短短几秒钟，不只是我的露营之旅化为废墟——不，而是我的整个人生！连同和他在一起的我对自己的看法一同化为废墟：突然，我变成了一个可怜虫，自轻自贱，任人摆布。一个受害者！

我是瞎了！但是，现在我能看见了，却更加痛苦。

我感到孤独。不，更确切地说：我终于感觉到，我好像是一个人了。原来，我一直在这个男人旁边。

当在日记里写下这些时，我还不知道，原来，我已经非常接近真相了。但是，"希望"这个糟糕的顾问还是给予了我猛烈的一击。我还计划了我们的婚礼。毕竟，我身边的男人不可能这样不正常！不是吗？他没有自恋者或反社会者的典型症状。他太好了！太正常了！对于他的行为，应当另有其他解释的！

简言之：我在旋转木马上又转了几圈，直到最后，它粗暴地把我扔了出来……

结论是：我不建议在两人度假时用谷歌搜索"人格障碍"，如果你还想休息的话。

现在，你读到了这本书，或许你正处于我曾经历过的谷歌搜索阶段：

有什么不对劲。两人之间的困难无法解释。人们开始找寻答案，往搜索界面输入相关概念，常见的关键词是"贬低""不承认错误"或者"不道歉"。

首先，人们会遇到来自临床心理学恐怖柜里的可怕术语：自恋、反社会和精神病。许多人在这里就停止搜索了，因为无法想象：这些犯罪小说中患有精神病的暴徒——绝不会是我的伴侣！

信息不足是许多人坚持留在病态关系之中的主要原因之一。能够理解和命名所经历的事情是治愈的重要步骤之一。它将归还给我们当初穿过有毒关系的精神迷雾时所失去的清醒和决断。

接下来，就让我们一起来看看自恋及其各种不同的变体。

健康的自恋——好，如果人们拥有它！

"自恋"这个词总是和许多误解联系在一起。模棱两可的部分原因在于不仅存在病态的自恋，还在于我们所有人都拥有健康的自恋。这也是一件好事情：谁（即使在挫折中）如果知道健康自恋的价值，那么，就会过得很好。在面对他人时，自爱和稳定的自我价值感使得自己不必自吹自擂。

此外，在不同的人生阶段，我们也会有特别自恋的时候：作为儿童，我们只知道世界围绕自己旋转；作为少年，我们身体里的激素会失去控制；作为年轻人，我们甚至会为了自己的身份而斗争。这些都是正确且重要的发展步骤。

当然，许多人至今还保有源自童年时代的自恋创伤。我们的自我价值随着时间起伏波动，也属平常。

区分健康的自恋和病态的自恋有三种方法：

1.科学界普遍盛行的一种假设是，健康的自恋和病态的自恋是一种特质的两极，位于一个统一连续体上——换句话说：患有自恋障碍的人得到了太多好处。

2.大多数人认为，自恋有健康和较为不健康的表达形式。

3.还有人认为，健康的自恋和病态的自恋是两种完全不同的事物：因为积极的或健康的自恋意味着，我们拥有稳定的自我价值感以及促进其实现的策略。而病态的自恋则与之相反：自卑感和功能失调的自尊调节。

显然，我们每个人都有针对自卑感的自恋防御：谁没有过为拯救自己的荣誉而去抨击对手呢？但是，面对病态的自恋，为保护对自己的积极看法，这种针对贬低或分裂的防御绝对必要，也无须宽容。

这很复杂，且很难说出哪里越过了精神障碍的界限。可以肯定的是：自恋型人格障碍（及其较温和的形式，自恋型人格倾向）远远超出了人们对于健康自恋或日常自我价值波动的理解。

浮夸型自恋——经典形式

当我们听到"自恋"这个词时，我们会想到这样一种人格——有魅力，或许，还有一点过分自以为是。但是，绝对有趣！只是长久看来缺乏同理心，强烈地以自我为中心，也会伤人。慢慢地，我们或许会原谅虚荣和傲慢，尤其是面对这些非凡的个体：他们有趣、聪明，且能说会道！

特别是第一眼看去很难发现，其实，精致的外表下并没有多少思想深度。激动人心的故事也多以"我……"开头。倾听不属于这些人的核心能力——除非有助于展示他们自己。

但是，作为派对上的明星、主角、富有激情的爱人或者强大的领导，他们做得很好。这些人物会对我们产生吸引力。他们的特质似乎（最开始）非常迷人，非同寻常的经历也激动人心！坦率地说：谁会不喜欢乘坐豪华游艇到孤岛上去野餐呢？……

然而，实际上，在有型的外表、大胆的行为以及令人印象深刻的履历背后，还有人格障碍，并且对周围人产生了严重的影响。特别是亲近的人往往深受其相关行为方式的折磨。最开始是渴求过度关注，接着是接受批评无能，贬低他人和发脾气，最终是婚外情、双重生活、控制，甚至身体暴力。

自恋与其他精神疾病不同：通常情况下，患者会感到痛苦；但是自恋不同，它是患者周围的人感到痛苦。对此，想必你已有过亲身经历。

这里所描述的浮夸型自恋就是一种典型的人格障碍变体。即使你的经历不能让你认出或只能部分认出它，知道还有其他变体也是一件好事情。

自恋的5个大写E（根据莱茵哈德·哈勒[1]）

1. 以自我为中心（Egozentrik）

2. 自私（Eigensucht）

---

[1] 奥地利精神科医生、心理治疗师、纪实文学作家，也是法医精神病鉴定专家。

3.敏感（Empfindlichkeit）

4.缺乏同理心（Empathiemangel）

5.贬低他人（Entwertung）

自恋——转型中的诊断

在学校里，喜欢希腊神话故事的人一定知道美少年那喀索斯（Narziss）爱上自己倒影的寓言，"自恋（Narzissmus）"这个词就源于这个寓言故事。

通常，人们所理解的自恋，即所谓浮夸型自恋，类似于其希腊同名者所表现出来的行为：患者认为自己优越且重要。他们渴望收获他人的羡慕，并得到特殊待遇。看上去似乎是过度的自尊，实际却恰恰相反：羞耻——是如此具有破坏性和威胁性，根本不应当被人们察觉到。于是，极少的自我价值感通过浮夸的态度和行为方式得到过度的补偿。

最终，那喀索斯变成了水仙花（Narzisse）（他冷酷地将自己所爱之人推向死亡）：就像是同自恋之人的关系一样，光芒四射的花朵也是有毒的。水仙花和自恋的诊断是一体两面：外在的美丽形象和对所有接近者潜藏的毒害。这一特征也导致外人几乎察觉不到自恋的存在。

以希腊神话悲剧人物命名的精神疾病也属于人格障碍的一种，是用于描述引发痛苦和冲突的僵化性格特征的专业术语。也就是说：这些性格特征影响一个人的核心，比所谓的神经症性障碍影响得更深——如饮食失调或者抑郁。因此，自恋型人格障碍也更难被治愈。

美国精神医学学会最新发布的《精神障碍诊断与统计手册》（第五版）（DSM-5）将自恋型人格障碍与边缘型、反社会型和表演型人格障碍一齐划分为B类人格障碍。这些"相关"人格障碍，可能有相似和重叠之处，有时，存在混淆的风险。

DSM-5诊断标准

至少满足以下5点：

1. 对自我重要性有夸大的感觉（例如，夸大自己的成就和才能；期望在没有相应成就的情况下被认为是优秀的）。
2. 痴迷于幻想无限的成功、权力、辉煌、美丽和理想的爱情。
3. 相信自己是特别的、独特的，只能被其他特别的或有声望的人（或机构）理解，或者只与他们进行交往。
4. 渴望过度的赞美。
5. 表现出一种权力感（过度期望获得特殊优待，或自己的期望自动得到响应）。
6. 在人际关系中剥削他人（通过利用他人来达到自己的目的）。
7. 缺乏同理心：不愿认同他人的感受和需求，不愿赞同他人。
8. 经常嫉妒别人，或认为别人嫉妒他/她。
9. 表现出傲慢、霸道的行为或态度。

在德国常用的心理诊断标准ICD中，自恋不再被单独提及。因为人格障碍的分类系统被废除了（边缘型人格障碍除外）。在ICD-11中，新维度模型不再区分不同类型的人格障碍，而仅识别具有不同严重程度和性质的单一人格障碍。

关于自恋的研究方法，各有不同且在不断变化。这可能使得自恋关系的幸存者不愿去深入探究自恋这个概念。因此，我在这里要特意提出平-卡斯和卢科维茨基的研究：他们指出（特别是关于 DSM）自恋的定义是一个大问题，会导致对自恋具体特征不准确的描述、测试、研究和治疗。当然，这也会导致不准确的数据。其背后的逻辑是这样的：如果每个人对自恋的理解不同，那么每个人所测量的东西也不尽相同！模糊的研究结果不是取消自恋诊断的理由（这在实践中经常会遇到）。但这是错误的结论！实际上，这更多地表明了"自恋"一词的灵活性。

近来，在心理学研究与实践中，人们越发清楚地认识到存在不同表现形式的自恋。有两种自恋需要加以区分，前述的浮夸型自恋及所谓的脆弱型自恋。虽然浮夸型自恋往往以嫉妒或侵略为特征，但似乎也存在一种"害羞"的自恋：自恋者对自己的需求和野心感到羞耻，在面对拒绝或批评时也会变得脆弱，从而产生社交退缩。然而，现实不是非黑即白，因此，总是可以观察到浮夸型和脆弱型自恋症状的混合形式。只不过，其中一方可能占据主导地位。

与此同时，还有一种假设认为浮夸和脆弱是一枚硬币的两个面，自恋者在脆弱和浮夸的行为之间摇摆不定。这可能与他们的生活状况有关：当他们成功时，他们可以用出色的成就来掩饰他们的自我怀疑；当他们不得不接受失败时，他们又会陷入困境，处于一种脆弱的模式。这里，"成功"可能是权力，也可能是一种有能力帮助他人的证明。

所以，自恋总是有两个面：浮夸和脆弱。问题在于：脆弱型自恋不一定能够一眼被认出，因为患者的行为与人们所预期的（浮夸型）自恋者的行为完全不同——相反。

差异：浮夸型自恋和脆弱型自恋的特征	
浮夸型自恋	脆弱型自恋
自负、优越感	恼怒、愤怒、生气、嫉妒
傲慢	无助、空虚
占主导地位	自卑、羞耻、回避关系、自杀

共同点：与浮夸型自恋和脆弱型自恋相关的特征
具有攻击性、抑郁，对自己和他人实施暴力

脆弱型自恋：软壳，硬核？

无论是电脑呆子、忧郁艺术家，还是等待被拯救的胆小鬼——脆弱型自恋总是被隐藏得很好。我们看到的只是有自尊问题、冷漠、内向且敏感的人。他们在人与人之间表现得相当笨拙，总是通过他人的怜悯来获得关注。一位幸存者是这样描述的：我总是很愿意去帮助她，因为我看到她有很多无法摆脱的困难，也因为她有时表现得像个小女孩。

浮夸型自恋意味着：外表自信，内心缺乏安全感。脆弱型自恋（超敏反应）则恰恰相反：看起来缺乏安全感的人内心深处却有一种浮夸的态度。

虽然浮夸型自恋者往往会取得较高的成就，而脆弱型自恋者则相反，往往取得的成就较低。但是，脆弱型自恋者深陷于牺牲者的角色，他们暗自认为："如果最终有人让我做的话，我会展示给所有人看！"这儿，他们所展示的正好是他们伟大的幻想。

乍看之下，脆弱型自恋者完全与自信无关。也许是他们使我们变得理想化了，或者是他们不愿为自己的生活负责任。他们看上去不安，甚至抑郁。实际上，他们有时也的确如此。内心空虚、情绪扁平、无聊、缺乏生活欲望（面具背后所有自恋者的典型特征）显示出与抑郁症相重叠的症状，也常常伴随有抑郁的发生。事实上，脆弱型自恋常常会被忽视或被错误地诊断为抑郁症。

常与自恋一起发生的疾病（并发症）

自恋型人格障碍常与下列疾病同时发生，与之相混淆，或因此在诊断时被忽略：

浮夸型自恋	脆弱型自恋
反社会型、表演型及偏执型人格障碍	边缘型、自我不安全型及依赖型人格障碍
双向情感障碍	抑郁症、自残行为、自杀
上瘾症（酒精及其他物质，性、游戏和工作成瘾）	焦虑症、上瘾症
倦怠、创伤后应激障碍、自杀、自残行为	

（请注意，浮夸型自恋和脆弱型自恋之间的区别是人为的。）

浮夸型自恋将羞耻视为极具威胁性的事物，因此，会通过夸大的想法来避免它；脆弱型自恋中，羞耻则更加明显，并且患者自身也会更加清楚地感觉到羞耻。然而，对这两种类型的自恋来说，羞耻感都是核心的感觉之一。

总之，脆弱型自恋很难被辨识出，即使是训练有素的专家也往往会漏掉它——部分是因为DSM诊断标准以及当下流行的测试更多检测到的是浮夸型自恋的特征，忽视了脆弱型自恋的特征。更加糟糕的是，还有其他困难……

抑郁症和自恋型抑郁症的区别

	特征	
	抑郁症	自恋型抑郁症
核心情感	负罪感	羞耻感
情绪	悲伤、忧郁	不是真正的悲伤，而是：空虚、不快乐、无价值感、无聊、无意义、躁动
其他特征	抑郁症通常伴随着焦虑症状 抑郁症可能隐藏在身体的症状之下	情绪和焦虑症状充斥着愤怒、嫉妒、羞耻和猜忌。 此外还有：完美主义、特权感
反移情反应：（治疗时）对方……	……产生想要帮助、照顾或保护对方的冲动 ……产生负罪感和缺陷感以及自责的倾向 ……感到需要强化"柔软的"对方	……自我贬低、无能、不耐烦、被剥削、被压抑或害怕伤害超敏感的对方 ……渴求他人的美慕（镜像移情） ……理想化自己（理想化移情）
引发事件/原因	积极和消极的重大生活事件 角色冲突 脑代谢紊乱 其他	自恋：自我价值感依赖于外界，在没有确证的情况下会导致精神折磨 浮夸型自恋：对外部确证感到失望 脆弱型自恋：长期感觉不足

隐性自恋：隐蔽且危险

浮夸型自恋和脆弱型自恋都具有显性（overt）和隐性（covert）两种表现形式。隐性行为很难被辨认出是自恋，即使治疗专家也一样。

这里所说的行为，最初，我们并没有将其归为有毒的一类，因为自恋的动机潜伏于其后，不能被直接观察到。通常，目标人物都是在几年或几十年之后才注意到他们曾是情感虐待的受害者——如果有的话。通常，为了不弄脏闪亮的外表，轻视不仅（像普通的自恋）发生在紧闭的大门之后，也发生在不经意间：在笑话中、在微小的非语言手势中、通过潜意识的影响、虚假的恭维、戏弄以及其他毫不显眼的贬低：在一次演讲前，他说：*反正没人会那么仔细地看你，你不必太在意！直到后来，我才意识到这是一种侮辱。*

对于可能陷入怎样一种困境的无知加重了受害者遭遇的伤害。

如果你想对此做进一步研究，你最好知道专业术语中存在一种令人困惑的模糊性：浮夸型自恋常被视为显性自恋，而脆弱型自恋则被看作隐性自恋。

然而，目前的研究状况是：浮夸型自恋和脆弱型自恋两者都展现出一种显性和隐性的混合特征。显性元素是可以被直接观察到的——例如人的行为及其（表现出的）态度和情绪等。隐性元素则需要进行推断，因为它们不能被直接感知——比如认知（思想）、未被传达出的感情、动机和需求等。

譬如，当一个人粗暴地指责他人时，我们就可以说这是浮夸型自恋的一种外在表现。感官可以感知到这一点。对于他人提供的支持与帮助，其背后也许隐藏有未被说出口的（隐性的）轻视：帮助，可能更多的是一种自我优越感的证明，而不是真的为他人着想。人们只能推测他人隐藏在内心的动机。

同样，脆弱型自恋可能既是显性的又是隐性的。一个人可能总是说："因为大家都反对我，所以我才一事无成！"或者他只是在脑海中培养这种受害者心态。

以上所述是不同的自恋表达方式。亚伦·平卡斯研究团队凭借这种划分使得混乱的术语变得清晰。他们的临床研究结果表明，实际上，所有患者都同时表现出显性和隐性浮夸型元素，以及显性和隐性脆弱型元素：在每一个显性浮夸型行为之下都可能存在一种隐性的脆弱。反之亦然，每一个显性脆弱行为都与一种潜在的浮夸相联系。二者密不可分。

然而，将两者分开的错误时常发生，主要是在通俗文学当中——然而（因为关于自恋概念的模糊）也会出现在科学研究当中。因此，将科学与自我救助的智慧相结合，给我带来了应对这一矛盾的挑战。而具有不同混合比例的工作图像让我知道：一个人在某个时刻隐蔽地表现出脆弱型自恋症状，在本书中则可能会被描述为隐性自恋者。

本书更加关注隐性症状——单纯是因为其他书中对此描述甚少。为简单起见，我会假定显性自恋和隐性自恋是两种泾渭分明的自恋类型。但是我们必须记住，真实的世界更加复杂。

显性自恋和隐性自恋——相互对立

显性自恋很容易被辨识出，它直接呈现在我们面前——特别是浮夸型自恋：这些人大概最晚在第二眼时就不再讨人喜欢了。他们的自恋特征（正如"自恋"这个词所透露出来的）是较为明显的：了解他们的人会注意到，他们只关心自己的利益，很少对他人产生兴趣或同情心。因为自视甚高，他们毫不掩饰对自己的高度评价。"我经常听到其他人对她的夸赞：要么这个，要么那个同事说过：你看起来好极了！"

他们倾向于寻找可以成为公众焦点的角色，以期获得掌声和权力：

例如胆大妄为者、激进分子或者政客。他们也有自恋的典型双重人格，但这与隐性自恋阴险的伪装有所不同。

隐性自恋者极其在意他人对自己的看法。人们尊重他们，没有人会说他们是自恋的。他们看上去友善且乐于助人。对于这一点，他们非常注意。他们的面具长期以来无可指摘。只有他们的受害者会偶然瞥见面具之后的面孔。但是，他们则会找理由自圆其说——因为不应当是这样的，也就不会这样去想。只有当亲密关系结束时，面具才会裂开，真实的面目才会显现出来。只不过，还是很难让人相信其他所有的事不过是一种幻觉。

隐性自恋者因为自我价值感较低，所以倾向于选择可以通过无私奉献而默默汲取力量的职业：像是殉教者、被卑鄙的世界所误解的隐士、叛逆者、传教士、医生或者（从未实践过的）残障艺术家等角色，都极适合隐性自恋者在暗中培养他们伟大的幻想，他们本是天选之子，因为超乎寻常的天才而被误解，肩负着神圣的使命为人类服务。

具体是怎样的呢？——一个用以表明差异的典型案例是在餐厅就餐：

一个女人和她的自恋丈夫出去吃饭。如果他是一个显性（浮夸型）自恋者，那么他认为全世界都应当为他服务。服务员感到不轻松，因为他从自恋者那里得到了额外的屈尊俯就。当然，除非服务员吹嘘他是多么棒的一个人。——不管怎样，当这对夫妻最终离开的时候，所有人都很高兴。而他的妻子则会觉得对每个人都有些抱歉。

如果说上述例子中的丈夫是脆弱型自恋者，那么自恋其实更加难以被识别：为了转移丈夫的注意力，妻子把丈夫引出家门，外出就餐。因为她知道：他又一次处于精神崩溃的边缘了。她只能猜测他昨天喝了（或以其他方式消费了）多少。无论如何，他依然站都站不稳。甚至在他们点菜之前（当然是她请客，以免他疯狂的前妻提出更加可怕的赡养要求从而加重他的负担），她就试图将他从思想的旋转木马中解救出来。她耐心地和他一起梳理在管弦乐队中的争吵、他在最近一次媒体批评后的自我怀疑以及他的财务担忧。直到吃甜品时，他们谈论的话题依然没有任何新的进展。她咬住舌头不说话——但有时，她会觉得（而且哪怕只是想一想，她都会觉得羞耻），他其实不想解决问题！无论如何，他们不是第一次重复这些话题了……不知道他是不是有些抑郁？他自己声称没有灵魂的苦痛就无法作曲，但她个人认为，即使有，他也不能。

当他们离开餐厅时，丈夫至少感觉好一点儿了；妻子却相反，已经做好度假的准备了。真是奇怪！妻子之前还充满活力！服务员若有所思地目送他们离开：当一个人度过了糟糕的一天后，有个人在旁边鼓励加油，多好啊！但她并不知道：接下来就几乎只有糟糕的日子了……

然而，如果这位女士嫁给了一个其浮夸和脆弱一面都被隐藏起来的自恋者，那么这一晚就会完全不同——譬如：

妻子很高兴，终于能和丈夫再次一起外出就餐，她很期待他们之间能有一场愉快的对话。但是，在前往餐厅的路上就已经出现了分歧。妻子想要消除分歧，因而提出了话题。丈夫却打断了她，因为他们正在步入餐厅。并且，最终也没有人发现，他们正在争吵！她的丈夫过分热情地同所有的人打招呼，而她则暂时收回了谈话的意图。直到吃主餐时，他们还是没能展开私人对话。因为她的丈夫正和服务员及老板聊得热火朝天，并仔细打听他们的健康状况。（邻桌的人惊叹于这么友好的一位男士却有一位这么冷漠的妻子。多么可怜的人啊！）

最终，连同美味的甜点一起，妻子吞下了想要澄清的愿望。因为她再次确信：她有一个好丈夫！受人欢迎且谨慎周到！她决定不去怨恨他。

当然，小费给了许多。丈夫与在场所有的人真挚地告别并保证不久会再来。但是，还没等餐厅的门合上，他就像是变了个人：沉默、无趣且心不在焉。但这一切都可能只是妻子的想象？

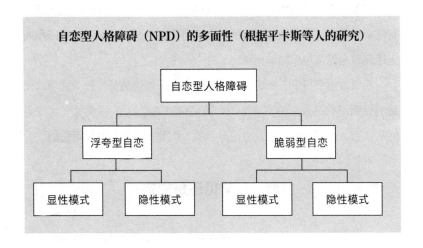

自恋型人格障碍（NPD）的多面性（根据平卡斯等人的研究）

现在，我们结束这个话题，来澄清另一个关于自恋的误解。

自恋——只适合男性？

关于自恋的另一种说法是：自恋者总是（或至少大部分都是）男人。事实却并非如此。

事实是：浮夸型自恋多见于男性，而脆弱型自恋或隐性自恋则男女一样多。此外，如许多其他领域一样，越来越多的女性成为自恋者。

到目前为止，由于性别刻板印象，女性的自恋经常被误诊并被忽视。因为：人们不希望女性会自恋。这种刻板印象充当了一种自我实现的预言。

此外，还有盛行的令人困惑的术语："女性自恋"常被用作隐性或脆弱型自恋，以及共生自恋。"男性自恋"则被用作显性或浮夸型自恋。

为什么？因为性别角色各有其典型的不同表现形式：男孩和男人总

是被鼓励去占据主导地位，公开表现出攻击性；而女孩和女人则学会去走不显眼的道路，如果她们想要坚持己见的话。

当然，男性也可能会展现出"女性的"自恋行为，而女性也可能会有浮夸型自恋行为。随着僵化的性别角色不断消解，人们甚至可以预期上述现象会越来越频繁地出现。

我原本想要提供一个更加细化的视野——遗憾的是，较少使用二元法的性别研究是未来的事。当下，我们可以确定的是："女性"和"男性"自恋，这样的表述是具有误导性的，因此，我们不再使用它们。

自恋——罕见还是常态？

毋庸置疑的是，一直以来，都存在自恋。对于自恋型人格障碍出现的频率有不同的研究结果，数据为1%—8%，有些估算则会更高些。然而，很难确定自恋实际上有多普遍——也是因为该术语的定义不明确，且诊断工具也容易出错。

人们可能低估了自恋出现的频率：如果排除诊断错误来源（例如DSM对脆弱型自恋的无视），那么数据可能会更高。

此外，大量未报告的病例也造成了统计的困难：自恋型人格障碍患者（除少数例外）无法反思自己的缺点以及自己的行为对他人造成的影响，因此，他们不认为自己有病，也很少会前往他们可能被诊断为自恋的地方，并成为数据的一部分——尤其当他们是浮夸型自恋患者的时候。接受治疗时，他们大多处于脆弱的状态和自恋危机当中，因而容易被误解，不被视为自恋。

此外，由于患者对自恋缺少认知，低估或根本没注意到其状况的严重性，使得诊断变得尤为困难：人们称之为自我协调，即人们认为自己的情绪、认知和冲动不是一种障碍，只是自己的一部分。

因为社会（特别是由于社交网络中的自我展示）越来越自恋，在年轻人中，似乎出现了越来越多的温和型自恋者。另外，还应考虑到仍有其他未被纳入考察范围的自恋型人格障碍。

一个连续体：自恋的严重程度

自恋似乎在一个连续的统一体上移动：当自恋还不足以被诊断为人格障碍时，人们称其为人格倾向。接着是完全的自恋型人格障碍，表现为脆弱型和浮夸型自恋。在表达强烈且伴随有反社会型人格特征出现时，则被称为恶性（恶意）自恋。在精神病学中，它等同于"邪恶"。暴力犯罪和政治暴行往往源于这类人格障碍。如果反社会特征更加明显，则是反社会型人格障碍；它也属于自恋型人格障碍，情况严重时接近精神病：精神病患者也会通过操纵来获得他们想要的东西，但是，他们通常不在乎别人对他们的看法。自恋者则需要周围环境来获得自我价值感。

对于准确地划界和分级，虽然存在分歧，但是，人们还是就基本倾向达成一致：自恋型人格障碍患者在受到激励时，还是会产生认知同理心的。然而，病情越重，他们的同理心和自责感就越少，暴力的可能性越高。

此外，自恋还有不同的功能程度。最低功能型自恋患者生活混乱，几乎无法正常生活。因为他们的症状总是在不同类型的障碍之间变换，所以很难把它同其他人格型障碍区分开。高功能型患者可能拥有体面的职业、大房子、美满的婚姻以及诸多有趣的爱好。因此，我们很难想象，这样的人会患有严重的人格型障碍。对于专家来说也一样，他们也很难辨认出这些适应良好的人士患有人格型障碍。在这两极之间还存在许多灰色地带。

许多面孔——一种诊断：其他类型的自恋

美国自助文学区分了许多其他类型的自恋，它们以单独、交替或混合的形式出现。虽然这些在心理诊断手册中没有描述（并且在各地也有不同的命名），但是，它们仍然有助于识别不同的自恋表现形式。下面介绍几个特别隐蔽的自恋类型。

良性自恋意味着患者停留在青年时代，并且，显得不太成熟。尽管如此，还是可以和他们一起玩得很开心。但是，当你尝试和他们深交或是分享沉重的生活问题时，你会发现这种关系是多么肤浅。当你想要建立更加亲密的关系时，这种肤浅的关系会给你造成巨大的麻烦。因为双方无法以成人的状态进入这种关系中，所以基本上不会成功。

有时，自恋也被认为是一种优越感。例如，人们会区分大脑自恋和躯体自恋。前者以大脑为优越处，后者则通过外表获得自恋的认可。前者或许拥有博士头衔，后者或许穿着低胸装。但是，漂亮男孩或芭比娃娃可能比使用许多外来词的人更容易让人觉得自恋，毕竟，我们不会将聪明的话语立即和肤浅联系在一起。

还有一种自恋同样很难被辨认出，即所谓的社会性自恋。这些人的自尊来自社区活动、保护鲸鱼或其他在我们看来令人钦佩且具有公益性的事业。问题是：他们不是为了事情本身去做，而是为了获得认可才去做。努力成为学科中"最好的"，也是典型的自恋表现形式之一。只不过，他们的最高级不在于美丽或智力（动力性），而在于拯救世界（社会性）。如果掌声、点击或联邦十字勋章还未到来，他们周围的受害者就会有所察觉，怀疑是否自己有问题，因为他们与这些圣人紧密相连。科学研究也支持上述模型。

伪善型自恋的家属也有着相似的遭遇：他们更好的另一半总是能感觉到：他们总是道德高尚，并且做什么都对！

冷漠型自恋患者会通过缺席来引人注目：比如，本想带来的东西或是共同的约会——完全忘记了！当浮夸型自恋者在吹嘘，脆弱型自恋者在抱怨的时候，冷漠型自恋者则对谈话毫无兴趣。此处，暴力因不作为而发生，因此很难被确定，毕竟什么都没有发生呀！

著名的完形治疗师埃莉诺·格林伯格（Elinor Greenberg）将隐秘自恋描述成一种外表不显、镇定、平静的伪装类型：患者害怕成为关注的中心，因此，他们不会引起人们对自己的关注，而是引发人们关注他们理想化的人或机构，以便能够因为与之关联而感到自己的重要性。不同的表现形式有如助手、好友、粉丝或学员。

因为实际生活不拘泥于类型模式，所以存在许多混合形式。分类只是帮助我们辨识自恋模式的工具。很有可能，在你生活中的自恋者结合了上述所有特征。

接下来，我们还将讨论文化是否也会对自恋的形成产生影响。已有不同相关理论存在。欧洲著名的法医精神病学家莱因哈德·哈勒认为，在西方，更多的是显性自恋类型；而在东方，则更多的是隐性自恋类型。

病因分析：自恋是如何产生的？

心理学中，人们寻找事物原因时，总是会问：是遗传还是环境？并得出结论：两者都有。这里也一样。

人们假定，遗传和环境因素共同作用于自恋型人格障碍的产生。该障碍的发病表现为家族聚集性。这说明基因在其中发挥了一定的作用。但是，儿童时期的环境因素可能影响更大，从而促使形成自恋型人格障碍：例如冷漠或自恋的父母、忽视、缺乏父母镜映、纠缠、宠溺或过度仰慕、过早成为父母或承担成人角色（为人父母）、虐待（包括情感或言语上的）以及其他创伤。然而，这些环境影响并不能保证一定会发展为自恋型人格障碍。其他有类似情况的人也可能发展出其他类型的人格障碍或保持相对健康。

自恋型人格障碍患者似乎有一个共同点，那就是在障碍形成阶段都没有获得自发的爱。如果有的话，也只是因为他们为某人做了什么：取得了成就并成为家人的骄傲，从女孩变异为男孩，或者充当寂寞母亲的玩偶和抱怨箱。他们因此形成虚假的自我，隐藏真实的自我——即使在面对自己时也一样。

无论原因为何，结果都是一种混乱的自我价值感以及自我价值感失调：自恋之人形成了两种极端的自我形象——一种完美无瑕，一种微不足道——他们在这两种自我形象之间摇摆不定。生活环境和周围人的反应决定了他们的自我形象。所有的操纵和投射都在试图使自己显得完美和特别，因为有另一种选择会是难以忍受的耻辱，并且，可能会导致自卑抑郁和自我厌弃。

脆弱型自恋和浮夸型自恋在对待羞耻感上显示出两种不同的倾向。为了防止自卑感，浮夸型自恋能够很好地维持虚假自我的面具；而脆弱型自恋因为办不到，会将脆弱的一面置于人前。

患有人格型障碍的人本身都是受伤的灵魂，但是，这绝不是他们肆意妄为的理由。

预测：自恋可以治愈吗？

关于自恋患者对治疗的满意度，存在不同的评估意见。一些人认为，它是最难治疗的精神障碍之一。如果是人格障碍，人们很难彻底改变深层的基础，但是部分行为还是可以被修正的。

但是治疗的结果因人而异。可能有所改变的是那些（很遗憾极少数）拥有自我反省能力的人。因为最大的困难在于自恋患者察觉不到自己任何弱点。也因为缺乏对疾病的认知，很少有人去寻求治疗。而当他们这样做时，大多也是因为受到外界的压力。很多人很快会放弃治疗，因为显然治疗对他们的自尊构成了威胁。

经典的防御手段是和治疗者结盟（有可能的话作为夫妻治疗的一部分）或者是贬低他们："菜鸟什么都不知道！"

在脆弱期或自恋危机中，有时，人们会因过多的痛苦去寻求帮助。然而，这里依然存在未能辨识出自恋障碍的风险，与抑郁、倦怠或其他精神障碍相混淆，从而接受错误的治疗。

有证据表明，纠正性生活事件同样会对自恋的发展产生有益影响并能减少自恋。

如果人们能够按照自己的理想去塑造生活，那么，就会拥有稳定的自信。即使遭遇严重的损失，如离婚或失业，也只是会微微动摇并转变想法。

总而言之：想要获得轻微的改善不是不可能——只是太耗时，不大可能，而且首先会因为缺少治疗的意愿而失败。

拉玛尼·德瓦苏拉（Ramani Durvasula）博士是美国自恋自助领军人物之一，他不建议因为期待患者发生改变而留在虐待关系之中。保证会做出改变，完全是自恋者为了留住受害者的一种策略。希望是一种黏合剂。

受害者、幸存者和目标对象

· 文献中，有各种各样的术语来指代那些经历自恋虐待的人，最常见的是受害者、幸存者和目标对象（目标人群）。

· 这些名称都没有轻视的意味，也不打算让患者去扮演受害者的角色。相反：措辞的选择清晰地表明，没有人能够幸免于自恋虐待，这也不是牵涉两方的普通的关系问题。

这里还要提醒大家：自恋者参与夫妻治疗的并不少见。通常，都是受害者提议去寻找一个解决办法。然而，对于隐性自恋，这往往会适得其反：如果另一半没有接受过关于自恋的训练，那么他就可能屈服于自恋的魅力并将问题完全归咎于受害者。在某些情况下这真的很离谱，似乎需要治疗。不幸的是，这种混淆因果的情况并不少见。毕竟自恋者总是能够提供令人信服的表演！

对那些辨认不出（隐性）自恋虐待，且（在自恋方面）未经过训练的人进行治疗干预，很可能会对其再度造成伤害。

通常情况下，夫妻治疗是通过改善沟通来发挥作用的。然而，这只有在双方能够（并且想要）沟通的情况下才能够成功。由于自恋者缺乏沟通的基本要素（自我反省、承担责任、表达感受和需求等），沟通大多注定会失败，甚至可能适得其反：尤其是在自恋关系开始时，夫妻咨询可能变异为自恋训练营。因为自恋者会借此知道自恋面具的开裂处和需要改进的地方。同时，目标人的弱点被暴露，为操纵者提供了新的攻击点。

就我个人而言，我只能建议：如果你想搞清楚状况，请单独进行咨询。最好是找那些了解隐性自恋虐待的人。你可以在初步的电话交谈或是在第一封求助信中阐述你的经历。

在相关人员不在场的情况下，专业人士不能也不得做出正式的诊断。但是治疗可以帮助你厘清思路、照顾自己并做出决定。*治疗师设法*

使我再次振作起来，让我看到自己的优点以及我是谁，这些都是必要的。有一个人从外面告诉我：你没有这么卑微！你也不是那个恶人！使我摆正了自己的观点。直到此时，我才意识到所有的事情：原来是我让丈夫将自己变得如此渺小！我让自己受到了怎样的操控啊！

但是：请你睁大双眼！即使在治疗和训练中也常会有自恋之人存在。你可以先试听3—5节课，看看你们是否能够很好地合作，你又是否找对了人。

"自恋！"你能这么说吗？

"标签是给罐头的，不是给人的！"一般来说，我完全赞同这句话。但是，对于下述情况，我想提醒大家：诊断和其他术语有助于我们识别模式，以便能够采取行动。意识到自己所经历的事情是自恋虐待将会是一个重大突破。

> 当我们做出诊断时，我们在描述一种模式……从来不是一个人。……模式……可以比作乐器上演奏的旋律……大多数人……会选择不断演奏特定的旋律。通常，他们甚至不知道他们可以做出不同的决定。
>
> ——埃莉诺·格林伯格

如果你对"自恋"这个词有所顾忌，那么，请你放心：这是你的荣幸。虽然在这种情况下它不能再继续为你提供任何帮助。

不必由他人作出诊断的想法或许会让你松一口气。识别模式和可以命名就足够了。因此，我们不使用"自恋"这个词作为诊断，而是用以描述作为典型行为的总称。

此外，一个人不需要满足自恋型人格障碍的全部诊断标准。强烈的自恋成分已足够对周围的人产生消极的影响。这个观点相对新颖，刚刚开始进入公共卫生意识。到目前为止，人们在很大程度上低估了这种关系的破坏性影响。

我似乎还是听到了"但是……"?

自我怀疑：是我有精神障碍?!

如果你现在或是在读完典型的互动模式之后感到自己才是那个有问题的人，这实属平常。也说明你不是！自恋者不会进行自我反省，也认识不到自己的缺点。相反，质疑自己表明你是自恋虐待的受害者：自恋之人特别喜欢选择具有强烈移情特征的人作为受害者。他们的特点之一就是不断质疑自己。他们喜欢成长，乐意接受批评，也愿意给亲密关系中的人以最好的事物。因此，这类人当然也会最先自我反省，检讨是否自己做错了什么。在有毒的关系中，这种品质被自恋者加以利用。

因为：如果你"更优秀的另一半"真的有自恋的特质，那么，长久以来他可能一直都在向你暗示，你们之间所有的问题都是你的错。你甚至可能被称为是脆弱的、生病了或是自恋的。这部分是由于投射——在心理上相当于呕吐：难以消化的东西被释放到外部。自恋者常会将不受欢迎的特征投射到周围人的身上，并指责受害者的过错。也因此，许多自恋伴侣关系的受害者都害怕他们自己是自恋的。

长话短说：鉴于此，感到困惑是正常的。这也表明你的心理是健康的。

制造疯狂——当你认为你要疯了

为什么你会读这本书？很可能是因为你正在为发生的事情寻找答案。也许你已经不知道应该去相信什么了：那个声称爱你的人做了与之不相符的事情。你在两个平行的现实之间摇摆，完全不知道哪一个才是真的。渐渐地，你开始怀疑自己的理智。

你感到困惑，这并非偶然。实际上，我们可能已经有了第一条线索，你们的关系可能是有毒的。人们称其为"制造疯狂"。

我们曾经受到的或正在受到的影响可能微乎其微，但绝不是毫无作用的。文献中，有时会将自恋操纵的破坏力与情报技术作比较：受害者通常会感到处于模糊的迷雾之中。做决定变得越来越困难——影响到"是留下还是离开"这个大问题。他们在精神和身体上变得更加脆弱，怀疑自己，也怀疑自己对情况的评估。有时，他们甚至能清晰地感觉到自己发疯了，于是自行前往治疗。在这种情况下，人们只能寄希望于治疗师能够辨认出这是一种自恋受害者综合征（也称为自恋虐待综合征）。如果受害者一直停留在这种致病的关系中，治疗永远不会成功。因为：我们没有疯——我们是被逼疯了！

自恋虐待综合征

自恋关系中人的症状——部分选项

· 模糊、困惑
· 丧失兴趣、丧失自我
· 自尊和自信下降
· 惊恐发作
· 发脾气
· 失眠
· 体重减轻或体重增加
· 反刍思维（沉思）、自责、自我质疑

- 心率加速
- 肌肉疼痛
- 恶心和呕吐
- 疾病
- 渴望死亡、产生自杀的念头
- 绝望、寻求帮助、害怕毁灭

这些听起来比你想象的更加戏剧化，是吗？而这也可能是一个自恋虐待的迹象，因为受害者通常很难认真对待他们所经历的虐待。

自恋关系中人的症状与战犯的症状相类似。至于它是如何产生的，虐待是怎样的，为什么它不会被注意到，在接下来的章节中你会找到相应的答案。

小贴士

1. 知识就是力量：这本书是一个好的开始。
2. 保持距离是件好事：有毒的关系往往十分棘手，以至于几乎无法将它看清楚。因此，保持一定距离是有益的：冥想；维护那些可以滋养你的人际关系；周末独自一人前往海边；为自己做一些事，或者时不时地躲在家里。

但要小心！当自恋者发现他们受到的关注越来越少时，他们会变得愤愤不平。然后，他们可能会采取越来越极端的手段来引起你的强烈反应。如果你担心退缩会激怒你身边的人，进而使自己处于危险之中，那么，你可能需要无懈可击的借口，或者一个不显眼且无可怀疑的退缩策略：你要去照顾一个好朋友，即使你一个人在家，也应默默为自己抽出时间，或者通过精神上的退缩来确保内心的距离。

你现在可能已经意识到，你必须立即离开那里。然后获得专业的帮助并确保自己的安全。

3. 自我同理心：我敢打赌，你有很多同理心——这是许多目标对象所拥有的特质。今天就请赐予你自己那伟大的同理心吧。拥抱你自己，与自己对话，说出你的感受和需求。就像慈爱的父母对待自己的孩子一样去"爱护"自己。

如果你发现和自己对话就像是在糟糕的时刻同你更优秀的另一半那样粗鲁地对话，那就停下来。责备自己让自己遭受虐待是没有用的。试着对自己培养同理心。遭受虐待时，你肯定状态不佳。要有耐心，善待自己是新篇章的开始：当你知道自己的价值时，你就不会再让任何人贬低你了。

4. 照顾好自己：你的精力越充沛，你的思考、决定和行动就越清晰。所以为自己做点什么吧！你内心的缓冲地带越多，当前情况对你的影响就越小。

5. 自体血疗法：写日记！白纸黑字上读到糟糕的日子多于美好的日子或者你已经就某个问题写了15年日记，是很有说服力的。你也可以写信，写晨记（每天早上写三页你遇到的任何事情），或者录制音频信息——可以说是给自己的备忘录。我的朋友为此发明了一个合适的名称"自体血疗法"！——有谁能比你自己更有说服力呢？倾听自己的内心。你避开了一个潜在的可能反对你写作的人。与自己的约定将会伴随你的整个治疗过程。

6. 疯狂：在你的伴侣关系中，你有过什么"疯狂的"举动吗，或者类似的事情？当我们敢于谈论正在发生的事情，如关系的变化时，这就是自恋的后门。你曾经说过或做过的任何事情都是有意义的。请你认真对待！

第二章　推上宝座，又被推下：
有毒亲密关系的三个阶段

开始时总是好的。我们如此迅速地再次和好，对我来说是一个谜，就像经常发生的那样。但今天确实是最佳时刻：从他的出现（当然是迟到了！）到第一批客人姗姗来迟，大约有十分钟的时间。

我认不出我爱上的这个男人了：那个情感丰富、温柔体贴的男子不见了！而我也不知道要怎样诱出那个我想要嫁的男人。

他指责我的事情很荒谬。我也不指望能够说服他明白我是怎样的人：我还是我，是他的妻子。

几个月以来，我都在期待乔迁派对。然而今天，我一直坐在车里，数着时间，直到几个小时后客人才全部离开！他们当然注意到我的状态不好。我咕哝着什么"切洋葱"。但实际上是我们之间的争执让我不能释怀。他整个晚上都固执地坐在角落里。现在，他则沉默地去睡了。

我从没想过会以这样的方式度过在新房中的第一个夜晚！好吧，乔迁快乐！

当我在日记中写下上面的文字时，我们当时正处于——我如今才知道——丢弃阶段，有毒关系中三个典型阶段中的最后一个。

对于隐性自恋来说，辨认这些阶段尤其困难，因为不断增加的虐待是在潜移默化中发生的。

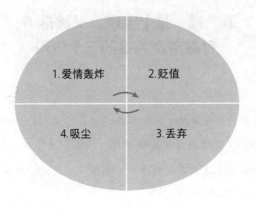

有毒关系的三个阶段——可能还有"吸尘"阶段

爱情轰炸：理想化阶段

大多数关系都是从热恋开始的——而自恋关系的开始则是极大的热恋。在爱情轰炸期间，也被称为理想化阶段，受害者被挑选并被包裹起来：在调情、约会和蜜月期间，我们会看到我们爱上的人是多么伟大。就像它听起来那样——一场"爱情轰炸"：他的文笔真好！如诗歌一般！热烈！温柔！又亲切！简直不能再好！文笔如此细腻！令人感慨万千！

我们（以及我们身边的所有人）都会上瘾。修饰这个词原本是用来描述恋童癖者是如何使用甜蜜的糖果和同样甜蜜的话语来赢得未成年人（及其照顾者）的信任的：我们手牵着手。在这种情况下，我们会不断想起一个与之相关的格言：如果好得令人难以置信——那么它可能也是……

修饰的6个阶段

1. 挑选目标对象：找到具有脆弱特征的受害者。
2. 建立关系：赢得受害者及其周围人的信任并获得相关信息。
3. 满足需求：所获信息被用于填补空缺，例如通过送礼物，给予关注……
4. 接近和隔离：创造条件和受害者独处。
5. 虐待开始：建立稳定的依赖关系，界限瓦解——目标达成。
6. 保持控制：采取一切手段让受害者保持沉默并保证信守承诺。

作为浮夸型自恋或显性自恋的标志，这里可能表现为乘直升机前往埃菲尔铁塔共进晚餐。然而，对于隐性自恋来说，可能是更小的事情。例如哈巴狗式爱情轰炸就放弃了钻戒和加勒比海度假，而是或明或暗地承诺会一直留在你的身边。在爱情轰炸阶段，我们内心最深处的渴望被发现并被用来束缚我们。我们似乎找到了双生灵魂！相似之处如此惊人！这些相似之处也让我们坚持了很多年，因为我们是这样想的："我再也找不到一个能和我在精神上产生如此这般共鸣的女人了！"

因为真我和假我的分裂，自恋者没有特别强烈的自我意识，也没有一个明确的身份认知。他们镜映我们，像变色龙一样适应环境。也难怪我们会认为他们是灵魂伴侣！

可以明确的是：这是爱！！！虽然隐约中直觉有点什么不太对，但是，很快就被置之脑后。毕竟我们都希望有一个幸福的结局！此外，一切都发生得太快。在我们有所察觉之前，就已经被荷尔蒙迷雾笼罩并深陷其中了，以至于我们无法看清楚，甚或是采取退缩的举动。

在这个阶段，他们塑造了自己的形象，决定了之后我们对他们的看法。我们将永远怀念那些快乐的日子。我们将这一理想形象坚持到苦涩的结尾。即使后来我们遇到越来越多的矛盾，我们仍然选择留下来，部分就是因为我们想要找回当时的感觉。我们将不好的行为视为例外，但是，我们没有意识到它早已成为常态：我快乐了半年——但是，余下的30年却受尽折磨。

拉玛尼博士将此称为"巴黎时刻"。因为即使在过了不快乐的50年之后，人们仍会挖掘这些记忆并说：但是我们曾经在巴黎！或者：这一天是在海边！不管它是什么——它似乎比其他一切都重要，我们想要它回来！

在这个初始阶段，自恋者用爱轰炸我们。因为他们把我们理想化了，靠近我们会提升他们的价值。但是，正如他们现在将他们夸张的正面形象投射到我们身上一样，在接下来的阶段，我们也会成为展示他们不想看到的自己的一切的画布。显然，这不那么令人愉快……但我们目前仍对此一无所知。

我们爱上的那个人似乎在专心聆听，想要知道关于我们的一切。这种感觉很好——但也可能有点过头。我们得到的关注是巨大的。被他人如此渴望着，这种感觉令人沉醉——我们在童年时代不是都受到太少的关注吗？

早晨刚醒就看到有一条信息，晚上也是。他常会问我在哪里。哪怕我才从他家回来。我将此视为一种兴趣或者依恋……

当我们刚开始习惯这样强度的交往时，我们却被迫要戒掉这种习惯——这也是我们情感依赖的起点。我们在感情初期看似亲密对话中暴露出的全部脆弱，之后都会被用来对付我们。但是现在我们依然把这些问话当作对我们感兴趣的证明。

在这个最初的准备阶段，有时，会存在某种测试：看看我们是否会在关键时刻留下来。如果我们通过了，显然：我们适合作为受害者。

整个轰炸过程就是一场巨大的牵制行动：在结婚前，我们错过了全面了解对方。我们也忽略了我们将为之付出的代价。我们误以为自己在极乐的第七天堂[1]，却没有发现天堂周围已逐渐变得阴暗……

贬值阶段：情绪过山车

进入第二阶段的时间有所不同，大多是在几周或几个月之后，但也可能是一年。我曾听有的幸存者说是数年后。在回忆时，人们才发现早在爱情轰炸期就已经有这个或那个被忽视的警告信号了。这时，早已悄悄进入下一个阶段了。

在贬值阶段，我们被粗暴地推下刚刚坐上的宝座。最开始是无害的，例如逐渐退缩（不再支付餐馆账单，不再参观博物馆……），然后，不知不觉地增加到残酷的屈辱程度。在隐性自恋的情况下，这也被很好地包装了起来：翻白眼——当然是过度解释了！一个不尊重的昵称，当然只是开个玩笑；如果我们以不同的方式看待它，就是我们敏感，不懂玩笑了。又或者当我们像以往那样频繁地写消息时，突然会觉得厌烦。

我们找各种理由和借口试图调和这些伤害与我们在爱情轰炸中得到的心上人的形象：辛苦的工作、压力太大、艰难的童年、文化背景、遭受的创伤或灾难性的前关系。当然，开始他也会发脾气。但我没有把它归咎于任何疾病。我想：好吧，他只是脾气暴躁。

或许，我们都不需要自己编造借口，对方已经为我们提供了背景故事：他总是将许多事情归咎于值夜班：睡眠不足、压力过大……然后，

---

1 第七天堂，西方传说中天堂七个层次中最高一层，是至善之地、极乐之境。

我会想：我没有很好地支持他。

正是无数这些琐碎的小事，传递出这样的信息："你对我来说完全不重要！"你的自信心下降，继而是精力、生活的乐趣以及健康在消失。有时，甚至会产生这样的想法，死于疾病或许也是一种解脱。

这一切都是悄悄发生的，最初，对受害者的瓦解并不明显。当人们不能再忽视它时，一切又都成了理由。除了亲密关系，没人认为是因为这种关系。我四处求医，所有医生都医治了他们专业领域的身体症状并取得了一定成功。但是所有这些疾病原来都有一个共同的源头，这一点是当我开始阅读关于自恋的书籍之后才逐渐认识到的。

这个阶段的特点是我们感到越来越困惑。我们越发难以克服这样一个事实，即我们的爱人前一刻伤害了我们，但在下一刻又像从前一样充满爱意。我们试图调和这些平行宇宙，绝望却与日俱增。于是我们告诉全世界（也包括我们自己）我们有多幸运，我们过得有多好。当我在某个时候分手时，我的家人都惊呆了："你总是那么热情地谈论她！"直到那时我才意识到，我只向少数人袒露了我的担忧。我本也不知道该说些什么。这一切都太让人难以理解了！起初，每一个事件听起来都像是一件小事。但当它慢慢变得更加强烈时，我感到羞愧。

所有试图处理这种关系的尝试都失败了。因为需要双方共同努力，而另一半没有参与进来。我们被困住了。作为夫妻，不可能再有任何发展前景。

尽管如此，我们依然单方面努力了多年，我们相信对方所说的一切：原因在我们自己身上。我们必须努力改变自己。但是无论我们（想象中）改进了多少——一切变得更糟！最终，我们受够了，决定直面问题。也许是因为我们不愿再为一切去道歉。也许是因为我们不想再忍受另一半和邻居的调情了。又或者是因为我们不想再忽视自己的需求了，我们渴望有平等成熟的交流。

但是对话、对抗和最后通牒毫无用处，除了争执。谈话陷入循环。突然间，我们不得不针对一系列指控为自己辩护。最终，依然还是我们在道歉。我们原本想要谈论的话题就这样结束了。我们还受到了沉默以对和冷然相待的惩罚。第二天早晨为了能够在床上享用早餐，我们只好假装什么都没有发生过。自恋者知道他们何时需要采取行动，以免失去我们。他能敏锐地感受到我情绪的变化：当我退缩时，他会注意到：哦，她不在意了！然后，他会做出新的尝试：让我们来谈一谈吧！

正因为如此，我们才能够忍受这一切：因为贬低我们和爱情轰炸时的面包屑不断交替变换，使得我们能够坚持下来。因为我们愿意承担对方强加的罪责。也因为我们会不断想起最初的时刻，所以愿意相信：这是一个很棒的人，他绝不可能卑鄙！这不过是一段困难时期。我总是往好的方面想：她会改变的！会越来越好的！我要坚持，坚持！

爱情轰炸阶段是我们鼻子前面的胡萝卜，我们所做的一切都是为了找回最初的幸福。但是，通往天堂的大门一直紧闭着。尽管如此，我们对天堂的向往仍然使我们在致病的关系中坚持了数十年，承受了难以想象的精神和身体的苦痛。我们绞尽脑汁思考如何才能再次赢得我们生命中的挚爱。我要怎样改变自己，才能让她再次觉得我魅力十足，一如初见？

我只想让那个我曾在码头接回的闪闪发光的女人回来！

但是，永远都不能。最终，因为我们太难受了、太绝望了，又或者太无聊了，我们迎来了最后一个阶段。

自恋者常被比作吸血鬼。这些"亡灵"吸食我们的生命力来填补他们内心的空虚。他们想要自恋供给：他们以我们的钦佩、对我们的贬低或激起我们的情绪为食。他们由此获得自我价值感。当我们不再是一个好的供给（或者有了新的供给），大结局开始了。他们表现得像个孩子：虽然玩具很快变得无聊，但是他会一直玩下去，直到有了新玩具。

然后旧玩具会被丢掉。

这个阶段可能几十年后才会到来。或许，永远也不会到来。因为如果自恋被隐藏起来，一段关系可以稳定很长一段时间。

但是，稳定性不一定代表高质量……

丢弃阶段：结束

隐性自恋是如此不起眼，以至于在很长一段时间内，我们都好像是处在充满爱意的关系之中。但是，在某些时刻，漂亮的面具会破裂。我们的经历也似乎越来越贴近诊断代码的描述。否认自己过得不好变得越来越困难。我们感到孤独。我们曾在加勒比海，在世界上最美丽的地方。我在游泳池里，他则坐在电视机前看动作片。我们之间的距离是那样遥远！那是我第一次意识到：在一段关系中，一个人是完全可能感受到孤独的。

“丢弃”意味着“废品”——这也是我们的感受：自卑，且正在被剔除出去。屈辱愈演愈烈，渐渐开始超过不时撒在我们身上的情感面包屑。我将这些突然出现的邻近岛屿命名为“一日奇迹”。它们同样持久并且极度让人困惑。

在这一点上，我们贬低了自己，接受了屈辱，越过了自己的界限，背叛了自己的价值观。我们不再与自己和谐相处，我们几乎不能去照镜子。我处在巨大的压力之下，甚至不能正确地将垃圾分类。他把垃圾桶倒扣在我的桌子上，给垃圾分类，冲我吼道：“笨蛋！”我们的女儿看到了这一幕，到现在，依然为此感到羞愧。我也感到愧疚——竟然让这样的事情发生了。

为了维持渐行渐远的平行世界，我们屈从于爱情的力量。但是现在，我们濒临崩溃。我们精疲力竭，因持续不断的压力而消耗殆尽。

在这一阶段，最初的隐性自恋逐渐开始显现出来：我们不仅被默默地排斥，并且，越来越多地遭遇公开的愤怒。我总是颤抖着等待下一次愤怒的爆发。当事情进展顺利时，你很高兴，但实际上，你在暗中感到害怕：我现在该怎么做才能避免愤怒的爆发？而你总是失败，因为你永远无法想到一切。比如，是因为错误地装载了洗碗机……

越来越多的挑衅让我们非常恼火，以至于我们并不总是为自己的反应感到自豪。在这一刻，即使是拥有极高道德标准且值得信赖的人也会突然发现自己在伴侣的办公桌上翻找、破解配偶的密码或是在检查他们的手机。他们神经紧张。通常自恋的一方会有外遇——或者至少是一些激起受害者嫉妒的事情。由于我们的印象是我们被谎言灌输，在恐惧中，我们也没有被认真对待，即使是我们当中最有耐心的人有时也会诉诸不正当的手段：我根本不想去窥探。但是，在打扫卫生的时候，我看到地板上有一封信。我别无他法，不得不去读它。事实上，我最担心的事情得到了证实：他有了其他女人……

我们可能被介绍给新的供给，或者我们不得不亲身体验身边的人是怎样慢慢以变色龙的方式适应新的爱情火焰，变得越来越陌生的。有很多方法可以让我们感觉到我们是被遗忘了。

我们处于边缘地带，也不再理解这个世界。一切似乎都失去了希望，因为我们知道：每一次澄清的尝试都以剧烈但毫无意义的争论而告终。我们因此得出结论，也许错在我们自己。也许另一半对我们的指责是对的？

但也可能是当我们开始搜索文献的时候，或是某天有人对我们说："你有没有想过，你的伴侣是一个自恋者？"然而，我们越是了解情况，越是反抗不公正的待遇，争论就会变得越糟，因为对于自恋者来说，我们变得越来越无法控制。他们从我们这里获得供给的方式不再是通过我们对他们的积极感觉，而是通过从我们身上引发强烈的情绪爆发。当他注意到我不再遵守他的规则并到处乱跑时，他会在双胞胎孩子面前诋毁我："你们的妈妈现在正在和其他男人约会！"

结局感觉像是一种毁灭。有这样一个论点：自恋一方会证明，如果继续下去，他不会留下任何有价值的东西。

通常，在有了新的供给之后，丢弃阶段才会开始，因为这样一来关系之中就不会产生供应缺口。分手有不同的形式：受害者被抛置脑后（一种控制和权力的姿态）。共同的生活被踩在脚下。真实的感受只存在于一方，这点再次变得清晰。分手也常发生在特殊的时刻——如家庭度假时。又或者在我们无法获得帮助的时刻——比如夜半时分。也可能发生幽灵式分手，然后一夜之间，我们再也听不到我们臆想中心上人的任何消息。

一个经典的分手形式是，暗示受害者存在竞争对手——当然，自恋者不会承认不忠：出轨的行为会持续进行，直到受害者对此做出反应。反应的结果是被称为病态的嫉妒。具有攻击性的沉默和其他操纵手段被用作惩罚，直到受害者开始自我毁灭。自恋者为了获得新供给的同情以及粉丝俱乐部的支持，会利用受害者的暴力行为：每个人都确信是受害者有问题。受害者清楚地知道他的"过度反应"是多么令人痛苦。受害者停止挣扎并立即被新的供给替代。——结束！

或者受害者终于受够了，挖出自己的心，然后离开。他可能觉得对方早有预谋。在我们离开之前，对方会一直有不端的行为。这就是策略：我们被赋予了肇事者的角色。在熟人圈子里，把毒药洒在我们身上：这可能发生得非常隐蔽，没有大规模的抹黑攻击——只需要所有人都同情臆想的受害者即可。这同样也适用于我们的离开，最终，必须是我们自己提出离婚。

同样典型的是反复尝试分手，但很快又和解并承诺会改进。然后夫妻再次经历所有三个阶段——一切从头开始！这种情况可能持续数年，甚至数十年。不知什么时候她会打电话给我："你能帮帮我吗？"然后，就是沉重的信用债务，我们不得不再次聚到一起。这样的事情共计发生了8次。

它也可以呈现为分分合合的关系。一开始，我们经常吵架，好几次我都收拾好了行李，坐在车里，然后他再把我接回去。接着是伟大的和解！你是最好的、最棒的！我需要你！需要你的大爱！当孩子们来时，一切就都停止了。如此这般，我们最终在一起相处了46年。

这种被吸回到关系中的行为被称为吸尘，与吸尘器同名。吸尘的隐蔽形式是扔出一个钩子，然后，我们主动咬上去：我再次写了一封告别邮件，明确地说道："就这样吧。"他却给我写了一首歌，让我觉得：如果你写了那样的东西，就说明你不是对我没有任何感觉！然后，我们又建立了联系。最终，我们躺到了床上。这种"朋友"关系持续了三年……

要知道，并非所有自恋者都会"吸尘"。如果你的前任白马王子没有带着1000朵红玫瑰来道歉并告诉你他接受了新的治疗，请不要把它当成是个例。在分手后，如果你再没收到任何音信，那是值得庆贺的。你终于安宁了！——至少现在是。因为，即使在永恒的无线电静默之后，吸尘也可能突然发生：他偷了我的钱，用这笔钱邀请我的妹妹去一家高级酒店开房。事情败露时，我们的关系也结束了——和我妹妹的关系也结束了……就这样安静了20年。然后，他突然在Ins上写道："你还好吗？如果你在胡苏姆的话，欢迎来我这里睡觉！"

一些人受伤，是因为他们的前任显然不想念他们。虽然他们知道这是无稽之谈，但还是会暗暗地想：我难道不值得被吸回吗？

翻篇吧！敏感的自恋天线很少会骗人。在我看来，不被吸回是一种恭维。现在，官方的说法是：你不再适合被虐待了。——恭喜你！

虐待循环：圈中圈

这三个阶段也只是一个模型，它们之间的过渡很流畅。我们可能经历一次或多次这些阶段。感觉上像是螺旋状的，每一阶段都可能含有其他阶段的元素——比如爱情轰炸的元素就可能贯穿始终。似乎总是有足够好的东西值得人们留下。（"但也有美好的时刻啊！"或者"但她也有好的一面呀！"很遗憾，这些理由都不算数……如果自恋者总是可怕的浑蛋，他们将是孤单的——哪怕是规模再小的出版商也不会印刷这样一本书。）

在自恋关系达到顶峰的较大的恶性循环中，人们可能会发现许多较小的理想化、贬值和击毁的小循环。这些大循环中的小循环可以用虐待循环来展现：

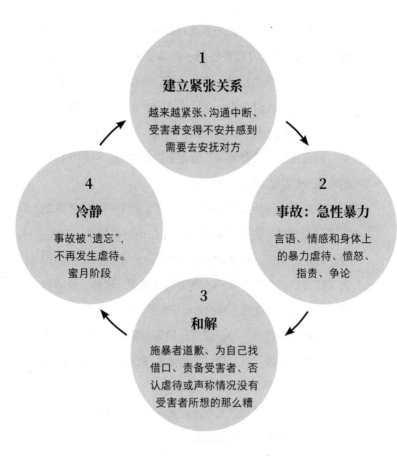

虐待循环（兰诺·E. 沃克[1]）

自恋虐待与经典的虐待循环之间存在一些区别。例如在和解阶段，责任发生转移了，道歉可能来自受害者或者完全缺席。为此，克里斯蒂娜·哈蒙德[2]在2015年描述了一个不同的自恋虐待循环：

1　全名兰诺·埃德娜·沃克，美国心理学家，创立了家庭暴力研究所，记录了虐待周期，并撰写了《被殴打的女人》（1979）。

2　美国著名心理咨询师，著有《筋疲力尽的女人手册》，以及其他关于自恋的文章。

1. 第一个阶段，由于自恋一方通过某件事感受到了威胁，紧张感逐渐增加。可能是任何一件事引发了所谓的自恋创伤，自恋者敏感的自尊心开始动摇，羞耻感被激活，转而以愤怒的形式向外发泄。诱因很多——例如性行为中的拒绝、被忽视的感觉、工作失败、暴露、嫉妒、被遗弃的感觉、被忽视或不受尊重等。受害者变得紧张，开始像对待生鸡蛋一样小心翼翼对待对方。

2. 第二个阶段，开始出现虐待操纵技术，我们将在接下来的章节详细讲解。这种虐待可能发生在不同的层面：身体、性、心理、语言、财务、精神、情感——然而，全部都是为了使目标对象产生动摇，进而顺从屈服。最终，受害者对这些攻击感到疲倦，开始为自己辩护。

3. 施虐者变成受害者，预示着第三阶段的到来。受害者对虐待的暴力反应即是其罪证。这里涉及愧疚逆转。真正的受害者接受了这种扭曲的观点并感到应当为此负责。于是，受害者道歉或以其他方式投降。无论如何，这种关系中自恋一方都会从循环中得到加强。

4. 既定的权力地位确保了和平——直到下一次对敏感的自恋自我展开攻击，才会开启循环中的下一个轮回……

慢慢软化：为什么我们没有意识到我们正在被虐待？

在自助圈子里，存在一个来自法国的烹饪逸事，可以用来说明我们不知道自己所遭受到的是虐待的另一个原因。

你的疼痛是信使——要倾听他们所说的话。
——鲁米

把青蛙扔到热水里，它会意识到有危险，从而跳出来，以自救。如果人们想要煮青蛙，最好把它扔到冷水里，再慢慢地提高温度。最终，青蛙会死掉。它不能自救，因为它感受不到危险，它已经习惯了。死亡分期而至。

哪些自恋的把戏让我们的水慢慢变得沸腾，又是哪些策略使我们没有意识到正在发生的事情——接下来的章节，将对此展开详细论述。

小贴士

1. 分析：写下你们的故事，看一看是否有任何典型阶段的迹象。记录下你认出的标记，想一想你们目前处于哪一个阶段。

2. 日记检索：如果你有从前的日记（或者聊天记录、邮件及其他类似的东西），请通读所有源自亲密时期的文字。你是否发现了有关上述阶段的线索？又是哪些呢？

3. 质量控制：如果你身边的人现在对待你的方式和你初遇他时一样——你们还有可能产生亲密关系吗？如果不能，请思考一下，你是怎样偏离自己的标准如此之远的。

4. 退货权：如果你敢（并确定不会让自己陷入危险），那么，请把不该你承担的责任全都退回去。你可以通过不再道歉来做到这一点。至少不要再为与自己无关的事情道歉。你可以搁置它或对它进行评论。看看会发生什么：如果你不再姑息，你们是否（或怎样）能够摆脱虐待阶段呢？操纵是在增加还是有其他变化？——这一切对你们的关系有什么影响？（副作用：这不是针对你精疲力竭的人生阶段所进行的试验。越清醒，就越痛苦。)

5. 自我观察：警惕你内心的自我对话。如果你发现自己在为另一半的不当行为进行辩护，请你记录下来。你对自己讲了什么故事来为这些越界的行为进行辩护？

6. 摆脱孤独：你有知己，可以向他倾诉你们到底发生了什么吗？如果你意识到你与他人分享的只是爱情生活中最好的一面，请问问你自己：有没有想要与之深谈的人？和谁在一起你会感到舒适而放松呢？

7. 形成团体：请加入幸存者社区。为自己找一个自助小组或是在线论坛，其中有一些是专门针对隐性自恋的。聆听他人的故事、分享自己的故事并获得反馈，有助于你正确看待所经历过的事情。你会发现，原来所有那些你一直认为自己在夸大其词的愚蠢小事竟然也同样发生在其他人身上，简直令人难以置信！尽管环境不同，但有时仍会产生这样的感觉，好像所有自恋者都在互相抄袭！爱护自己，为自己找一个合适的团体。寻找一个让你感到安全的社区。除此之外，这个社区还应该有专家的审核。或者有可能让你保持足够的距离，以免被其他参与者的能量压倒。

8. 聪明的问题：你的生活可能发生了天翻地覆的变化。许多悬而未决的问题堆积在你面前。一定非常累人！看看你是否能将这些问题变成宝藏：把它们写下来并磨砺它们，让它们摆脱沉思的迷雾。然后，活在答案当中！请相信，如果问题是对的，答案就会出现。——也许，应该从现在开始每周举行一次仪式？

第三章　向内一瞥：自恋者是如何思维的？

> 终于放假了！！！他独自一人去了父母家。我不想同他一起去，因为我觉得那应该不轻松……
>
> 尽管如此，我还是想他。这很自然。
>
> 但是——我知道，谁都会更愿意这样：现在，我可以享受美好时光了！
>
> 老实说，我想不起上次我这么幸福是什么时候了。我突然觉得自己非常年轻！！！
>
> 昨天赤脚和女孩们跳舞！今天又去了海边！
>
> 我来去自由。没有人会妨碍我！真是美妙极了！！！

因为这些短暂的喘息时刻，当我被问到我们夫妻关系的时候，我本不该抱怨的。我很满足。我是这么想的。

他一回来，一切又变回了老样子。我收敛起此间的兴致，期待着不可思议的美好春季再次到来，然后，就不再去想了。现在，我清楚地知道：我所经历的是日常斗争中短暂的休息。我当时对此却一无所知，因为我表面上的梦中情人为我做了一切！甚至连订婚戒指（我们本想一起挑选的）都是他的母亲和他一起为我买的——多么周到啊！

被利用——寄生虫和吸血鬼

隐性自恋者看上去很体贴——但通常，我们的感觉却不是这样的：我们得不到我们所需要的东西，或者我们得到了，但是，作为附加物我们又得到了内疚、永远保持感激的义务以及数十年的责备。我们也会被指责想要占对方的便宜。这还是一种投射，因为实际上是自恋者才有利用他人的倾向。对他们来说，人际关系是用来进行交易的——通常，是以我们作为代价。最后，她当面告诉我，她和我在一起只是因为我是个有钱人。

与此相关的不仅有吸血鬼隐喻，还有寄生关系图景。我们作为供给就是宿主。不知怎的，她的行为举止很专业。她准确地知道如何得到她想要的东西。我现在为她付公寓的钱，这样，我们的女儿就不会脱离日常生活。她总是把小事情推到我面前，因为她得去上班或是做运动。我上一次和朋友去电影院还是三年前的事了。仅此而已。此外，就是工作和照顾孩子。我根本没有任何闲暇时间。

被榨干是这类关系中的一种典型感觉。同居则会是一种普遍的精疲力竭体验，因为在持续的接触中很难将基本情绪归结到某件单一事情上去。如果是个别相遇，则部分可以观察到——在同有毒的人接触之时及之后，人们是怎样被吸干的。这个男人会以某种方式将他的能量充满整间房子。但是，当他离开时，我会立刻感觉好起来：深呼吸！

若共同财产突然归于夫妻双方中的一方，则是较为明显的自恋形式；隐性自恋则往往难以快速察觉到失衡的地方：她很绝望："买这个房子要分期付款——我做不到！"于是，我就资助她。我喜欢这么做，因为她会笑。我多么喜欢她的笑容啊！然后某一天，当我整理银行对账单时，才发现原来不知什么时候我在短短时间内已经支出了相当大的一笔钱。

隐性自恋情况下，人们很难辨认出究竟是谁利用了谁：很可能受害者因为对虐待产生身心反应，生病了却受到施虐者的悉心照料。这可能是无意间发生的——但也可能是有意为之，比如所谓的代理型孟乔森综合征。患有该综合征的自恋者会故意使受害者生病，如此一来，他们就可以扮演帮助他人的角色，从中获取荣誉。大多数时候，受害者都是患者自己的孩子，但也会出现在其他关系中，比如爱情。

自恋者喜欢扮演"紧急救援"这一强大角色。这是受害者可能会遇到的另一种情况。他总是会迅速化身教师，向"小天真"的我讲述这个世界……

然而，由于自身的缺点和脆弱，他们不会全然相信别人；他们不会让自己倒下。很可能你是从第三方那里得知自己亲近的周围人去世了。你会听到自恋者说"哦，我没有说过这件事吗？"或者"我不想给你造成负担"。但是困难时刻所爱之人不能陪伴在身边，是非常令人难过的。相反的情况也可能会发生：我们不得不放弃自己的生命，就为了照顾他们。

利用发生在哪个层面上大有不同。就隐性自恋来说，家务、护理工作及其他日常任务都会默默地由受害者承担。因为他们更愿意亲自去做，而不是去争论，去回答不必要的问题，抑或无限期地等待完成的那一天。

无论是生命能量、出游计划、财务、性、情感还是维护关系——都是单方面的事。有时，在分手后，幸存者会惊讶地发现几乎没有缺少任何东西，因为他们几乎是全靠自己来经营这段关系的，然后，于不知不觉中两手空空地结束了这段关系。一位幸存者总结道：最重要的是：什么都没有！

部分典型特征

（显性）自恋者：

·因为魅力、幽默、智慧、口才、美貌或其他优点而闪闪发光。

· 很少与他人产生共鸣，有时会显得孤僻，像一面墙或一个机器人。

· 没有存在感，因为他们不真实、不产生波动或只有微弱的影响。

· 避免眼神交流或通过（精神病态的）凝视而引人注目。

· 对于亲密、深度、维护关系你都兴趣不足。

· 几乎不会单身，因为他们需要供给。

· 很快就会无聊。

· 不能独处，因为他们无法忍受内心空虚和缺少证明——或者他们也喜欢独处，因为在社会中保持面具完好很辛苦。

· 可能看上去不老、年轻或不成熟，因为他们的情绪发展处于幼儿水平。

· 表现出敌对行为，即完全处于对立状态，对妥协毫无兴趣。

· 和团体相处融洽，善于轻松地交往，但是，不能胜任亲密关系。

· 看重地位——宝马或左翼圣人都是他们崇拜的对象。

(隐性)自恋者：

· 看上去并不自恋。

· 显得很友善，受人欢迎。

· 有时，似乎很体贴——但也可能让人觉得不真实或空洞。

· 像是变色龙，与每个人都相处融洽。

· 不展示他们宏伟的想法。

- 表现得好像我们对他们来说很重要，但他们根本无法建立任何情感联系。
- 让我们感到被人所爱——但同时，也让我们觉得自己很差劲。
- 不是每一个自恋者都显示出所有的特征——有些可能很晚或是仅在某些时刻才会显现出来。

驱动：自恋的伤口及其膏药

自恋的棘手之处，不仅在于它有浮夸型、脆弱型和显性、隐性的不同混合比例，也在于它可能出现在完全不同的生活规划之中。其共

> 一个人对自己的看法决定了他的命运。
> ——马克·吐温[1]

同点是内心的空虚和被压抑的羞耻感。他不喜欢自己。因为他的内心有一个巨大的空洞，所以他拼命地工作、运动、做其他活动，试图填补这个洞。

面对上述不适感，浮夸型自恋患者往往会在野心和成功里寻找避难所。她对自己有很高的要求，必须一直发挥作用并向大家证明自己。

这也反映在并发症（如倦怠）中：她用成就来定义自己。她不断接受各种项目，虽然她几乎要崩溃了。她必须当选小学家长代表，并出现在所有人的邮件联系人列表里。她帮邻居装修房子，虽然她在家几乎要晕倒了。无论如何她都要去救人。她接下一个又一个任务，虽然她几乎不睡觉，多年来精疲力竭。

1　原名萨缪尔·兰亨·克莱门（1835—1910），美国批判现实主义文学的奠基人，代表作有小说《百万英镑》《哈克贝利·费恩历险记》《汤姆·索亚历险记》等。

脆弱型自恋正好相反：一个人生活不得志，住在父母家，完全放弃了自我。无论是派对女王、It-Girl[1]、自以为是的老嬉皮士，还是社会英雄——还有许多其他方法可以填补内心的空白。

然而，被用来调节脆弱自尊的不只有事业或避免失败。所有能吸引他人注意力的事物都会被加以利用，所有其他引人注目的事物都是令人讨厌的。这可能很棘手：一个更加具有隐蔽性的女性自恋者可能会通过在病床边扮演修女特蕾莎[2]来吸引他人的注意力，而一个浮夸型男性自恋者，则通常会对自己的伴侣发脾气，因为伴侣虽然病着，却没能让他获得别人的关注。

道歉和批评无能：身体康健的敏感小孩

自恋型人格障碍的核心在于自恋伤害：被压抑的羞耻感，以及因受到跌宕起伏人生的影响无法保持积极的自我形象和稳定的自我价值感。这造成了一种敏感性，使得我们在与自恋者的关系中不断走过雷区。

哪怕只有一点点感觉像是批评的事情都会引发其强烈的反应，因为它会激活自恋者固有的深植于心底的自我批评。谈论问题通常会导致愤怒和愤怒的爆发。无论使用何种方式，个人或夫妻都不可能对问题有更进一步的了解。在澄清问题的对话中，我丈夫总会引入哲学思考：这不是谁错了的问题！然后他激动起来。这是《旧约》的问题！我们应该互相原谅！事实上，关于他的一切都散发着光芒，我则应该为我们之间出现的所有问题负责。

即使我们只是对使用笔记本提出了一个友好的小建议，或者只是表

1　指经常现身主流媒体、终日参加聚会的时尚女性。

2　特蕾莎修女（1910—1997），世界著名的天主教慈善工作者，于1979年获得诺贝尔和平奖。

达了脏衣服最好放到哪儿的愿望，无论表达得如何不具有攻击性——只要所说的话被理解为是批评，那么，羞耻感触发器就会被激活。接着，就是应该使用哪种操纵策略来进行防御了。他断然拒绝了我雇用专业清洁公司的提议。但是，他答应我（我对室内灰尘严重过敏），他会定期清洁，因为我的病不允许我这样做。我完全放松了下来，因为轻松结束了这个话题。但是，后来我注意到氛围似乎有点沉闷。我对自己说：嗯，时间久了，婚姻就是这样的！——但我再也没有提起过室内灰尘的话题，因为我不想再冒险引起他不满的情绪了。

有毒的关系不能发展是由自恋者的许多特点决定的。其核心特点是：他们不道歉，至少不会真道歉。虽然他们喜欢给予，但是，他们无法接受反馈。她越来越频繁地要求我道歉。不过，我不记得她是否曾为自己的行为道过歉。或者她会说："你知道我是什么样的人！"以此暗示她生病了。她的意思是她有酒瘾。然后她也会有所退让：你知道的，我病了，我做不到。

这令人难以置信，但却是真的——有时，事情的发展会遵循这样的座右铭："我会承认自己的错误，如果我有任何错误的话！"道歉被拒绝或在鳄鱼的眼泪中以伟大的姿态表现出来。他们也会感到空虚和理性。有时，自恋者是真正的道歉艺术大师。只不过：即使他们找到了我们想听的话——长久的认知和真正的行为改变却从未发生。他用最肮脏的话语辱骂我。半小时后，他又会哀号地爬向我："啊，来吧，亲爱的，对不起！"我对此却无动于衷。如果你刚刚还是一个"好色的妓女"，你不会想要立马和好，如果只是为了能够再次和平相处。但是，如果你没有任何回应，他会再次变得咄咄逼人。

我也经常听说，道歉基本不会发生，除非不得不道歉，因为失礼行为过于严重，如果不做出让步，供给会离开。但是：即使我们长久以来希望用对我们来说重要的东西去接近对方——却再也无法继续使用曾经获得的认知了。理智被"遗忘"并溜走：有时，他记不起曾经的约定，总是说："我不记得你说了什么！"

不承担责任也意味着不参与解决共同的问题。座右铭是："你过得不好，所以，这是你的问题，那就好好照顾你自己吧！"诸如"那就独自去接受夫妻治疗吧！"这样的话语并不是讽刺性的夸张。

缺乏同理心：无能还是拒绝？

自恋虐待的受害者经常会面临这样一个问题：他们怎能这样对待我们？

我们很难想象身边人竟然没有受到任何影响。换作我们的话，一定会很纠结。我们由己及人，相信他们和我们一样纠结。但事实并非如此。她暴露出有心计的一面。当我祖母去世时，她说："你可以从遗产中偿还我的助学贷款了！"

自恋者几乎没有同情心，即热（情感）同理心。他们不能共情。他们所拥有的更多的是冷（认知）同理心，在逻辑上体谅我们。只有当同理心对他们有用时——比如当他们在捕猎目标对象时，同理心可以像开关一样打开和关闭。

有限的同理心和扁平的感情可以追溯到儿童时期情感世界遭到的严重损害。为了能够忍受伤害，自恋者将一切都消除在心里。实际上，相应的大脑区域却发生了变化。我一直认为，如果我在这段婚姻中再坚持下去，那么，我一定会死于幸福激素缺乏，因为那里一点儿温暖都没有。

特别是在隐性自恋的情况下，习得的同理心有时是如此明显，以至于我们注意不到同理心的缺乏。至少，很难确定这种情况：我的兄弟姐妹说："奇怪，他真的很好。但每次他那样对你笑，我们都觉得哪里不对劲。"

自恋者因此学会了说好听的话，成为正念训练者、教练或治疗师，并掌握了同理心的相关词汇，范围极广，从残酷的无情到善于倾听并提供出色的建议。

当时，我的心里一阵阵发凉。我有种感觉，他好像只是在训练自己扮演所有这些社会角色，从慈爱的父亲到浪漫的伴侣。他似乎是这样想的：我做不到，但这就是我观察到的——我必须这样做。尽管他自己从未体验过，但他举办了完美的儿童生日派对，包括充气城堡、服装、表演……他很清楚如何产生影响，对谁应当微笑，对谁应当更严肃。他会在适当的时候变得迷人。他十分擅长扮演自己的角色。但起初我把它和爱——或真正的奉献混为一谈。我仍幻想他可能还会不时地做到这一点。总有一些时刻，你会意识到：现在他过得很好，现在他真的很开心。

最迟当开始出现自恋伤害以及羞耻感被激活时，同理心就耗尽了。例如，在丢弃阶段，冷漠通常是显而易见的，因为那时自恋者不在乎他们的行为会对我们产生什么样的影响。这点也明显存在于情感冷漠或施虐癖中。但也是极为隐蔽的：某人不愿改变自己，也不愿努力经营关系，虽然另一方正在遭受折磨，而他则不见得说了什么不好的话语。

亲密和疏远：洗我，但不要弄湿我！

自恋者常会陷入一种无意识的内心冲突之中：他们渴望亲密或者性行为，但实际上，却没有能力做到这一点，并且非常害怕，害怕有人会看到他们内心的感受：缺失感，或者也因为害怕被吞噬、被控制或被支配。这可能是童年的余波：最初的自恋伤害应该是通过充满爱意的亲密来修复的。但是，再次变得无助的恐慌实在是太大了……

这种内心的冲突可能表现为夫妻关系的忽远忽近：刚刚一切都还好，转眼就突然爆发争吵。或者自恋者为了摆脱联系，提出虚假的约会。又或者（隐性脆弱型自恋患者）在度假前突感身体不适，于是，不得不取消度假——当然，人们也不能因此而责备他……

操纵策略通过冲突的需求取代了公开交流，因为公开交流需要他们有意识地进行。但是，这种内观的行为过于接近痛苦的羞耻感——就像任何臆想的弱点一样。

危险行为：胆大妄为！

因为自恋者不能承认自己的弱点，他们很少会表现出恐惧和谨慎。这可能使他看上去可靠、非常具有吸引力。但这也意味着我们可能不会把自己的孩子留给他们去照顾，因为他们粗心大意。在疫情防控期间，他们也不会是我们最可靠的伴侣——此外，他们也容易受到阴谋论的影响，因为他们认为真相不容置疑。不负责任的行为也可能在不知不觉中发生——譬如隐瞒有关疾病的信息。

令人困惑的是隐性自恋的情况往往截然相反——甚至可能发生在同一个人的身上：隐性自恋的典型角色是自我牺牲的父母。其典型特征是过度焦虑和过度保护。还有一些自恋者带有忧郁症的特征，生活在持续的忧虑当中，患上严重甚至致命的疾病——一种特殊形式的自我固着。

另外，由于自恋者的扁平化情绪，为了感受自己，他们也具有感觉寻求的倾向。因为他们极大地低估了风险，并极大地高估了自己的能力，所以，他们会将自己和他人置于危险之中。恐惧和顾虑被淡化并以微笑待之。情绪化开车也是其典型特征之一。他喜欢在车里喊叫。有一次，我们在度假时迷了路，带着帐篷却找不到去露营地的路，而他只会大喊大叫。孩子们坐在后排，也跟着哭号，因为他们害怕自己会出什么事！

危险的开车行为可能有不同的原因。派对后，他开车送我回家。晚上，我曾拒绝他。现在，他把车开得飞快，还在驾驶座上喝酒。即使我请求他把车开慢一些，他也不减速。我害怕死了。我想他是在趁机报复我。

报复：失败是不可能的！

报复心理也是一种典型的自恋特征，因为自恋者失败不起……并且，他们非常记仇。分手时，这很可能会给我们造成麻烦。他威胁要和一位我们共同的同事联系："我会把所有的事情都告诉他！他不会再喜欢你了！他也不会再支持你的想法了！等大家都知道了你的真实面目……你是怎样抢走我们房子的！"他很想再打击我一次，因为显然直到今天他还没有搞明白，是我要分手的。

玫瑰战争、跟踪和不公平的离婚程序以及对儿童、赡养费和监护权的利用是家常便饭。虽然离婚多年，她现在还是会给我寄来无尽的仇恨信件。在信件的头几行我就会读到："你这个浑蛋！你这个通奸者！"然后，我就把未读的部分都放进了文件夹，留给了律师。

一些受害者不得不躲起来，以逃避这种报复行为。或者他们总是小心翼翼，因而不能完全结束这段关系：很长一段时间里，他都在找机会公开让我难堪，给我带来极大的困扰。那时，我才真正感受到了他的恶意。我在网上关注他，因为我想知道他是否会再次发布那些针对我的诽谤性指控。

仇恨、欺凌、拖钓、制造麻烦和写匿名信也同样是自恋的特征，比如，被扩大化的自杀行为及其他所谓的熟人犯罪或家庭悲剧。越来越多的假设表明，家庭暴力或伴侣暴力的背后常有自恋型人格障碍的存在。

自恋不容小觑：恶性自恋和精神病不仅充斥在侦探小说里，还充斥在封闭诊所和监狱的法医部门里。对待严重的自恋形式，人们不能掉以轻心。许多独裁者和种族灭绝者，如希特勒，就被证明患有恶性自恋。持凶器滥杀无辜、施虐、强奸和（连环）谋杀都可能是自恋行为的极端表现。

当然：很有可能我们身边之人更多地使用的是隐性的心理策略。但是，如果心理伤害强烈到无法忍受，我们也应当牢记最终可能会产生的后果。相信只要身体不受伤害就只是情感暴力，是错误的。虐待关系中的大多数暴力行为都与分手有关。

木偶大师：为什么自恋者会进行操纵？

作为一种生存机制，自恋者分离了自己消极的一面。为了不再因缺失感而感到深深的耻辱，他们形成了一个无可指摘的虚假自我。在浮夸型阶段，他们认同虚假的自我，而在脆弱的时刻，他们又认为自己一无是处。由于这种精神上的分裂，自恋者没有强烈的自我意识，也对自己的界限没有安全感。这就是为什么他们会以如此无界限的方式看待他人：作为他们自己的一部分。当我们（他们的"身体部位"）不服从他们时，他们会相应地感到愤怒。他们所做的一切都是为了稳定他们敏感的自尊：

因为他们认为批评具有威胁性，所以哪怕很小的冲突也常会导致大的争论。"不"被认为是在拒绝他们个人。他们很难正确地划分和处理自己的感受。悲伤或失望时，他们表现出愤怒，为了让自己和我们都发现不了他们自己的脆弱甚至是依赖。如果他们感到被冒犯了，他们会想要报复；他们将所爱之人视为想要施与痛苦的敌人。而这一切都是为了保护他们内心的伤口。羞耻感像烫手的山芋一样通过传递和羞辱他人而被释放出来。座右铭：攻击是最好的防御！

在缺少建设性策略的情况下，他们会使用操纵，将自己置于（有时隐藏得很好的）权力位置，以便从周围人那里获得对其虚假自我形象的支持。

这些过程或多或少是有意识进行的。从操纵一切的蛇到毫无防备被抓的兔子，一切皆有可能。一般来说，我们认为他们不会在早上醒来时就这么想："嘿，今天我要让某人感到愧疚不已！"但无论是有意还是无意使用这些操纵手段都会产生毁灭性的影响。

小贴士

1. 盘点：你身边的人有哪些自恋的典型特征？显性还是隐性特征更加突出？

2. 安全第一：如果你的生活中出现你自己的安全或被监护人的安全受到威胁的情况，请你严肃对待！倾听自己的感受。如果你认为对方越过了危险或健康的界限，不要让嘲笑或其他操纵手段欺骗你，使你无视自己对安全的需求。你的界限是不容商议的！如果你不知道该怎么办，请去寻求支持帮助。

3. 增加亲密感：如果你需要亲密感，请练习给予自己亲密感：把自己包裹在舒适的毯子里，听你最喜欢的CD，喝一杯可可。泡个泡泡浴！有时，你只是需要另一个人——那么，就花些时间和你喜欢且信任的人相处吧。抵制寻求与那些伸出手臂让你挨饿的人亲近的冲动！避免（可以理解，但最终无益的）策略，如外遇或一夜情。你现在需要的是自己的力量，而不是新的事件。依靠那些可以陪伴你度过这段困难时期的支持性力量，首先就是你与自己的联系。

4.推我拉你：自恋者有时会让人想起杜立特博士[1]从他的旅行中带回来的双头动物：它们表示想要更多的我们，但是，当它们感受到威胁时就会破坏联系。请你观察你们作为夫妻所经历的周期：如果有亲密的时刻，它是如何结束的？由于什么？是谁发起的？你的感受如何？在这样的时刻，你怎么能照顾好自己？

5.未说之事：你是否因为害怕不被接受而对自己的一些愿望和需求有所保留？请你搞清楚那些对你来说很重要但未被说出口的事情吧。

6.吸血鬼：思考你当前提供的是哪种类型的供给。这对你和你的精力有什么影响？你能想到哪些前后对比特别令人吃惊的时刻？

7.研究：人们还未对所有典型的自恋特征进行命名或描述。我多次听到幸存者说，他们像一件家具一样被丢掉：被独自留在派对上。由于一个突然打来的电话，在约会中被迫独自待上几个小时。在一起的时间不受保护。然而，无论是在科学文献中还是自助媒体中，我都没有发现任何相关的报道。如果你有同样的感觉，请你把它添加到典型特征和行为列表中去。与其他当事人一起讨论这些特征是否具有普遍存在性。

1　童话故事《杜立特医生历险记》中的主人公，故事讲述了兽医杜立特医学博士前往非洲为猴子们治病的奇妙历险旅程。

第四章　煤气灯效应：流行语还是商标？

　　我想和他一起同他的精神导师对话，因为我们的家庭幸福出现了问题，而我不愿意就这样步入婚姻殿堂。

　　我想了很久要如何去开口。我试着写信，但最终只是垃圾桶里多了十来张揉成一团的草稿纸。似乎没人能够保证他真的理解我。

　　于是，我直接和他说了，亲自说的。我想好了要说的话。我不想让他觉得我是在质疑我们的婚礼计划。我只是不明白，为什么受过治疗训练的人不愿意接受心理帮助——一旦他处于我可以向他提出讨论请求的状态，前提是不打扰他冥想的话，我就会问他，或许，他的冥想中心不是能解决我们问题的正确地方。这可能就是他正等着我的地方：他用嘲弄的眼神说道：让呼吸直达你的根脉轮[1]，女孩！我们都是光和爱！

　　学习心理学具有惊人的效果，不仅是对自己，更是对他人。在上课开始的介绍阶段，有些人就已经在思考是否应该立即去进行诊断，而其他人则会在三分钟的休息时间停下来澄清他们的婚姻问题。一种广泛的假设是，我可以为任何与心理学相关的话题做出贡献——即使它远远超出了我的专业领域。这种影响始于入学之时。

　　有一次，我做一个两天的培训。第一天课程结束时，一名参与者向我提出一个请求，问我是否可以就话题煤气灯效应做些什么。我对他说，我

1　印度瑜伽中人体七个脉轮之一，位于脊椎骨的末端，代表色是红色，象征大地，生命的根本。

还从未听说过这个名词，但我很乐意多了解一些。

回到家后，我在网上搜索这个概念并遇到了相当肤浅的美国自助大师们。第二天早上，我告诉研讨会的参与者，我认为"煤气灯"是一个被高估的流行词，而我宁愿坚持古老的传播心理学。我不知道的是，我几乎用煤气灯点燃了他——尽管是出于无知。实际上，这个词长期以来一直在我的生活中发挥着核心作用。

如今，我已对这个概念有了更多的了解，但我依然对夸张的标语如"自恋""煤气灯效应""有毒的关系"等，对仓促的判断、危险的半知半解以及对精神病患者的妖魔化持健康的怀疑态度。与此同时，我也亲自体验到了煤气灯效应……

煤气灯效应：当你不再相信自己时

如果有人问我自恋的标志是什么，我很可能会说是：煤气灯效应。这种操纵方法的名称来源于电影《煤气灯下》：宝拉被她的丈夫格里高利·安东有计划地一步步逼疯了——通过让宝拉怀疑自己的感知和心理健康，他成功逼疯了宝拉。当他让煤气灯在房子里闪烁时，他声称没有看到它。所以，宝拉只好认为是自己在臆想。渐渐地，她不再相信自己。有一天，当主人的手表出现在宝拉的手提包里时，被误认为是小偷的宝拉就彻底崩溃了。

这正是煤气灯效应的工作原理：我们信赖的人隐瞒事情、欺骗或是劝服我们放弃（或相信）自己的感觉，直到我们严重怀疑自己。

煤气灯效应的刺激有不同程度的表现形式：从轻微的不安全感到对认知障碍的恐惧，甚至发疯。

煤气灯效应是许多操纵技术的核心要素，或者经常与这些操纵技术结合使用。大多是当你发现有人在进行操纵时，他们会这样为自己找借口并让我们感到困惑：我的伴侣没有自己的朋友圈子，这让我有点担心。但是，突然间，她约会不断。我为她感到高兴——要是她每周约会的对象都恰巧不是她的瑜伽老师就好了！总之：我对此感到很不高兴。这有点奇怪。我与她交谈并请她澄清。她却闭口不言。直到第二天她才再次跟我说话：她很抱歉让我感到难过。她很爱我，但我应该努力克服自己病态的嫉妒，这让她很为难。

煤气灯效应掩盖了虐待行为及其影响：充满恨意的眼神——被误解了！问题——不存在！我们过得不好——夸张！后遗症——幻想！我们受到指责，或忙于其他事情，因而没有能力去调查事情的缘由。

为了对某人实施煤气灯操纵，需要有权威梯度或者信任的关系。否则，我们就没有理由相信别人比相信自己更多。

然后，随着时间的推移，我们越来越容易相信自己的估计是错误的。因为我们离自己内心真实的感想越来越远。一旦我们处于那种状态，更有可能的是，即使是那些不打算对我们进行煤气灯操纵的人，他们的评论也会在无意中让我们感到不安。

煤气灯效应因此有不同的表现形式。

煤气灯效应之精选案例	
技术	例子
否认	"我从未说过这样的话！"
怀疑记忆	"事情不是这样的！"
大事化小	"你不要这么敏感！"
淡化	"你夸大其词了！结婚十年了，没有那么多的话可说，不是很正常吗！"
诊断	"你一定是病了、疯了……"
伪装成事实的观点	"别傻了——那不是真正的创伤后应激障碍！"

煤气灯效应作为其他操纵技术元素的案例	
贬低（通过信念）	"你很幸运找到了像我这样的人！"
贬低（通过有毒的关怀）	"你确定你能做到吗？"
造成内疚感（通过暗示动机、感觉、意图等）	"你早就已经决定反对我了——否则没有我，你不会去旅行的！"
石墙（尝试在澄清时指控）	"你是想要吵架吗？！"

煤气灯效应：通用操纵工具

为了保护自己免受煤气灯效应的伤害，首先，我们要认出它。这里介绍一些辨识的方法和技巧。

如果你迫切地需要记录你们的对话用以证明说过的内容，那么，你很可能遇到了典型的煤气灯操纵"我从未这样说过"！在争吵中，她骂我是黑鬼。后来，我问她这件事。她的回答是："我从没说过这样的话！我的词汇表中根本没有这个词！"

言行不符（双重束缚信息的一种变体）也是一种煤气灯操纵形式，因为我们开始相信言辞而忽视行为：我们把自恋者当成热情的"父母"，因为他们总是扮演这样的角色。如果我们有了共同的孩子，我们可能很晚才会意识到，实际上，我们对孩子没有更深的兴趣。熟练的自我表达很长一段时间都保持着一种错觉——直到有一天我们注意到这种差异：他是如此矛盾，他想要成为一名健身教练，但是，他又没有翘臀。——现在该怎么办呢？

我们也被迫去感受对自我的认知：我所取得的一切都一文不值。但是，我所取得的成就，都只是通过她才取得的。

最后，整个亲密关系就是唯一的一个双重束缚信息：自恋者声称爱我们，但他们的行为说的是不同的语言。

事实上，煤气灯效应不仅发生在口头，也发生在行为层面：如果我的问题没有得到回答（沉默对待），我就会开始怀疑自己：问这样的话对吗，还是她没有听见？

当伴侣把我的前门钥匙藏起来而我又找不到钥匙时，我会质疑自己，我究竟是怎么了：我要说出来吗？因为这听起来像是痴呆症。无论是钥匙串还是工作手机——总有那么一刻，我会说："等一下，我把它们放到那里了！"我真的开始怀疑自己，因为东西突然消失不见了。一开始，我以为是自己放错了地方。但后来，我意识到：不，他这样做是为了让我感到困惑，让我发疯。尤其是当我面临重要的任务时，这让我感到精疲力竭。

此外，第三方也会被用作所谓的"飞猴"——一种三角测量：即使在分手后，女友仍然会通过给我的家人写甜蜜的道别贺卡而对我进行煤气灯操纵。甚至几个月后，我想起她写的话还是会陷入沉思：如果她能写出如此真心实意的道别话语，她不可能那么糟！分手是错误的吗？

在家里对我如此恶劣的人在外面突然变成了所有遇险少女的救星。我当然会怀疑自己的负面判断，我对自己说："他对流浪汉都那么友好客气，他怎么可能会是坏人呢！也许，我只是碰巧看到了他不好的时候，或者是我过分解读了他的行为！我只需要学会去更多地接受他本来的面目就好了！"这是非常典型的情况：作为煤气灯操纵的后果，我们继而也会对自己使用煤气灯操纵。操纵者的声音逐渐取代了我们内心说话的声音。我们接受了他们对真实的看法。也因此，我们越发认为自己对事物的看法失之偏颇。

如果某件事重复发生的次数足够多，最终，我们会相信它。我们也会由此产生自我怀疑。长久对一个人说他没有天赋，在某个时候，他很可能就会这样对自己说。即使来自外界的煤气灯效应已消失很久了——唱片仍在心里继续播放着。（现在，如果你想起了让你停止在浴缸里唱歌的音乐老师，那么，你就有了一个实例表明煤气灯效应是常事并会持续很久——即使他不自恋！）

"不要夸大其词！"当世界不再相信你时

宗教或其他教条和世界观，也可能被滥用于煤气灯操纵，对我们产生持久的影响：诸如"上帝将我们聚集在一起一定有他的用意"！或者"婚姻是神圣的，不能被破坏"！有时，这样的话语会让人在一段有毒的关系中停留的时间更长。精神或心理虐待不仅由个人实施，也由教派和其他组织实施。

未患有自恋型人格障碍的人，也会使用煤气灯效应——特别是那种可以表明受害者缺乏幽默感的策略。性别和种族主义歧视常被掩盖于"这只是个玩笑"这样的话语之下。煤气灯效应是权力者用来巩固统治地位和扼杀叛逆萌芽的工具。哪一个女人在听到过失杀人"很有趣"这样粗野的调情之后不会脸红如潮呢？此时，黑人彼得已经和受害者在一起了，他指责受害者缺乏幽默感且过度敏感。

我多次听到拥有白皮肤和没有移民背景的人说，"所谓的"结构性种族主义只是受影响者的夸张反应和纯粹想象——煤气灯效应也一样。

自我点燃：失灵的指南针

煤气灯效应的受害者迷失了方向，他们开始依赖生活中的煤气灯，寻求他们现在无法给予自己的认可和安全感。他们怀疑自己，难以做出决定，并过度质疑自己："这样好吗？我是不是太敏感了？"受影响的人感到混乱。这使他们更容易受到煤气灯效应的影响。

事情可能发展到这样的境地，例如，一位女士的精神如此错乱，以至于心理健康治疗师也开始加入使用煤气灯操纵的丈夫一方，和他有一样的想法，即妻子精神上的不稳定是造成所有夫妻关系问题的原因。对自己理智和其他虐待工具的怀疑可能导致受害者最终走入神经病学候诊室、精神病院，甚至是自杀。

对自我进行煤气灯操纵是有毒关系的核心特征。我们用煤气灯效应来处理认知失调：我们爱上的人与我们共同生活的人之间相似处越来越少，我们不知道哪个才是真的，精神紧张到令人难以忍受。对自我进行煤气灯操纵则会减轻痛苦，因为它可以帮助我们长久维持对充满爱意的伴侣的幻想，并为所有不符合幻想的事情进行辩护。如此，当我们为他人的行为而责备自己时，我们会以一种充满矛盾的方式感觉良好。原因很简单：我们只能改变自己的行为！这样才会有希望，我们才不会感到那么无能为力。有一天，我不得不承认：我似乎有惊恐发作，需要寻求专业帮助。然后，我把这个想法告诉了我的一个朋友，他却说他不会这样做，因为这些治疗师告诉你的第一件事情总是：和你的伴侣分手！

我想着：胡说八道！然后，就去找这位治疗师了。在第二次会面时，治疗师对我说："说说吧……你还没有老！你看起来挺好的！世界上还有很多其他女人！你为什么要这样对自己？"我只是想"我不想要其他女人，我想挽救我的婚姻"。我想我必须调整自己才能继续走下去。我从来没有想过其他人可能也需要进行治疗……

最终，我们以这种方式承担了遭受虐待的罪责——我想：现在就是这样了。他在发脾气，也许是我做错了什么，我本可以不这么做的。

我们就这样找到了原因。但有时，我们寻找原因的时间也不会太久，因为伤感故事早已为我们量身定制好了：他说了很多关于童年的艰辛，他也总在那里寻找罪责的缘由。无论发生了什么，他都说一样的话：我的童年太艰难了！我的父亲不仅酗酒，还殴打我们！

哭泣，不仅是一种普遍的道歉行为，还被用来引导我们朝着想要的方向前进：哭泣启动了它。我对此做出了反应，因为它让我感到抱歉。

煤气灯效应打破了关系中的权力平衡。谁使用煤气灯效应，谁就会获得影响力。那些被煤气灯照亮的人则被削弱了。由于自恋关系主要与权力有关，因此，煤气灯处于自恋工具箱的顶部也就不足为奇了。我们的自尊心下降是自恋自尊问题的转移：我们应该同样感到渺小。

帮助我们抵抗煤气灯效应的方法有：当我意识到有人在对我进行煤气灯操纵时，我可以问自己：我现在感

> 通常情况下，为了看得更清楚，改变视线方向就够了。
>
> ——安托万·德·圣埃克苏佩里[1]

觉如何？这也许是对方（或多或少无意识地）传递给我的感觉？这并不意味着我必须原谅一切，然后，再伸过去我的另一侧脸。但也许，我不必把隐藏的贬低视为一种对我的侮辱。因为我知道：这些诋毁与我无关，一切只与给我点灯的人有关。

上述也同样适用于其他所有操纵。

小贴士

1.现实检验：如果你发现有人在给你灌输负面评价，对你进行煤气灯操纵或让你对当下的状况感到不安，请与你信任的人一起进行现实检验。评估一下自己的感受和想法是否

1　安托万·德·圣埃克苏佩里（1900—1944），法国作家，代表作有小说《夜航》和童话《小王子》等。

一致。这样就一石三鸟了：你找出了对你进行煤气灯操纵的人，反思了自己对事物的想法，也加强了与可以帮助你的人的接触。

注意！这种方法的致命弱点在于选择进行现实检验的伙伴。如果这位也对你进行煤气灯操纵，那么，一切只会更糟。

2. 口译：将自恋翻译成语言！自恋自助门户网站上流传着诙谐的表情包，这些表情阐释了自恋者在传递模棱两可信息时的真实想法。

分居的丈夫："如果你现在离开，你将再也找不到像我这样爱你的人！"

意思是："我不想失去你作为供给，因此，我要让你误以为自己不值得被爱，我的虐待才是真爱！"

现在，请你设想一下，他们喝了真相血清，比实际上更加清醒。

3. 发明有趣的答案：一个来自网络的类似技术是对操纵手段提出机智的答案。这些不一定是我们实际应该给出的答案，因为它们可能导致状况升级。但在精神上，我们可以大胆放肆：分居的妻子："你再也找不到像我这样的人了！"你（在你的脑海中）："我真的希望如此！"

4. 抓住自己：你是否偶尔会对他人进行煤气灯操纵？这可能发生在最好的意图下（"你肯定高估了！"）或是出于无知（"哦，胡说，你没有受到歧视！"）。从现在开始，请你始终牢记，让他人以自己的方式看待世界是很重要的。请你训练自己无论在怎样开放的状态下，都要坚守自己的观点，绝不动摇。

5. 设置天线：提高你自己对煤气灯效应的感觉！如果你发现有人在遭受煤气灯操纵，把它记录下来——无论是在电影、新闻、工作中，还是在你的网络研讨会中。在不受影响的情况下，你会认识得更清楚，你对煤气灯效应的感知就会变得更加敏锐。

6. 内省：有助于感知自己是否对自己进行了煤气灯操纵。观察它的影响结果：它是否改变了你看待自己的方式？它是如何影响你和自己的关系的？当你对自己进行煤气灯操纵时，你的精神和身体状况如何？

7. 仔细观察：学会仔细观察：本章开篇的日记中有哪些信息是关于煤气灯效应的？它们是如何被传达出来的？

第五章　识别模式：看穿操纵技术

我简直不敢相信！我找到了一本可以回答我所有问题的书！我与之苦苦抗争的神秘行为方式竟然是有名字的。让我印象深刻的是日常关系问题的随机组合，结果，竟然是一种相互关联的模式。一切终于说得通了！

我整日着迷地阅读，但还是令我难以相信！

他似乎注意到我正从他身边慢慢溜走。——情况变得更糟了。今天，他对我大吼大叫——他本也可以打我的……

我已经无法回头了，我将永远不会忘记我知道的事情。现在，一切都不一样了，这很好。但也让我感到害怕：从这里开始将是一片新的天地。

当我拿到上面提及的书时，我内心的经历——就我现在所知——是很典型的。一种同样令人感到震惊，但又很有疗效的失望：许多令人困惑的场景组合成了一幅完整的图景。我终于可以确定：我没有疯！

"如果我能够理解，我就可以采取行动。"我一直是这样说的。后来，我也确实这么做了。不久后，我结束了这段关系。

学会识别典型的自恋行为方式有助于我们保持清醒的头脑。但是，大多数识别特征也出现在正常的生活当中，这给我们造成了识别的困难。我们可能无法缓解争执，反而变得执拗，或者有人试图来安慰我们说：事情其实并没有那么糟糕。然而，当下述几种元素大量积累并同时出现时，我们应当有所怀疑。

沉默对待：当冰冷的沉默成为一种操纵手段

自恋者武器库中另一个受欢迎的武器是沉默对待：问题永远得不到回答，我们也不再受到重视。单音节的回答也可能是这种无声发脾气的表现形式之一。

保持沉默可能会持续一整个晚上、几天甚至几年。一种与之相应的抗拒性肢体语言贯穿始终。无视是对像人类这样的社会存在最严重的惩罚之一。它会引发强烈的情绪：内疚、羞耻、恐惧，还有愤怒。这也难怪！因为惩罚性沉默会导致与身体疼痛相同的神经细胞在大脑中放电——有时，甚至会造成致命性后果：周末去度假屋的路上，她用沉默惩罚我。等我们抵达时，我已经心力交瘁。我说我要开车去加油，把车停在下一个停车场，将一个塑料袋套在头上，试了试是怎样的感觉。

沉默折磨是对自恋性侮辱的典型反应：当自恋者没有得到足够的钦佩时，当他们在争吵后仍然生我们的气时，当我们有不同观点时，当他们不能按照自己的意志行事或者当他们的手段暴露时，自恋者会变得固执且沉默。

自恋者对自己的沉默行为不做任何解释，请求也无益。他们再次占据上风，感到自己很强大。因为只有他们才能解除对方受到的折磨。这种精神的紧张令人难以忍受，致使受到沉默折磨的受害者主动去道歉，就为了能够再次和平相处。

自恋者在情感上是不成熟的。他们有情绪调节障碍，无法充分表达自己的感受。他们使用这个简单的工具是因为他们没有属于成年人的行为方式。

受到侮辱后，退缩是为了保护自己，它与（字面意义上）期待对方的回应有关。我们越是试图抓住谈话的主线，沉默之墙就越厚：如果我们询问发生了什么，我们可能会得到回答："没什么！"而对方的肢体语言则完全相反（混合信息/双重束缚）。或者我们被要求自己找出答案（读心术）："你必须自己弄清楚！"或者："如果你真的爱我，你会注意到我不想和你一起跳舞，我只是因为你才答应的！"——此外，还有让我们慢慢认命，不再提出任何建议的事情……

借口和解释同攻击一样无济于事。以沉默反击也不可取：自恋者比我们更加能忍。我们唯一的机会就是表现出交谈的意愿，然后，照顾好自己。我们也应远离因沉默而产生的内疚和羞耻感，并舔舐自己的情感创伤，不要屈服。只承担属于自己的那部分责任——而不是更多。

如果我们为了和平共处而屈服顺从，就如身边的自恋者所希望的那样，只会强化他们的沉默行为。这种策略经常导致我们因为被虐待而去道歉。对付沉默相待的奇迹武器是抵制修复它的诱惑。最好的办法是做一些让我们充满活力的事情：健身、散步或良好的社交。把注意力放在对自己有益的事情上去！

你可以相信的是：自恋者需要供给——你喜欢的人早晚会再次与你联系。

无声的折磨有很多种：如果你问邮票在哪里，他们会一言不发地递给你，这可能就是沉默对待。同样地，使用第三人作为传话筒（三角测量）也可能是沉默对待："可以告诉你父亲这些邮票就在它们该在的地方吗——如果这个笨蛋没有把它们拿走的话？"

也许，我们都没有意识到自己受到了沉默惩罚，我们会怀疑这是否只是一种特质或关系中的正常摩擦：我们非常期待一起搬进这所房子，一切都布置得很好。但在第一个晚上，他就坐在我的对面，一言不发。尝试发起的每个对话都失败了。他让我觉得我对沟通的需求是不正常的。为了不在他面前大哭，我去了厕所。之后，我确认眼睛恢复了正常，假装好像一切都没发生过。因为我没有力气再去讨论我的"心情"了。

再一次，隐性自恋让我们特别难以识别出沉默对待。譬如，因为我们觉得好像自己才是坏人，对方是受害者。这可能会让人觉得是遭到了被动攻击，但我们可能会错过这一点，因为我们自己承担了责任或让自己发火了。

对自恋者来说，将他们的受害者带到神经崩溃的边缘，让其因完全无助而丧失耐心的情况并不少见。然后，他们会突然变得非常平静和放松，并庆祝自己作为受害者的角色。而真正的受害者则感到内疚。这是众多自恋施害者—受害者逆转版本之一。许多受害者越来越多地生活在静音模式之中。他们努力地做正确的事，只为了避免引发另一场冲突！如履薄冰！

石墙：与一堵墙结婚

沉默对待是所谓的石墙现象的典型表现，即拒绝进行交流和联系，也可以用作惩罚，如果你曾觉得自己是在对着一堵石墙说话，你便知道这意味着什么。

对话被打断。突然间笑话也不再引起笑声。公寓的门受侮辱似的砰地被关上。消息和电话全无。令人不快的话题被屏蔽，也不能被再次提起。就像沉默对待一样，没有人需要承担责任。对于亲近、亲密和深度，自恋者只有有限的意愿和能力，因而会尽量避免。*他会逃避我，使我没有机会纠正问题，这让我发疯：如果我们吵架了，他就不会想要和我见面了，他会装死并禁止我使用网络。于是我总有一种感觉，好像是我做错了什么。*

请注意！不要将石墙与在回答之前深呼吸或者隔一夜才做出的（有时是非常明智的）决定相混淆。也可能是你身边的自恋者对你使用了煤气灯操纵，并想让你完全相信这一点。我们觉得自己没有被认真对待，孤独且无助。我们变得害怕沉默，害怕被抛弃。无论是否说出来——这个威胁就在房间里。而那些会自我反省的人则多了一个责备自己的机会。

石墙也剥夺了我们澄清某事的机会。我们可能因此不再去谈论问题，因为我们知道：这不会有任何结果——最多只会引起争吵。不满的情绪在我们心中堆积，亲近变得不再可能。如果这种操纵技术达到了它的目的，那么，某一刻起我们将不再谈及任何问题。我们忍住对未修好水龙头的愤怒，打电话给物业或者自己解决漏水的问题。

自恋虐待的受害者经常表现出一种可以称为习得性无助的行为。这种现象是通过对狗的实验而为人熟知的：这些实验狗受到电击，其中一组狗学会通过执行特定反应（如拉动杠杆）来避免电击；另一组狗则没有这个机会。然后，这两组狗都被安置在这样一个环境中，即它们都可以通过逃到另一个盒子来躲避新的电击。前一组因为知道可以有所作为，很快就发现了技巧并幸免于难。后一组则因为知道自己对于困境无能为力，所以大部分时间都昏沉地忍受着电击，虽然安全距离只有几米远。

换成我们人类，这就意味着：谁如果知道试图澄清只会使情况变得更糟，那么，谁最终就会放弃，不再说话。发生在亲密关系中（甚至可能早在童年创伤期间）的事情甚至可以传播到生活的其他领域。即使在分手后，我们仍然需要很长一段时间才能恢复自我效能感，才能再次无所畏惧地谈论自己的需求。

通过逃避对话，石墙可以使冲突升级。如果你发现你们的对话或意见分歧一再被搁置或推迟，请你仔细地观察：在这种情况下，可能会反复出现同样的表达：比如"我现在不想讨论这个"会反复出现，就为了将任何有建设性的澄清尝试都扼杀在萌芽状态，也为了让我们意识到自己已经惹恼了我们更加优秀的另一半。像是"你应该为每件事制订一个计划"这样贬低你的解决方案的话语可能就是在进行煤气灯操纵。亲密关系成功的关键在于能够谈论和解决困难，然而，人们却忽视了这一点。这也是各种操纵技术相互交织和联系的一个例子。

石墙（也称为沉默的愤怒）是被动攻击性的：伤害不由主动攻击造成，而由退缩造成。

通常，这种围墙由纯粹的肢体语言构成：目光回避、声音冷漠、面无表情。幽默可以为躲避提供保护墙。或者对方说话声音很低，让我们不得不发问或者靠近。

相反，这种技术特别隐蔽的变体则可能通过扮演受害者角色来表征：谁会指望一个抑郁或过度劳累的人来处理我们的小忧虑和小病痛呢？如果我们仍然要求澄清，我们会感到不忍心和自责（负疚之旅）。我们可能做得太过火了，我们这样告诉自己（自我点燃）。我们更愿意自己去处理问题。结果是一样的：我们不再为自己挺身而出。不知不觉中，我们失去了自己的声音，生活在对下一次远离爱情的持续恐惧之中。这种虐待模式不可避免地导致关系停滞不前，因为问题无法得到解决。

成年巨婴：愤怒、暴怒和发怒

对于批评（或者任何被认为相似事情）的另一种可能反应是爆发愤怒。这种发怒也是情绪失调的结果——类似于无声的折磨。精神上的精细运动有所缺失。要么全有，要么全无：安静地退回自己的世界或大声地爆炸。一枚硬币的两个面：一面主动，另一面则具有被动攻击性。

愤怒地爆发可能是公开的，也可能很隐蔽。最终，盘子可能飞起来或者拳头可能会发挥作用。一些受害者是这样描述对冲突升级的预感的："这次是花瓶，下一次就会是我！"

任何在言语上遭受这样严厉批评的人都会觉得这是一种身体攻击。

明显的愤怒很容易被认出，但愤怒也可能在暗中释放。如果不是以沉默对待和石墙的形式，就是在暗中发泄：我们非常期待这次登山之旅。我有登山的经验，但对我女朋友来说，这是第一次。当我们进入高山时，我给了她一些小建议，告诉她最好怎样把脚踩在雪地上才不会滑倒，因为她在结冰的地面上前进得很困难。突然间，人际间关系似乎也结了冰：她失去了兴趣，中断了这次徒步旅行。下山时谈话变得很诡异。无论我们谈论什么话题，她总能找到责怪我的地方。突然就说到我的身材了：我太老了，不应该穿这么暴露的户外装！当我们到达山谷时，我们都沉默了。为了振奋精神，我试着开玩笑。然而，这些玩笑也只是为批评我不好的性格提供了新的攻击目标，这从我失败的幽默感上即可看出。

自恋者不善于向别人学习。在感受到屈辱后，他们会通过贬低他人——通过传递羞耻感，来尝试恢复受损的自尊和关系中的权力平衡。

羞耻愤怒旋涡：内部恶性循环

愤怒是羞耻的反面：如果某人经历了太多的耻辱（即使这种经历可能只是主观的），最终，羞耻会变成愤怒，从而羞辱（身边任何一个）对手。感觉应该是一样的糟！然而，由于发怒不合适，与崇高的自我形象相矛盾，因此，这种爆发往往会导致羞耻感的产生。然后，这种羞耻又被发泄在愤怒之中……这种恶性循环被描述为羞耻愤怒旋涡。

自恋者的许多情感都很淡薄。愤怒是他们能够充分感受到的少数情绪之一。相较于自恋伤口中心根深蒂固的羞耻感，自恋者更能够忍受那些看似是攻击者的冒犯。

羞耻是我们所有人都拥有的感受，它与害怕被人看到有关——与我们所有的缺陷和弱点有关。其后，隐藏着深刻的忧虑，害怕由于这些缺点被抛弃或被拒绝。

羞耻具有重要的社会功能。如内疚一样，它调节着我们共同的生活。当我们以不符合社会要求的方式行事时，我们会感到内疚和羞愧。于是，我们会小心谨慎对待自己和他人的界限。

羞耻和内疚，这对"创伤姐妹"之间的区别在于：内疚是可以被抹去的，并且与我们对之感到内疚的其他人相关。

过度羞耻则可能是有毒的。有毒的羞耻与所作所为无关，只与身份有关：错的不是我的行为——我自己本身就是一个错误。太多的羞耻体验会阻碍自我成熟。在成长经历中，那些感受到强烈有毒羞耻的人很容易受到依恋问题和各种精神与身体障碍的影响，其中就包括自恋。

所有自恋操纵——无论是浮夸型还是脆弱型——都有一个目标：避免感到内心具有压倒性和威胁性的羞耻感。攻击是否真的在外部发生并不重要，只要自恋者认为是这样的，就会产生相应的反应。当"脸书"粉丝减少、度过了糟糕的一天，或者预期的升职还没有达到时，自恋者就会发怒。但是，当其他人得到加薪时，当别人没有对礼物做出足够热情的回应时，或者当他们本着好意去谈论问题时，自恋者就会感到自己的不足，从而激发羞耻感：我们的女儿常在幽默中获得自救。但是，他无法忍受。如果他生气了，而你在笑或是试图缓和局势，他就会爆发得更厉害。有时，他会举起手去找女儿们。然后，我就会介入。

因为自恋者不想面对自己的脆弱，即使是善意的询问（例如，询问关于他们的健康状况）也可能引起强烈的反应。此外，由于内省和情感受限，自恋者也会提出过分的要求，产生自卑感：公公临终时，我帮丈夫接待了来医院探望的人，给了他很大的私人空间。但我惊讶于他竟然没有哭，也没有向我倾诉。我很担心。几天后，我抱着他，问道："你想谈谈吗？"他完全吓坏了："你可以和别人一起做你的特蕾莎修女！"我觉得自己是世界上最麻木不仁的人。

一种愤怒的隐性变体是沉迷于幻想报复他人而引起他人的羞耻感。这看上去类似石墙：我们不知道对方发生了什么，但我们可能会经历（内在的）退缩。他们也可能会说出潜意识中的尖刻评语。讽刺和挖苦被用于掩饰攻击。

无论是公开的还是隐藏的愤怒，都使得受害者越来越多地生活在雷区。持续的警觉造成巨大的压力，使得我们生病。对下一次爆发的恐惧也使我们在预期的服从中越发克制自己。但是，即使我们用天使般的语言传达我们的需求——我们肯定会因为柔和的语气而被攻击。我们就是做得不好。

几乎没有任何回旋的余地：我们再也不会让我们所爱之人感到羞耻了——世界上总有其他地方让他们感到挫败，使得他们来对付我们。我们所能做的就是意识到这是一种将负面情绪传递给我们的机制。划分界限的最佳方式是不将敌对行为看作一种侮辱，建立谈话规则并保证自己的安全，这也是我们唯一的选择。如果我们成为发怒的目标，我们可以养成立即结束互动的习惯。

投射：昨日嘿，今日呸！

自恋者像是将自己分裂成了两部分：无可指摘虚假的自我与被压抑的羞耻。在爱情轰炸阶段，我们被理想化了，我们是一切美好事物的画布。靠近我们是一种荣誉。然而，当我们从贬值阶段走向丢弃阶段时，我们就变成了自恋者内心的恐怖电影画布：我们最终被列入黑名单。因为所有不符合自恋者虚假自我的东西都被归咎于我们。这是对倒霉的订阅——就是这种感觉。自恋者认为他们确切地知道我们的感受和感动我们的事物（读心术），当然，全部都是出于不正当的动机。

我们开始质疑自己：我是否真的这样冷酷、自私、自利……

回想起来，往往更容易看出：他们大多数指控都不是在描述我们，而是在描述他们自己！指责我们是很常见的典型自恋特征。他们会说"无论我做什么都是错的"！或者"你把一切都归咎于我"！又或者"你扭曲了我说的每一个词"！也难怪我们会自问，是否我们自己才是自恋障碍患者。

但其实我们只是扮演了精神垃圾桶的角色。有人向里倾倒，是为了避免将坏东西留在他们自己的心里。我们成了真正的替罪羊。

戏剧，也是自恋投射的常青树之一——例如"不要那么戏剧化"！或者"不要把它变成戏剧"！又或者"我讨厌戏剧"！

虽然我们建立良好关系的努力被认为是过度戏剧化（煤气灯效应），但是，究竟谁才是真正的戏剧女王却隐而未现（投射）。创造戏剧是一种典型的自恋特征，它使亲密关系变得艰难和费力。

自恋者不喜欢被控制——他们却一直在控制别人。他们到处都能感觉到操纵和阴谋。这就是为什么许多自恋者会对问题做出愤怒的反应——即使人们是好意询问他们。

投射的倾向（以及反思无能）也可能表现在沟通的方式之中：从自恋者嘴里发出的我的信息听起来更像是伪装成自然法则的你的信息。所表达的不是主观的感受——世界就是这样的！例如，这并不是在说："我害怕！"——在任何情况下都不应该表现出弱点——而是："你的建议是行不通的！"问题不会因自我披露而使自己变得脆弱，而是被推到了事实的层面。自己的观点被提升为准则，对方的观点则无足轻重：煤气灯效应。

有人在我们身上看到了世界上所有的邪恶，我们对此的自然反应是为自己进行辩护。我们从身体中解放自己的灵魂。但是：我们只能在另一个方向上找到和平：勇敢地说出"如果你对我了解得这么少，那么，我也无能为力"！我们将不再悲伤。

贬低和批评：水滴石穿……

有时，极具攻击性的贬低可能会突然以各种方式出现。也许，我们会察觉到被认为是懒惰的。也许，我们是被批评或训斥了——通常是在友好、同情和乐于助人的幌子下：因为他，我在烹饪和烘焙方面失去了很多乐趣。因为当别人都说"你的苹果派真好吃"的时候，他总是会抱怨些什么。

然而，在恭维和恋爱告白语中可能也包含贬低之意：尽管你有许多不足，但我依然爱你。

这一切并不总是和事实或逻辑相关：如果她一年挣5万，我一年挣6万，那么，5万就是比6万多。因为她做得总是比我好。

微歧视也会让我们感到渺小和一文不值。人们很难察觉到它，可能是言语或非言语的：只为他人而设的微笑。总是快走一小步，让你无法与他并肩，只能跟在他后面跑。一个以我们为代价的笑话，一种"不幸的措辞"。由于性别或出身等群体关系而采取令人不易察觉的居高临下的行为。或者有针对性地对伤口进行攻击：自恋者有很敏锐的心理感觉——知道哪里能够触痛对方。我们在理想化阶段告知他们的弱点会被用作对付我们的武器：每当我想和他澄清一些事情时，他就说我实际上有许多更大的问题。并且我本来也不会解决我的问题，不会被社会所接受，会惹恼所有的人。

有时，只有通过别人的眼睛，我们才会意识到发生在自己身上的事情：有一次，我们在谈论营养话题，我的妻子对我说："对你来说都一样——你总是很胖！"我们的儿子就坐在旁边，看起来像是在说：什么?! 她在那儿说什么？那时，我才意识到她曾在许多场合贬低过我。

双重信息也常会出现，其优点是我们只能误解它们。——我们很容易这样劝服自己：我总觉得自己很丑。虽然这不是真的。他很清楚自己可以这样插入对话，然后开个玩笑。但随后他又说："不，你真的很漂亮，我真的很高兴有你！"但这已经不可信了。

贬低行为也可能是这样的：丈夫喜欢徒步旅行，但是，妻子没有和他一起去旅行，而是和她的女性朋友或新的供给一起去旅行。

攻击通常都隐藏在模糊的暗示之中。话语本身可能是无害的——但隐含的内容却不是，我们对此永远无法确定。当话语和肢体语言不合时，我们选择相信话语。面部表情中的轻蔑难以确定——但它不会一直无效。煤气灯效应常常让我们对自己的感觉产生怀疑："别太把它当回事了！"

通过贬低他人，自恋者抬高了自己。他们的耻辱最终归于我们。

内疚：不可取消的订阅

不仅羞耻是一个强大的操纵杆，内疚也被用来引导和束缚我们。使我们产生内疚感（负疚之旅）是用来软化我们界限的工具之一：在我姐姐去世后，他为我做了这么多，以至于我不能仅仅因为我想要一个人独自哀悼就直接让他回家。

当你发现自己在做本不想做的事情时，请探索你的动机。特别是那些善解人意的人，很容易负疚。因为他们只想给别人最好的，并且，往往对自己有很高的道德要求。遇到诡计，受到伤害，如果我们问自己：为什么我们会这么容易被人操纵？我在害怕什么？如果我们深入探索，那么，对我们的指责也许就会更少些。冷漠在这里是一种正确的平衡方法；但是，需要付出艰苦的努力才能获得。更快的方法可能是向自己承诺不再去做任何事，如果只是为了避免负疚。当内疚的小精灵困扰我们时，消遣、静坐、与熟悉的人闲聊，都将有助于我们确认这一切实际上不是我们的过错。

制造内疚感有各式各样的方法——从微妙的义务感到有期望的压力，再到不言而喻的（无意识的）禁止和批评。

一种所谓的有毒的恩惠也是上述方法之一：英文里有种好听的说法："有绳子附在上面。"这种措辞意味着，某事伴随着令人难以察觉的条件：礼物或恩惠——我们已经欠别人的债了！因为社交互惠法则使人们努力寻求给予和索取的平衡。如果这里出了问题，最好是拒绝人情。否则，我们很快就会挣扎在看不见的绳子上。

推卸责任："等一下！"

自恋者会因为他人的行为责备他人，却不会责备自己。在所谓的推卸责任中，责任可以归咎于任何地方——上帝、世界和比萨送货员。

因果往往被倒置——这是煤气灯效应里一种特别狡诈的形式，意味着在自恋关系中许多试图澄清事实的尝试都以受害者道歉而告终（施害者—受害者逆转）。

DARVO是珍妮弗·弗雷德[1]创造的一个术语，它描述了一种特定形式的内疚逆转，在面对自己的内疚时，自恋者（或其他操纵者）经常会使用这种内疚逆转形式。这些缩写字母分别代表：否认（Deny）、攻击（Attack）、逆转受害者（Reverse Victim）和罪犯（Offender）。*如果你不是那么离谱，我也不会那样喊叫！*

意识在这里会有所帮助：每当有争论时，请你谨记它是如何开始的。如果你表达了一种需求，但接下来的对话却是关于你的语气而不是你的需求的，请把谈话引回到你关切的点上："现在的重点不是这个，而是……"这种技巧被称为"破唱片"：不要让自己偏离主题，取而代

1　全名珍妮弗·乔伊·弗雷德，美国知名性暴力和制度背叛心理学专家。

之的是（像一张有划痕的唱片）以一种友好、冷静和实事求是的方式重复相同的内容，但是，使用不同的措辞。

自恋的追随者：教唆者、粉丝俱乐部和飞猴

虽然自恋者最迫切需要的就是供给，但是他们（尽管看起来可能并非如此）没有长久而亲密的友谊，因为这个需要进行情感投资。他们只有熟人，因为自恋不仅是一种自我价值感障碍，也是一种关系能力障碍。她从不关心友谊。她一直认为每个人都很愚蠢。除非她可以用友谊作为武器："因为你，我失去了所有女性朋友！因为你，没有人愿意再来！因为你是一个彻头彻尾的厌世者！"

隐性自恋者也完全有可能是受欢迎的。他们通常有真正的粉丝俱乐部，会热情地向我们证明我们找到了怎样的宝藏。这些粉丝俱乐部的功能和我们一样：提供自恋供给——钦佩和掌声。只不过，因为他们从来没能像我们这样靠近，他们可能看不到自恋者面具后的真实面目。他们的热情有增无减，有时，也会对我们产生煤气灯效应："你有一位多么棒的妻子啊！"

粉丝及其他人（包括那些与受害者关系密切的人，如家庭成员）都可能或隐或显地成为自恋的助手——即所谓的飞猴。这些"会飞的猴子"（以《绿野仙踪》里的飞猴命名）特别适用于分居的情况：当我的前妻告发我时，她对孩子们说："你们的父亲是罪犯；他会被抓起来带到监狱里去的！"我泪流满面：我想我要失去我的孩子们了！他们现在完全反对我！我会在法庭上失去监护权！

常与飞猴一同出现的自恋特征是诽谤。它创造了三角关系（三角测量），即通过贬低他人而达到优于他人的目的——一种完美的自恋组合。有时，我们会绝望地博取更多的赞许和联系，也愿意做任何事来重

新建立联系。不管你相不相信，我们甚至可能在分手后被用来嘲讽新的供给：开始时，他会说新任的坏话，说她烤的鹅没有我做得好吃。我却想，嗯……95% 的时间你也都在抱怨我烤的鹅……

如果没有教唆者，自恋在家庭、经济和政治中不会如此猖狂。他们选举可疑的总统，轻视性骚扰等行为，在招聘中偏好自恋的美德。即使在最亲密的环境中，我们也会遇到接受、掩饰或支持正在伤害我们的人："他这么愤怒，一定是你干了什么才让他这么生气的！"当我告诉我母亲，我的伴侣欺骗了我时，我的母亲是这样提醒我的。

教唆者可能有各种各样的行为动机。出于无知；为了维护自己的权力地位；因为他们压抑和轻视自己的伤口，不想被他人提醒，或者因为他们对人性抱有幼稚的看法，只愿意去看每个人的优点，相信有奇迹存在。这种有毒的积极性也会使我们辨认不出破坏性的力量，被自己和他人进行煤气灯操纵，并允许虐待发生——因为我们提供了无数的机会。

分手后，我们可能还会受到教唆者或飞猴的煤气灯操纵与指责：我们怎么能离开这样的天使呢？

有时，我们可以让教唆者和飞猴意识到他们正在做什么，其他人则不可救药。然后，我们就知道自己的立场了，可以考虑如何去处理它：避免敏感话题，减少接触或断绝联系。

三角测量：当双方发生争吵时……

三角测量发生在亲近的人之间，并且常有重叠之处。有许多情况会用到三角测量：在夫妻关系中，自然是出轨。隐性自恋情况下，就不太可能会公开发生。我们更有可能是在事后，在多年的双重生活之后（"哎呀，他早就结婚了！"）或是从家庭秘密中了解到有过三角测量的存在。

自恋之人通常很擅长说谎——但如果是为了三角测量，我们可能就不会无意中听到他们在疗养期间结交的异性朋友或是约会资料。因为他们不想感受到对我们的依赖，只想让自己处于强势地位（由于我们的嫉妒）：他和他的网球搭档有染。有时，他晚上也不回家，而是和她在一起……这些我都知道。一开始真的很难。但渐渐地，爱情也就消失殆尽了。

但也可能不是真正的出轨。调情或微欺骗也是三角测量的形式：一个女人想让她的丈夫嫉妒，于是告诉他，她在工作中是如何被调情的。

另一种典型状况是，前任依旧有一定重要性，不断以打电话或其他方式现身。尤其令人困惑的是：这可能与他们的诋毁交替出现——因为他们当然都过于戏剧化或是疯了！

在丢弃阶段，当替换我们的人已经在候补队列时，他们常被用来让我们产生嫉妒。当然，其他人也适用于这里，只要能够增加自恋者的需求和自身的市场价值。关键在于：如果我们嫉妒，我们就会受到指责——然后，就又是我们的问题了。

谈话中经常是他一直在说他的各种忧虑。每当我开始要说出自己有这种感觉时，他却已经不在了。有一次，我去看望他，我们已经很久没有见面了。我们是异地恋，第二天我就得走。他的一个女性好友打来电话，他们聊了很久，他也倾听了很长时间。这令我感到十分紧张，因为他和她能聊，和我却不行！尽管如此，我还是接受了他花时间与她通话，虽然我正在他的身边。我打开一个广播剧，依偎在沙发上。然后，他走向我，在网络电话上和她大声说话，尽管我正在努力地听有声读物。这真让人恼火！

即使是比较——伪装成安慰、赞美或爱情宣言——也可能是在进行三角测量：他指向老板（非常年轻的）的新婚妻子。"找这样的模特，实在太肤浅了！他则更喜欢内在美"——他看着我说道，他的目光让我觉得我似乎突然到了该去做整容手术或进养老院的年纪了。

三角测量是一种破坏自我价值感的工具。因为自恋者肤浅，他们特别喜欢抱怨我们的外表：他在游泳池里指给我看他觉得很性感的女孩："好大的罩杯！"他总是这样说。我对他说："好吧，是很棒——那我呢?！"对此，他的回应是："嗯，你看起来也很棒！"但我仍然觉得：我没有他认为的那样丰盈的乳房。

被卷入的第三方很可能对他们的参与一无所知：他说，在我们开始在一起时，我姐姐说我是一个非常混乱的女人，自从我和他在一起后，我才变得守时和可靠。这完全是胡扯！我姐姐从来没有说过这样的话！

与我们进行三角测量的人甚至不一定存在：我的伴侣送我去火车站，对我说："从美丽的意大利给我带一个热辣的南方美人儿回来吧！"

更加隐蔽的三角测量形式可能听起来像是对他人的赞赏："女人为了孩子待在家里，我觉得这很强大，就像是她！"——不是这么容易就能认出是三角测量！但这是成功的一半需要谨记，不要让自己被激怒。如果可能的话，不要陷入三角关系，照顾好自己受伤的灵魂。

在无形的笼子里：嫉妒、欺骗和控制

当谈到嫉妒时，投射再次发挥作用。自恋者喜欢认为每个人都嫉妒他们——但事实往往相反。他们嫉妒那些有深刻感觉且能够与他人建立亲密联系的人。他们嫉妒我们的成功，贬低我们的成功，也不能和我们一起庆祝我们的成功。为了支撑起他们脆弱的自尊，他们需要优越感：我一直在努力得到这份工作。当我得到这份工作并想和他一起庆祝时，他的心情却有些糟。

自恋者害怕吃亏，感到处处都有阴谋。这可能表现为嫉妒和贪婪，或是达到几乎是妄想的不信任程度。

然而，羡慕和嫉妒并不仅仅停留在物质层面，还涉及个人所关注的事物——也是另一个孤立我们的原因。这可能（特别是在恶性自恋的情况下）公开而暴力地（跟踪、家庭暴力等）或间接地发生：他看不起我的朋友们。起初我想：好吧，我们不可能喜欢所有的人。但在某些时候，它真的变成了一个系统，他总是对出现在我生活中的每个人挑毛病，还说一些与事实不符的话，就为了让这个人处于不利地位。

自恋者试图让我们越来越依赖他们，这样他们才能控制我们：孩子出生时，他建议我辞掉工作。他不希望我如此辛苦地工作，他宁愿做第二份工作。这听起来很有奉献精神。但是，当分手时我经济独立，我很高兴当时我没有为此而堕落。否则我还敢离开吗？

隐性控制会通过情绪、感觉、眼神、推卸责任或看上去善意的建议而发生。

操纵策略旨在使受害者失去心理平衡，以便更容易控制他们。但控制也可能以简单的支配形式出现：每当她进入房间时，就会立即分配任务，以主人的语气。她马上就是老板了。她非常果断。但同时她也很脆弱，总是疲倦不堪和生病。

一段关系越接近丢弃阶段，控制就会越明显。到了后来，他就不再掩饰了：如果我晚上工作时间过长，他就会来接我，有时，会在楼下门口站好几个小时等我。这太吓人了。

邮件被读取，密码被破解。尤其是恶性自恋时，还会有摄像头、监控应用程序和跟踪设备。

我们并不总是能够立即注意到这里越界了。但是，如果我们注意到了，还是应当明确划定自己的界限（或是寻求法律、警察的帮助）。因为和自恋者去谈论问题，我们很可能会遭到拒绝。

循环对话：文字沙拉、焦点转移和偏转

有毒的关系缺少一个至关重要的器官：沟通——也可以说是人际关系的肾脏。出现问题时，不会发生任何净化的过程。自恋者知道如何通过破坏澄清的尝试和谈话中突然转换话题来防止这种情况的发生。走出这样的对话会让人觉得似乎不知道刚刚都发生了些什么。

文字沙拉让我们感到困惑。最终，我们不再知道事情究竟是怎样发生的。这听起来就像是一个人抽了大麻，语无伦次，让人难以理解。因此：请注意！如果你觉得不能理解对方，不要自动将其归结为是你的迟钝——这也可能是文字沙拉。

焦点的改变（焦点转移、偏转）通常足以让我们忽略谈话最初的目的。我的治疗师总是会说："西红柿或黄瓜——现在我们是在谈论什么呢？"然后，我意识到：我再次从原来的话题上跑偏了。我想谈论西红柿，却发现自己陷入了一场关于黄瓜的长达数小时的辩论。

通常状况下，不仅话题会跑偏，责任也会被重新分配——当然，首选就是我们（推卸责任）：如果我不想在他对我大吼大叫后立即和解，他就会旧事重提，把我描绘成一个失败者。例如，直到我们的女儿出生之前，我都没有定下要给女儿取什么名字；或者他因为我上班迟到了；又或者我把他最喜欢的衬衫弄脏了。你真的会想：他提出这个话题可真荒谬啊！那都是十年前的事情了！

在这里，"破唱片"法也会有所帮助：如果谈话可能要结束了，我们可以像念咒语一样回到我们关注的焦点。提前把重点写下来也会有所帮助，这样我们在语言混乱的时候就能想起它。如果这些都没有用，请记住一件事：通过退缩来限制伤害。

因为讨论越热烈，就越容易产生所谓的反应性虐待。有时，我们会忍受不下去，勃然而怒。一位幸存者告诉我，她因伴侣出轨而大发雷霆，他们甚至打了起来。这正是自恋者的计划：不断挑衅我们，直到我们发火为止。人们将此称为引诱。我们一旦开始生气，自恋的一方就会突然变得冷静和放松，我们则成了发疯的一方。自恋者会接着扮演受害者的角色并试图让我们相信，问题不在于他/她的虐待行为，而是我们对此所做的反应。有时，我们的反应是如此强烈，以至于我们不得不再次认为这一切的过错都是因为我们自己。——猜猜看，然后又是谁道歉了？正是我们自己！

面包屑：爱情的面包屑

我觉得我已经对爱情面包屑做好了准备。

这位幸存者不知道，其实这种感觉并不只是她才有：面包屑是爱情炸弹的碎屑，这些炸弹不费吹灰之力就能让我们感到温暖。我们在一起的时间不多，只有旅行的时候。

只有足够多的碎屑才能让人保持对生活的希望。在我几乎要结束这段关系时，他突然开始关心起我。然后我想：他不会再有机会开火了！

幻想家——皮格马利翁效应

在爱情轰炸期间所发生的事情可以被描述为皮格马利翁效应。任何了解音乐剧《窈窕淑女》或戏剧《皮格马利翁》的人都知道这意味着什么：根据自己的想法塑造更好的另一半。这样的关系设想当然注定会失败。

自恋者最初会试着顺从受害者，之后，他们就会按照自己的意愿来设计受害者：他（因为是一名职业运动员）给我穿上运动装：跑鞋、运动服……他想尽一切办法让我变得更加有运动员的风度。有时，他会大声喊叫着强迫我去做。我想如果我和他一起去举重一个小时，我会更加平静。否则他会抱怨其他的事情。

为了说服我们采取不同的行为方式，告诉我们前任关系的阴暗面可能不会那么容易引人注目和引发冲突。如果前男友没有表现出持久力，我们会坚持下去——无论共同的航道多么具有挑战性。

理想化或比较性的恭维也会让我们开心，使得我们不想失去积极的归因。毕竟，我们不想放弃我们作为最宽容女友的地位，于是放任我们的伴侣做所有的事——即使宽容在某些时刻也变得不再那么容易……这些身份归属控制着我们的行为。而当这个一直都很包容的女人终于变得嫉妒，并要求对方作出承诺时，则会遇到强烈的抗议："现在我知道你是怎样一个人了！"就这样，我们通过内疚逆转再次成为替罪羔羊。

虚假未来：希望最后死去

使我们能够保持这段关系（即使在糟糕的时期）最强大的黏合剂是希望：热恋会消退，问题会得到解决：很遗憾，我们没有那种举案齐眉的幸福。但我希望事情在某个时刻会有所改善。

希望是由我们在爱情轰炸阶段形成的看似与我们灵魂亲近的形象所激发的。但虚假未来也从希望这个账户上支取费用：它为我们描绘了一个美好的未来，（即使在臆想中短暂的干旱期间）也值得我们坚持下去：山里的房子是她强加给我们的共同梦想。实际上我们只查看了一些农场。但这没用，因为在她看来这本来也不是我们的计划。

破坏：你认为神圣的一切

另一种让我们不安、不成功和不自信的方法是破坏重要的日子：工作面试、假期、纪念日、生日或其他庆祝活动。因为自恋者不喜欢别人成为关注的焦点。我一直努力为她安排美好的生日和命名日，她却从没为我做过这些。

有多种破坏这些日子的方法。例如我们被迫接受礼物，只是因为他能够得到别人的吹捧：我讨厌像瘟疫一样的数字："……这样我的小伙伴们就可以看到我给你买的漂亮衣服了。"而我的想法是：这件衣服实际上应该是让我开心才对！

如果我们不够感恩，随之而来的不满可能会以眼泪收场——而我们并不真正知晓究竟是为了什么。

真正的大危机发生在重要演讲的前一天晚上，因为绝对的疲倦和紧张会使我们失去获得突破的机会。

一些特殊的理由也会被用来伤害我们：为庆祝我升职，公司举办了一场庆祝活动。她是否在场对我来说意义重大——毕竟这种事情只有一次。但是当天晚上她却必须和让我嫉妒的那个人一起出去——这对我来说是双重打击。

在重要的节假日也特别适合"吸尘"：除夕晚上11点55分的消息让我们哭着开始新的一年……

健忘症与忽视：是什么？

自恋的忽视可能会让人觉得是被忽视了。当他人忽视我们或拒绝给予支持时，我们会觉得自己不重要，甚至一文不值：我预约了一家专科诊所，接受人工授精的激素治疗。我约了他也可以在场的日期。但他还是没去：空闲的日子做这些，对他来说压力太大了。这些小事一点一滴逐渐形成了一种迷糊的"健忘"：她忽略了我曾借给她那么多的钱，她在欠条上什么都没有留下。

自恋性健忘症是指我们在经历了一场虐待后，下一刻或第二天早上我们的另一半就没事了。就好像离谱的事情从未发生过一样。这也是一种煤气灯操纵，因此我们会质疑自己：难道这些都只是我想象出来的吗？

澄清？白费力气！相反，一切照旧。因为自恋者对我们、对真正的亲密感或深刻而有效的伴侣关系根本就不感兴趣——这听起来就很难。他们不想改变自己，甚至不想发展自己。因为这意味着他们必须去面对自己的原始痛苦。我希望她能努力变得更健康，但她并不打算这样做，尽管她已经多次去往康复中心。最终，她也只是去了那个地方而已。等她好转后，一切又重新开始。

因疏忽大意而伤害他人，即被动攻击行为，是隐性自恋者的典型特征。人们很难确定它，因为它不能被清楚地识别为是侵略。本章中描述的许多操纵技术都可以看作被动攻击性的。

被动攻击的典型例子是疏忽（"哎呀，我打碎了你最喜欢的花瓶！"）或遗忘。最经典的案例是忘记婚礼的日子。同样，生日也很适合被忘记。

孤立：当没有人注意到发生在你身上的事情时

当自恋关系快要结束时，受害者常会意识到他们是孤独的。不仅在他们的伴侣关系中如此，在其他方面也一样。真挚的友谊已经破裂，熟人也已冷却，与家人的联系变得肤浅。这些都不是偶然。我的兄弟很担心我，因为妻子逼我买了大房子，造成了巨大的经济负担。在他小心翼翼地向我妻子询问这件事后，她将我的兄弟批评得体无完肤。

孤立是自然纪录片中熟悉的一种策略：捕食者（"捕食者"这个词实际上在美国自助文学中用作自恋者）将羚羊与群落分开，一旦猎物再无防备，它就会被撕裂。

同样地，人们从一个可能让他们意识到关系模式不健康的环境中获得的共鸣越来越少：对于那些她认为可能让我与她分手的人，她都很有侵略性。这种行为也可能表现得较为明显。他曾经取笑我的一个女性朋友，说她花太多时间和我在一起，而那段时间他就不再拥有我了。最终，我的女性朋友受不了，做出了让步。然后，她和我为此吵了一架。终于，我们的友谊破裂了。

我们的联系人也会因贬低、诽谤、警告和三角测量而瞧不起我们。她对我说："你自己的家人都背弃你，抱怨你！没有人想和你再有任何关系了！"

如果遇到的人太多，煤气灯效应可能会让我们产生内疚感："啊哈！好吧！如果他们对你来说比我更加重要……"也许，我们自己也会做这项工作，（如果我们状态好）也会维持好伴侣关系。或者我们一起迁移到世界的尽头，从我们的社交网络中脱离出来。

于是，我们花更多的时间在有毒的人身上，而不是在支持我们的社交网络上。在某个时刻，我们也会失去力量：除了自我优化措施（我们强加给自己的，以便赢回我们的心上人），以及持续的压力、慢性疾病、不断的沉思、周末令人精疲力竭的争论之外，我们应该如何去维护友谊呢？

威胁和勒索：胸前的手枪

破坏友谊的一种方式是情感勒索。公开地质问如"她，还是我"，或者间接地用痛苦的眼神告诉我们："我因为你而难过！"

威胁也以自相矛盾的方式起着作用，例如"你不必害怕我晚上会在你家门口"！即使我们以前从未这样想过，现在却再也无法摆脱这个想法！

特别是在分手前后，往往会有威胁发生。在抛弃阶段，那些行动更加隐蔽的人也可能会采取公开的威胁手段：当我告诉她，我想结束这段关系时，她吓坏了，尖叫着哭了三个小时，说她会把自己从窗户上扔出去。

自杀威胁是情感勒索的一种形式。它们也可以被巧妙地传达出来：如果那些告知我们自恋者有自杀念头的人消失了，就不会再有任何言语来向我们灌输恐惧和内疚了。

"宣布者不做！"是一个危险的传说。一方面自恋者受到自我中心和自信的保护，另一方面由于他们明显的脆弱，也特别容易自杀。尽管如此，我们不应该让自己被勒索，毕竟某人是否对自己做了什么不是我们的责任。无论在任何情况下，我们都不应该让自己承担这样的责任。

另一种经典手段是用分手威胁：他常说："我要离婚！"今天我想：是啊，他要真这样做就好了！但他为了给我施压，总是说："你不会再从我这里得到任何赡养费了！你就一个人过吧！从房子里滚出去！他们会把你的孩子从你身边带走的！"

威胁也可以被隐藏得很好，例如"我就是我"。——这实际上是一个强化语气的句子，葛罗莉亚·盖罗[1]的粉丝是这么认为的。但是在拒绝改变的语境中，这句话意味着：要么受虐，要么离开！

不仅仅是划痕：情感虐待不是小事情

你在本书所描述的方法中搜集到的每一个经历可能听起来都很琐碎（除非它涉及通奸、跟踪和身体暴力），就像是任何普通关系盒中微不

---

1 美国歌手，以诠释迪斯科乐风的歌曲闻名，最著名的单曲有《I Will Survive》和《Never Can Say Goodbye》等。

足道的零碎东西。

我们很难让自己和其他人明白，这些互动积少成多，会让我们生病。但这正是它们的作用。它们削弱了我们的自尊，扰乱了我们内心的指南针。它们带走了我们的快乐、活力和梦想。

> 愈合最慢的伤口是从外面看不出来的伤口。
> ——WWW.RE
> –EMPOWERMENT.DE

它们消除了我们的界限，我们承受着身心崩溃的压力。因为在我们实际上本该得到安抚的地方，我们受到了虐待：我实在受不了她的折磨，夜里闭着双眼，以170千米/小时的速度在8号高速公路上驾车行驶。

情感虐待

情感虐待（或精神虐待、情感暴力、精神暴力、心理暴力）是：

· 受害者被至少一名施暴者虐待的长期过程。

· 一种在很大程度上避免了身体暴力的侮辱和伤害形式。

· 对受害者的人格和自信心的攻击——手段包括孤立、让人不安、羞辱、拒绝、贬低、威胁、骚扰、撤回爱、言语操纵、情感勒索、忽视等。

· 以缓慢推移可接受的界限为标记。

· （至少）与身体暴力的后果一样严重，并可能导致身体暴力的发生。

· 对当事人来说具有挑战性，因为它很难被证明，很难被相信，也很少被认可。

· 在严重情况下会受到惩罚（例如胁迫、欺凌和跟踪）。

· 经常出现在封闭的体系中（如伴侣关系、家庭等）。

· 到目前为止很少被研究。

· 难以被识别。

· 传播极广的。

小贴士

1. 抵抗触发：如果你遭遇了石墙，请把它当作一个处理自己触发器的机会：你害怕被遗弃？对于你当下正在经历的事情，这是一个完全可以理解的反应。如果你感到害怕被遗弃，可以采取一些身体上的缓解措施：尝试看看哪些活动会让你不再感到害怕。

2. 退回未知的事物：请不要再接受任何不属于自己的包裹！如果你怀疑自己被指责具有不属于自己的品质，请抵制为自己做辩护的冲动。你可以解释一次。如果人们不相信你，他们显然只会相信他们愿意相信之事。当你注意到对方认为他比你更了解你和你的动机时，请你结束对话。为自己做些有益的事情。静静地想一想，你被指控犯下的严重错误述说了对方的什么……

3. 习得行动能力：也许你已经到了看不见自由的地步，即使大门在你的面前是敞开的。我本人也曾有过这样的时刻，而我的治疗师教给我一个直到那时还没有出现在我活跃的心理词汇表中的词，即"后果"。你是否遇到过因为自己的拒绝被忽视而让你感到无助的越界行为？什么可能是你可以用来划清界限的低阈值后果？请注意：当涉及身体暴力时，你需要来自知识渊博的第三方的建议和支持来捍卫自己的界限。在这种情况下，请联系那些可以支持你的人。

4. 识别模式：意识是改变过程的第一步：你认出了哪些操纵技术和交互模式？请写下你们之间的一些典型情况，并说出其中用到了哪些技术。通常有多种操纵技术同时或快速连续地发生。

5. 到目前为止你的反应如何？这种行为（基于你现在对自恋的了解）有意义吗？如果没有：你能做些什么呢？——提示：在大多数情况下，不做出反应而是采取行动是有意义的。不要被卷入游戏，坚持你自己的真相，自己的感受和自己的需求。沟通一次，然后摆脱困境，做一些可以强化自己的事情。细则：如果你不能如往常一样通过屈从和情绪爆发来提供供给，情况可能会变得更糟。如果这可能使你或其他人陷入险境，请首先确认你会得到帮助，安全具有保障。

6. 停止道歉：这个小贴士献给勇敢的你。如果你们尚未走到丢弃阶段，可以借此步入这个阶段。如果你不愿再为所有的事情承担200%的责任，那么无论在何种情况下操纵都会升级。但是你会重新获得自己的尊严。此外，你可以收集关于你们的关系是否有毒的线索。观察自己在争吵中的反应：哪些是自发的？你有试图恢复和谐相处吗？又是怎样做的？和平谈判时，是你一个人还是双方都参与到其中？当你发现自己是战区唯一的和平鸽时，请你罢工吧。注意！只有当你百分百确定，即使情况升级也不会有任何危险时，你才可以使用这个技术！

第六章　隐藏的面孔：
为什么我们意识不到我们遭受了什么？

我坐在火车上，汉堡的天际线从我身边掠过。但我没有去看，因为我的脑中全是我的女友。在我看望她期间，她说了一些让我难以忘怀的话："你知道的，我总是尽量保持客观。但我现在不得不很主观地说：'我很担心你！'"

每次我们见面，我都会向她倾诉我的烦心事。近来，我们也一直是这样相处的。我们一起从各个角度看问题，尝试找到解决问题的方法并制订计划。尽管艰难，但是因为这些计划，我又会信心满满。这一次，她的话却改变了这一切。

往常我们见面后，每次回来，我总觉得像是在监狱里度了一天假：我又想起该怎样去生活了。我感到自己全副武装，可以再次面对日常生活。但是现在……

相信自己生活在充满爱意的亲密关系之中与感到无法再这样继续下去了，两者之间存在永恒的斗争，获取胜利的是：

我的女友是不是不适合我呢？

困扰我的——不仅是那天——还有隐藏在我脑海中的面孔：它就像是曾经流行了一阵的明信片，不同视角下会显示出不同的画面。对我来说，这意味着：有时我认为我的关系是充满爱意的相处，有时却是可怕的精神折磨。专家将这种内心犹疑不决称为认知失调。人们可能在各种情况下体验到这种心理状况——只要人们有不同的想法。我们希望能够快速消除由此引发的令人不快的紧张感。对此存在不同的策略。有些很费力——比如改变行为，有些则更加容易——例如，辩解或分散注意力。

我是在大学读书时知道这一点的。我不知道的是：认知失调是陷入虐待关系之人的典型心理状态。

认知失调：头脑中的迷雾

我们心目中更加优秀的另一半的行为越不符合我们在理想化阶段所经历的，我们的认知失调就越强烈。我们感到困惑：昨天我们被忽视了，今天却又收到了礼物！这怎么可能呢？

我们在许多情况下都能感受到这种矛盾。这种困惑最终可以归结为：我们认为是"我们两个在对抗全世界"！但有时感觉更像是"你在对抗我"。

我们想不通，为了解决这个矛盾也耗费了大量精神。情况变得越来越艰难。

套用认知失调"发明者"利昂·费斯廷格[1]的理论：

爱+伤害=认知失调=痛苦

但是：

爱+伤害+辩解=认知一致=和谐

因此需要合理化，下述借口拯救了我们摇摇欲坠的世界观。

1　利昂·费斯廷格（1919—1989），美国社会心理学家，他提出的认知失调理论产生了很大影响，于1959年获美国心理学会颁发的杰出科学贡献奖。

受害者的辩解

- "我也参与其中了。"
- "我的要求太高了！"
- "人们也可以以不同的方式看待它。"
- "那是一段艰难的时期！"
- "我不是那个意思！"

施虐者（对于煤气灯操纵和三角测量等）的辩解

- "你的家人当然只支持你，因为他们只听了你讲给他们的话。"
- "从没有人说过我自恋。所有人都说我善解人意且乐于助人。"
- "除了你，没有人对此有意见。"

回到之前的明信片比喻：我们会努力转到我们想看的画面。我的鼻子骨折了。妻子警告我：我得说是自己莫名其妙地撞到门上了。我必须编造出一些东西。她则认为："如果你说实话——我会带走你的孩子！没人会相信你！"我在想什么？我在想：她肯定不是那个意思！她打了我一耳光。我可能真是惹到她了。

这里发生的事情很典型。在探究他们不当行为的原因时，我们经常责备自己。这听起来很荒谬，但却为我们提供了施加影响的机会。因为这样一来，我们就有机会去改变某些东西了。这也是我们正在努力做的事情：我们减肥，挣更多的钱，打扫房子，恣意地度过周末。所有这一切都只是为了让亲密关系回到我们曾经告诉自己和他人的童话故事中去。由此开始出现失衡：自恋者被理想化了，尽管他的行为越来越不合理；即使我们为了这段关系消耗殆尽，我们也会遭到贬低。

> 受害者往往坚信他们可以理解、原谅和处理关系中的任何问题。实际上，他们因不断为施虐者的不当行为寻找理由使得自己精疲力竭。
> ——杰克逊·麦肯齐[1]

我们没有意识到的是：虽然我们觉得自己独立自主，但实际上我们像狗一样被驯服了。

胡萝卜加大棒：间歇性强化

黛比·米尔扎在她所著《隐藏的被动攻击型自恋者》一书中描述了一个关于最强烈条件反射形式的实验：猴子学会了在灯光下拉杠杆且每次这样做都会得到奖励。在期待奖励的同时，它们的多巴胺水平上升。但是没有奖励时，多巴胺水平会上升得更多。快乐荷尔蒙的剂量几乎与摄入可卡因后一样高！

这种间歇性强化，即可能会也可能不会获得奖励，是最强大的动力。这里的关键词是：可能。是不是听起来很熟悉呢？

一开始总是会获得奖励，之后便只是偶尔会获得奖励。这描述的正是自恋关系中所发生的事情：在最初的喂养阶段，我们什么都不做就能获得比我们所能承受的更多的爱。我们获得高度关注，我们沉醉其中，误以为这就是爱恋。

---

1 网上自助社区 Psychopathfree.com 创建者之一，该社区有数百万虐待幸存者。

103

在贬值阶段，我们动用一切手段和杠杆，但时不时地也只是得到一些面包屑。我们变得依赖确认，即使最初它可能看起来正相反。因为经常有报道称，自恋者在开始时似乎是没有安全感的："我根本配不上你！"当我们满怀同情，努力通过无限的爱来消除这种不安全感时，对方却说是我们太过依赖了。而且——砰的一下！——爱情突然被撤回！

无论是这个游戏还是其他游戏——我们所经历的都是上瘾。沉迷于老虎机也是如此：我们坚持不懈地希望赢得大奖，认为下一次我们一定能赢。我们甚至没有注意到，实际上我们大部分时间都一无所获。最终是庄家赢。总是如此。

我们感觉自己就像在乘坐情绪过山车：一会儿兴高采烈，一会儿又伤心欲绝。与猴子实验不同的是奖励并不止于此，有时还会有惩罚。自恋者通过撤回亲密和其他操纵技巧来嘲弄我们——我们则害怕会永远失去对生活的热爱。孤独和下降的自我价值感使我们不断承受压力。当我们快要放弃时，又会在短时间内再次出现一些爱情面包屑：两个人在一起的美好时刻。我们爱上的那个美好的人又回来了。我们创造出希望：一切都会好起来的！——然而一切又重新开始。我们又开始寻找"少许的"面包碎屑，希望它能带给我们最初的兴奋。*那种毫无来由的内疚感！然后是一次又一次地重复这些阶段。他真的很好，我真的很享受，我们的感情很热烈。接着发生了一些事情，一切又从头开始了！你只是没有那么快地发现这其实是一种循环模式。*

此外，自恋者还会通过忽略不应有的行为来对我们进行控制：如果我们"乖"，我们身边的人就会让我们的生活变得不那么困难。

通过间歇性强化改变激素的释放

· 催产素是一种爱情荷尔蒙，当我们拥抱时，它会被释放出来。

· 血清素和多巴胺是奖励系统的一部分。快乐荷尔蒙可以影响情绪。当我们享受或期待某事时，两者就会被释放出来，激励我们重复享乐或期待某事。

· 皮质醇和肾上腺素是压力荷尔蒙——我们甚至会对它们产生依赖。

间歇性强化改变了我们。我们不仅失去了平衡，还总是专注于波动的爱情关系——甚至大脑新陈代谢的变化也与之有关。期待奖励，多巴胺水平上升，形成了一种真正的化学依赖——来自我们身体自身的物质：激素和信使物质形成了牢固的联系。这是一种相互依赖的动态系统——即使实际上并不存在相互依赖性。

相互依赖

· 相互依赖这一概念源自成瘾疗法。成瘾者的家庭成员通常也会上瘾——他们热衷于拯救或者掩饰：帮助应对成瘾或者控制成瘾行为。无论哪种方式，他们都会陷入另一人的成瘾疾病中，并（在无意中）帮助稳定成瘾。

· 此外，在其他情况下也有关于相互依赖的论述。

创伤性联结：如果疼，那就是爱

人们从侦探故事中知道：人质会爱上银行抢劫犯。在有毒的亲密关系中，相似的事情也会发生在我们身上。与晚间电视剧中已知的斯德哥尔摩综合征相比，我们不是身体上，而是情感上的人质。电影中的人质和亲密关系中的我们相类似：我们对实际上威胁到我们的人产生同情、理解和爱。这导致了自相矛盾的行为：我们向应当躲避的人寻求庇护。这只会加强不幸的联结。

创伤纽带是一种由奖励和惩罚维持的不断重复、循环的虐待模式。要形成创伤性联结，还必须存在（受害者与施虐者的）情感联结和权力失衡。

也许你会卡在"权力失衡"这个词上？因为谁会用这个词来形容自己的爱情关系呢？但是我们在亲密关系中经历的所有操纵技巧都有助于改变权力的平衡关系，而且是以对我们不利的方式发生改变的。

真相是苦涩的。但是继续用糖霜来粉饰这种苦药需要付出高昂的代价：我们失去了理智和尊严。

现在我们知道了症结所在：认知失调和依恋创伤是我们在摆脱有毒关系时需要克服的最大障碍。（坏消息是：这并不一定会随着分手而停止；在我们缓慢的排毒期间，隐藏的面孔还会伴随我们一段较长的时间——稍后会详细讲解。）

目前的问题是：我们现在该怎么做呢？

小贴士

1. 原谅自己：有时认知失调让人难以忍受。我们生自己的气：如果你知道不应该再这样继续下去了——为什么还要留下来？如果你有这样的想法，那么应该祝贺自己：意识到你现在无法改变任何事是改善过程的第一步。我从我的导师弗兰基·安德森那里学到了格言："如果你不能改变它，就去观察它！"留下来——但是睁大双眼——是向前迈进的一大步：我们已经放弃了辩解——或者依然在观察自己的处境。如果我们能够准确地了解动态，就可以尽早从中得出结论。

   这还有另一个好处：扮演观察者角色可以让自己和自己的感受拉开距离。这是很解压的，因为我是从外面观察它，而不是身陷其中。

2. "恶心清单"：一种针对认知失调的有效解毒剂是"恶心清单"。在这个清单上，我们可以记录下有毒的人对我们所做的一切。受认知失调的影响，这些事实会不断从我们身边溜走。当我们看到文字记录时，一切就都清楚了：世界上没有任何辩解可以歪曲这些事实！每当认知失调的精神迷雾蒙蔽了我们的观点时，看看这个列表就会有所帮助。我们可以随时在清单上添加内容。如果你感到内疚并认为自己就是问题（这是一种典型的创伤依恋症状），那就看看清单吧！虽然目睹赤裸裸的现实会令人心痛，但只有清醒的痛苦才能够治愈你，让你采取行动。

3. 验证：我在本章开头的日记中提到过，通过朋友反馈进行验证是摆脱认知失调和创伤性联结的最有效方法之一。治疗援助也可以做到这一点。寻找你可以信任的人，但要确定他/她不是教唆者。

4. 分类：你在自己的亲密关系中观察到本章描述的模式吗？都有哪些呢？

5. 逆向行驶：如果你发现自己处于撤回胡萝卜或象征性大棒阶段，请照顾好自己。请你下意识地做出通常情况下自己不会做出的行为！做对你自己有好处的事情，减轻你目前正在承受的压力。有什么因此而发生了变化？

6. 隐藏的面孔：请你时刻注意隐藏的面孔是否在你的脑海中摇摇欲坠。问问自己，是什么引发了摇摆？你是否有确定的时刻？你是怎样确定的？你怎样能够更加确定？

第七章　留下或者离开：找到自己的路

亲爱的年轻的我……

我今天在治疗中遇见了你。

我不是爱哭鬼，但是看到你在那儿迷了路……在那儿，我流下了眼泪。

我知道当时的情况很糟。你无法到达安全地带。你不得不回到你逃离的地方。

但我向你发誓：我绝不会再让这种事情发生了。我现在强大了。好吧，或许还没有那么强大，但至少我能够照顾我们了。我也将要这么做。

再也不会了，你听到了吗？永远不要再回到那个对你不好的人的身边了。

有好几次我都下定了决心要分手，这也是其中的一次。

我们是否会以及什么时候会做出决定离开是一个非常个性化的过程。没有人能把它从你身上夺走。

本章提供了一些决策支持。你怎么做以及什么时候做，取决于你自己。

思维错误：脑中的眼罩

你面临的决定绝非易事。关系越长久，附加之物越多：孩子、事业、财产、身体健康……

上一章中所描述的认知失调使得权衡过程变得尤为困难：认知失调

会引导我们误判现实。

我们倾向于低估自己所遭受之事，而高估伴侣关系的质量。这是一种由大脑中的保护机制引起的感知错误。为了避免情绪上的痛苦，我们的记忆会清晰地聚焦快乐的时刻，模糊不那么美好的时刻。这实际上是一种善意的应对机制，但不幸的是，对我们来说，它变成了扭曲现实的粉色眼镜。

最好的应对方法是随时准备好上一章"小贴士"里描述的"恶心清单"。

在亲密关系中，任何与自恋者以及飞猴和教唆者的互动都会不断增加认知迷雾。身体接触，尤其是性接触，会导致催产素等激素持续释放，这些荷尔蒙会束缚我们，使我们变得盲目。

因此，尽可能摆脱这些联系是很有必要的。只有清醒的头脑才能做出正确的决定。

这需要时间和空间。如有可能，我极力建议你去独自旅行、接受治疗或做一些其他类似的事情。也许那时你会意识到：哎呀！我一点都没精神错乱，我一个人就很好——清醒之下，这会是一个很好的决策基础……

如果你和一个隐性自恋者住在一起，你的认知失调可能会特别严重。因为这个人看起来不像是会虐待你的人！事实却正好相反！这可能会让你更加难以清楚地认识到这种关系是有毒的。

此外，自我点燃与合理化也会使我们做出错误的判断，导致我们没能记录下所遭遇之事。

在此背景下，另一个致使我们留在绝望境地的常见思维错误是沉没成本谬误。它正好描述了发生在我们身上之事：如果我们已经为这段关系投入了如此多的时间、心血、夫妻治疗以及贷款，我们绝不想就这么轻易地放弃它。投资应该是有回报的！于是，我们注入更多的生命、爱意和激情。致命的后果是：我们投入得越多，思维错误就越严重——只有当我们注意到思维错误时，我们才能打破这种恶性循环，追溯丧失希望的时刻并决定离开的时间。

信条也可能会成为我们的阻碍。信条就是我们内心的信念，对我们如何看待世界和自己、相信什么以及如何生活产生巨大影响。许多人在童年时期就已经形成了自己的信条——由和我们一起长大的人以及我们在重要发展阶段的经历共同塑造而成。但是改变它永远不会太晚。

有毒的关系会强化和补充消极的信条。操纵技术正是发生在这个层面之上。当我们受到煤气灯操纵时，我们学会认为是自己过于敏感，且不应当如此认真地对待自己的感受和需求。或者我们不想给自己设定目标，因为无论如何我们都不会实现它们。这些话语就像是一道围栏：让我们留下来。

联结我们的信条

生活在自恋关系中可能会导致我们的信念被操纵，阻碍我们离开。例如：

· 我无法做出正确的决定。
· 我一个人无法应对（因为我没有钱，没有组织，我生病了……）。
· 我很高兴有这样一段感情。
· 我再也找不到这样的感情了（因为我太老、不可爱、丑、不性感……）。
· 再没有人会（那样）爱我了。

大多数时候，人们都会认为自己所想即是真。然而，仅此一点就是一个可怕的思维错误。我们思考这些事情是因为某些东西（或者在这种情况下是某些人）让我们去思考它们。这些事情不会因此成真。但是，如果我们经常听到一件事情，那么我们就会认为它是真的——这是另一个思维错误，即所谓的重复效应。话听三遍足矣。对，没错！

现在请你想想，有多少次你被或明或暗地告知，你是懒惰的、愚蠢的、没有吸引力的、无能的……（此处可插入任何强加于你身上不讨人喜欢的属性。）

如果你发现消极的信念使自己留在关系之中，请你考虑一下，它们可能是不对的！

只有当我们过得好时，才最有可能做出正确的决定。做任何可以鼓舞自己的事情吧。尽可能放松自己，给自己时间（如果情况允许的话），冷静地决定你想要什么。通过这种方式你可以为决策成熟创造条件。

为此，我和一个朋友想出了一个术语。我不记得我们是怎么想到的。可能是因为草莓是聚合果：很多小而硬的坚果，很难被认出来。不管怎样，我总是说，"当草莓成熟的时候……"

我们不能把草莓从地里拔出来。人们不能揠苗助长。但是我们可以施肥和挖土，提供水和阳光，必要时还可以建造温室。然后，我们还需要一点耐心。有一件事是肯定的：草莓季即将到来！

如果"只是"抑郁症呢？对较小的恶的希望

在幸存者社区中，我曾多次遇到抓住最后一根稻草的现象。我们仔细地阅读心理学书籍，疯狂地进行搜索，试图找到任何可能不是自恋、不那么绝对以及可以被治愈的东西。

在遇到"自恋"这个词之前，我们通常已有过各式各样的诊断：抑郁症、自闭症、网络成瘾、手机成瘾、赌博成瘾……只要能解释奇怪的行为并为我们提供一个夫妻共同的观点即可。或许我们终究是可以"治愈"对方的?

事实上,很有可能是抑郁症或成瘾症。这在自恋的情况下并不少见。然而,无论是不是自恋:如果你认识到有毒的模式,而另一方并没有表现出任何改变的意愿,那么改变就取决于你了。不存在留下和受苦的选项,你唯一的选择就是放下稻草并离开。

经常与自恋相混淆的疾病

· 自闭症
· 述情障碍
· 成人注意力缺陷 / 多动障碍（ADHD）
· 色情成瘾、性成瘾、工作狂、赌博成瘾或其他行为成瘾
· 酗酒或与其他物质有关的成瘾性疾病
· 抑郁症

事实上,第二部分的障碍往往与自恋并存。然而,只要潜在的自恋没有被治愈,即使克服了成瘾或障碍,问题也不会得到解决。

自恋——一种谨慎的诊断

我们从第一章中已经知道:治愈自恋障碍的可能性极小,自恋者参

与治疗的可能性也极小。夫妻治疗通常会使情况变得更糟。也有一些例外——但通常情况下，自恋者无法自我反省。

人们普遍希望某事会有所改变，或者我们可以"健康地爱"对方，但是这种希望几乎不会实现。即使自恋者在短期内有不同的表现，我们也必须假设他们的问题根深蒂固，无法完全解决。

我们最好不要相信自恋者所说的话。有时他们只对我们撒谎，多数情况下他们也对自己撒谎。但是如果谈到关系的发展，自恋者非常清楚当下发生之事。也就是说，他们在任何情况下都不想改变自己。他们通常会清楚地表明不愿改变自己或是这段关系，如"我不会改变"或"我不想对付我自己"——在这一点上，我们是可以相信他们的。

时间不能治愈所有的伤口。像年龄这样的东西很难拯救我们。关于自恋是随年龄增加还是减少的问题，存在相互矛盾的观点和发现——可以假定的是，这种发展还取决于一个人在大多程度上将其生活成功地塑造成精神稳定的状态。据此，夫妻关系的波动日益加剧：我们作为能量来源变得越无聊，贬值阶段就会不可避免地越早到来。我们可能不会分手，因为自恋者的替代品还没有出现或者婚姻是确保其社会地位及自我形象的重要元素。但即使不被丢弃，我们也该问问自己，我们是否想和一个不断贬低我们的人共度余生。

为了能够放手，许多受害者用尽一切方法和手段。我们已经写了无数封信来解释一切。有些留在抽屉里，因为我们仍在寻找更好的措辞。其他的虽已动笔，但注定毫无结果。

请你相信我：再写一封信也不会改变任何事。如果有可能让你生命中重要的人了解你的痛苦，那么你早该做到了。在自恋关系中，几乎从来没有过一个和睦的结局，因为我们抵达不了对方。她完全不明白我为什么把她赶出去……这都是因为她不相信我。她没有意识到，她不应该不相信我。她想不到这一点——她不会自我反省。她只是认为：其他人

114

都有错——只有我没错！

如果我说这是自恋的表现呢？你也许会质疑自己。在你的心中会突然出现许多想法和深刻的歉意。但是由于自恋者缺乏自我反省并且对批评极其敏感，向自恋者谈论他们的自恋不太可能使事情变得更好，反而会使事情变得更糟。与自恋者及其受害者一起工作的拉玛尼博士强烈反对这样做。特别是在恶性自恋或精神病的情况下，这可能非常危险。因为侮辱是如此之大，可能引发暴力回应。

同许多其他幸存者一样，你也许会想："是的，但我必须给对方一个发声的机会。"如果这根本不是自恋呢？毕竟你没有这方面的专业知识。

你的评估当然有可能是错误的。也许，专家会得出不同的诊断结果或者不会诊断出有任何疾病，因为他只是一个普通的浑蛋。——所以呢？这会改变些什么？你愿意和一个浑蛋在一起吗？

> 如果某人待你，就好像你对他们来说无所谓，那么请你相信他。
>
> ——无名

即使不是自恋（也不是其病态形式）：如果你认出了这些模式，就有足够的理由离开了。这些模式是操纵，也是有毒或有害关系的明显标记。仅这一点理由就足以分手了。结束。

全然接纳：当没有回头路的时候

"全然接纳"这个词描述了我们意识到没有希望的时刻。基本上我什么都做不了。当然，有百分之一的可能性，我想：也许是的……

我们可以放手，当我们百分之百意识到：如果我们有更多的时间陪伴彼此，也不会有任何改变；如果我让对方嘲笑自己，也不会有任何改变；如果我找到一个可以解释这一切的身体诊断并接受治疗，也不会有任何改变。完全不会有任何改变。绝不。因为这是自恋或至少是一种有毒的关系，改变的机会接近于零。这种幻灭意味着：我们必须告别希望。

洞察是痛苦的，因为我们正被治愈。我们开始哀叹（我们现在意识到）为了不灭亡，我们必须放手。我们不能再粉饰太平了。我们的抑制力消失殆尽，也许仅仅是因为我们正处于力量的尽头。

好的一面是：我们不再逃避痛苦了。这也有一些可取之处，让我们更加接近真相——也更加接近自己。

未来我们也不再有任何因逃避痛苦而产生的痛苦了。

这种痛苦——离别的痛苦是有限的，与生活在虐待关系中不同，当我们直面事实并走开时，我们最终会停止流泪：你只需要接受，有些人是迷失的灵魂，而你永远也无法修复他们。

但是……孩子、金钱、教会及其他顾虑

当幸存者考虑分手时，许多因素可能会让他们难以离开：文化背景、宗教信仰、共有财产、家族企业、棘手的财务状况、依赖照顾、对暴力的恐惧，还有最重要的孩子们的福祉。

幸运的是，对于这些问题中的大多数，我们都可以求助于律师事务所（现在有自恋方面的专门律师事务所）、咨询中心、妇女之家和其他机构，可以确保我们在分手之前拥有所需要的一切。

隐性自恋者往往都是好父母，这为分手甚至停止接触造成了困难。然而关于怎样才是对孩子好的问题，我采访的幸存者都回答得非常清楚：我认为孩子需要他的父亲。而且他也真的很可爱！他总是和孩子玩笑嬉闹。多年来他都是一个好爸爸，但同时他也总是会爆发出愤怒的情绪！我儿子有时会介入，想要我们分手，他也很愤怒！我却束手无策！所以今天我问自己，如果爸爸只是来看望的话会不会更好一些。这样一

来，他还是很好的——儿子也不会再有这种愤怒了。

当儿子知道我们要分手时，他说：你为什么不早这样做？

最近，我女儿们说："妈妈，还有很多可能性的！当年你为什么不和我们一起去妇女收容所？为什么你没有勇气？"我找不到答案。我想我只是以某种方式坚持了下来。

什么时候？找到合适的时机

当对改变的渴望大于对改变的恐惧时，人们会下定决心不再继续承受痛苦。下定决心的时间点则因人而异。

在意识到是自恋时，有些人就已做好分手的准备了。其他人虽然也知道诊断结果，但还是会再坚持几年、几十年，直到爱情死亡。还有一些人在某个时刻终于无法再坚持下去了。归根结底，只有你自己知道什么时候离开。大多数受害者会说"我待得太久了"或"我本可以在过去的15年里拯救自己的"。

如果你仍在寻找论据，因为认知失调的迷雾总是让你感到困惑，而你也无法在内心和自己达成一致，那么，我建议你去寻求好的顾问……

不仅仅是"心理的"：你的身体知道真相

在虐待关系中，我们一直处于压力之下。肾上腺素和皮质醇水平一直很高，虽然可以暂时帮助我们进行斗争或是逃避，但从长远来看，则会使我们生病。即使我们不知道或不愿承认我们正在遭受虐待，它也不可避免地会对我们产生影响。通常表现为身体上或精神上的疾病。我很难承认这是我抑郁的原因。抑郁症的好处是：余生你都可以以此作为借口！

症状或疾病发生变化并不罕见。在头脑发现之前，身体已经知道了许多：躺在他身旁，我一次又一次地感到胸口像是突然被刺了一下。不知为何，我觉得这对我不好。我的身体能感觉到从他身上散发出的那种紧张感。

分手后很久，我们仍会有一些后遗症：直到今天我仍然会磨牙，因为我白天压抑了一切。我的牙医说："你也是夜班工人啊……"或者我晚上睡不着，一直在思考。我失去了很多快乐。当然，如果你一直在表演，因为你必须在孩子面前表现得一切正常……

由于有毒关系导致身体状况不佳的原因之一也可能是我们自己的行为。为了应对情绪上的痛苦，一些受害者诉诸上瘾行为。实际上，生活中我总是靠药片来度过这样的时刻。现况是：我口袋里有一家诊所的诊断书。尽管如此，我还是坚持留了下来。我真是疯了。

此外，缺乏自理能力也是原因之一：由于长期超负荷，执着于伴侣关系，与自己的关系分裂，有时会忽略重要的身体和心理检查。不幸的是，有时发现和治疗严重疾病为时已晚，已没有时间和闲情去做运动、健康饮食和采取适宜的生活方式了。

分手后，以往的症状通常会消退。但是，有些症状会继续存在——至少会有一个预先确定的突破点，从现在开始会特别脆弱。这将持续到我生命的尽头。我已耗费了多年生命，使用了三种疗法来治疗它！

与有毒关系相关的疾病示例

· 呼吸系统疾病，如哮喘或呼吸急促
· 免疫系统受损，频繁感染

- 焦虑症：担心、恶心、头痛、头晕

- 高血压

- 慢性疲劳综合征

- 炎症性疾病：膀胱感染、喉咙痛、鼻窦炎

- 胃肠道疾病，如念珠菌、胃肠道问题

- （复杂性）创伤后应激障碍

- 心理障碍，如焦虑、抑郁、惊恐发作、强迫症

- 失眠

- 疼痛：骨痛、肌肉痛、背痛、腹痛

- 疼痛疾病，如纤维肌痛

- 成瘾行为

- 自杀念头，死亡念头

- 饮食习惯、食欲发生变化

也许受上述疾病的折磨，你又开始对自己进行煤气灯操纵了。你脑海中的那个小声音说：你在夸大其词！实际上并没有那么糟糕！然而，你正在阅读这本书就表明事实并非如此。恋爱中的人不会阅读这样的书，也不会在搜索引擎中输入诸如"自恋""沉默""贬低"之类的词。

如果你觉得奇怪，那就对了。即使你说服自己放弃直觉——你依然可以相信它。你是一个很棒的人。你值得拥有真爱！真爱是不会让你生病的。

清单：我的关系有毒吗？

现在，你已经获得很多信息了！也许，一个简短的自我测试会有所

帮助。这尚未经过科学测试，但却可以帮助你做出决定：

1. 痛苦与激情：你会把爱和绝望混为一谈吗？——爱会伤人吗？

2. 情感过山车：感情是不是没完没了地起起伏伏，胡萝卜加大棒？

3. 负余额：这段关系消耗的能量是否超过了它带给你的能量？

4. 识别模式：你能识别出所描述的几种模式吗？

5. 推卸责任：你身边的人只会看到你的弱点吗？他是否不道歉，不改变自己的行为，也不回应你的需求？

6. "侦探规则"：你是否因为不再信任而想要进行间谍活动？

7. 身体智慧：你是否感到疲惫、压力大、经常生病或心理负担过重？

8. 骨气：你的自信和自尊受损了吗？

9. 反省：你是否花大量的时间和精力来思考你们关系中的问题？

10. 困惑：不确定如何看待你们之间的情况，在积极和批判的观点之间犹豫不决？

11. 看一看面具之后：当面具破裂时，你是唯一一个（或少数几个）在场的人吗？

12. 缺乏解决方案：你能澄清你们之间的问题吗？谈话会沦为争吵吗？

如果你对其中多个问题的回答是肯定的，那么，很有可能在你的伴侣关系中存在不健康的动态因素。如果不能改变这些因素，安全起见，你可以考虑分手了。你在做决定时，如果需要支持，请去寻求专业帮助。

苦药：反对认知失调"脑雾"的论据

正如最近一位幸存者所说的那样："认知失调是一个非常顽固的小东西！"说得太对了！因为它能将一切东西用作弹药，哪怕是相反的观点。

很有可能在你完成了上面的自我测试后，刚对当下的状况有了些许清醒的认识，认知失调则马上用它来反驳你："所以你认为这是自恋？！这样评价一个人是完全不公平的！万一你想错了怎么办？！"

你已经知道解药了："我不确定这是不是自恋。但我认出了这些模式，就说明这段关系是有毒的。我完全可以离开了！"

对于你脑海中出现的其他一些令人不安的小声音可以使用以下语言盾牌：

· "但这就是爱！"是的，你爱这个人——但是，他们只存在于这些模式之中，而你不想要这些模式。

· "但也有美好的时光！"虐待关系的特点是在魔力和虐待之间徘徊。如果有毒之人没有美好时光，谁能坚持下去呢？——就是！

· "但人是可以改变的！"坏消息是：如果这个人想要改变的话，他早就改变了。

· "但如果我再等一等，明天他也许就会改变呢？"如果你身边的人现在突然愿意改变了，分手后他仍然可以这样做，然后问你是否愿意再给你们一次机会。人们会这样做，如果某些事情对他们来说真的很重要。

· "但他不是故意的！"即使对方对你所做的事不是有意为之——重要的是：这对你不好。

你仍然不确定是否要分手？——那就试试看！

如果这个人没有采取任何行动来改变自己或者赢回你，那么，你就有答案了。

许多幸存者报告说，看到新的供给上位是多么痛苦，却也令人清醒。任何不争取你，不为失去你而感到遗憾的人，都没有爱过你。问题不在于你。只不过，自恋者无法真正地爱人——甚至是他们自己。

可以确定的是：当疯狂过去，所有我与之交谈过的幸存者都感到极度轻松，他们终于不再觉得自己患有精神病了。他们享受幸福，恢复活力，想要找回失去的生活品质。他们无一例外地认为要是早点离开就好了。对这些善解人意和独特的人来说，回顾并搞清楚到底是什么让他们长期处于这样的困境并不容易。如果你问他们什么时候适合离开，他们肯定会鼓励你说：就是现在！

小贴士

1. 实验：如果你不确定是否真的是伴侣关系让自己生病、不开心、做什么都无所谓，请你做一个实验：在足够长的时间内排除其他可能的原因——逐个排除：你可以单方面暂时中断你们的关系或者离开一段较长的时间，并依次排除其他可疑项。在多年的慢性病之后突然恢复是很有说服力的。然后你就会自动做出决定……

2. 信条：写下煤气灯效应灌输给你的信条。它们对结束这段关系会有什么影响？你能回忆起这些想法是通过什么操纵手段灌输给你的吗？你最亲密的知己会同意这些关于你的假设吗？如果不，他们眼中的你是怎样的呢？在你开始这段关系之前，你又是怎么看待这些事的呢？

3. 解药：从信条列表中挑选出最有可能会阻止你分手的信条。你目前可能坚信这种说法是正确的。但你可以假装情况并非如此，形成更加积极的观点，例如消极信条是："我太老了，无法再从头开始了。"相反的积极信条则是："我可以在任何年龄找到幸福。"

   重要的是，用第一人称和现在时去表达自己的积极信条，但也不要过于积极：例如"白马王子总是在55岁时出现"就不是一个明智的选择：运气不会为偏差留出很大的空间，如果直到56岁他才来敲门，我们很可能早就放弃了。

4. 如果……会怎样？一旦你找到了一个对自己有用的积极信条，问问自己：如果这是真的，会怎样？我会如何表现？如果脱离了这段关系，我能够应对即将到来的挑战吗？对此我应选择哪些策略？

5. 内在智慧：如果你在治疗自己，你会给自己提什么建议？闭上你的眼睛，想象你内心的这个智慧声音，它会说什么，它会给你什么样的建议。

6. 采访内投的心声：我们会将对自己来说很重要的人作为我们内心的声音。询问这些对你有益的人们，他们是如何看待你的关系的，他们会给你怎样的建议。

7. 反驳：你的认知失调拥有比我上面列出的还要多的论据？请你针对每一个论据找出强有力的反驳点！

第八章 退出策略：从计划到实施

> 我生活中的大陆板块发生了变化。当时机成熟，它们之间的深渊缩小时，我开始采取行动……
>
> 我很震惊。感觉就像是截肢，以使自己免于致命的败血症。"那不是你的腿！"我的朋友骂道，"那是从你的胃里长出来的溃疡！它根本不属于那里！"
>
> 她说得对！不过，感觉依然很糟。
>
> 这就是它——我逃避了这么久的痛苦！
>
> 我现在必须挺住！

早上，我还不知道自己竟然真的要结束这段关系了。为此，我已做好了万全的准备。值得推荐！因为这的确很难。

准备工作：一切都是组织问题

根据不同的家庭情况，建议你提前采取预防措施。你最了解你的身边人（无论是在人前还是人后），可以预估一下你们分手的结局。请记住，分手可能会导致报复，而你的身边人也可能会暴露出他的真实面目。这意味着可能会出现你以前从未经历过的行为。虽然你依旧不会相信这些行为，但你最好小心再小心。

如果你们有联名账户，请确保你将钱安置好或是撤销了彼此的账户授权而没有被对方注意到。（注意！在分手前不要做得太明显，以免提前透露分手的消息。）如果你们已经结婚并且有孩子，请你联系一家熟悉自恋且已为这些（有时可能非常特殊的）玫瑰大战做好准备的律师事务所。寻求那些可以保证你的福利、在监护案中对你有利，并且可以证明你为了避免诽谤而遭受到不公对待的策略。为此，你可以记录下你们的沟通内容或是写日记。

如果你们住在一起，请想一想分手后会发生什么：如果你要搬出去，可以在这之前先悄悄找好一个新的住处（可能的话选择一个未知的地址）；如果你要留下，请确保你及时更换了门锁。

如果你要搬出去，现在就可以把重要的文件和物品悄悄地放到一个安全的地方，或者创造一个让你有时间可以这样做的分手环境。这很重要，如果自恋的一方（为了搬出去）仍然可以使用从前共同居住的房屋的话，因为不同类型的事物、官方文件或个人物品都可能被用来伤害、麻烦、威胁或勒索你。这里有一个伤害相对较小的案例，但是，这些小事堆积起来也很令人烦恼：*她总是用一些小事惹恼我：有一套餐具对我来说意义重大，因为它们来自我的祖母。当我在查看前任打包带走的盒子时，却发现那套餐具就在盒子里。当然这只是个"意外"……*

最重要的是：不要把你的计划告诉他人，最多告诉那个最亲近支持你的人。否则，会有极大的危险，计划会被提前泄露，从而遭遇挫败。

W问题：安全第一！

在哪里？（Wo?）

由于自恋者往往会在面对诸如分手之类的伤害时寻求报复，建议你谨慎对待分手：例如，因诽谤导致的社会性死亡就是一种可能存在的危险。不仅可能会导致失去社交网络，还有失去工作和面对虚假的刑事诉讼的可能。特别是作为分手后的报复行为，传播真实的——但最重要的还是虚构的——恐怖故事，以损毁受害者的名誉，即所谓的抹黑攻击。包括采取受害者的态度（"我真是可怜啊！我被遗弃了"），在孩子面前说坏话以及公开指控犯罪。

还有许多其他的报复行为：在极端情况下，物品可能被毁坏，可能会爆发愤怒、受伤甚至谋杀。所谓的关系犯罪通常来自自恋性侮辱。因此，有问题时，最好谨慎行事。分手前没有身体暴力并不能保证这种状态会持续下去。虐待关系中最具破坏性的行为发生在试图摆脱它们之时。

建议你在公共场所或在其他人在场或不在场的情况下（例如通过短信）分手，以此获得一定的保护。此外，只在有人陪同时才进入共同居住的房间也很重要。

如果当事人可能会遭受暴力攻击，那么绝对有必要在分手前寻求适当的咨询和安全照料，如妇女收容所，并在必要时通知当局。他们可以派出巡逻队，将施暴者赶出房子或禁止接触。

谁？（Wer？）

如果可能的话，请为自己寻找咨询处和了解自恋的人，还有那些了解你和你的情况并毫无保留支持你的人。

什么？（Was？）

如果你在咨询处遇到了不了解自恋的人，请注意：最好不要使用"自恋"一词，而只是描述模式。当人们不知道这个词是什么意思时，这样做更有效。或者如果你怀疑诊断不当，这么做可能会适得其反，帮助的人可能会对你不利。

描述模式时，请不要使用本章中列出的操纵技术术语，而是指出确切的行为。与其说"自恋者容易采取报复行为"，不如说"如果她觉得遭到了贬低，比如分手，她会展开猛烈的反击"。

怎样？（Wie？）

想一想最佳分手方式是怎样的：一封信、一条短信、一个电话还是一次谈话？考虑这一点时，你应始终将安全放在首要位置。

请记住，也许不会有一个合理的结局，而（你暗中希望的）啊哈效应[1]也可能不会发生。

建议你使用简短而清晰的我信息来进行表达：客观地描述你正在结束的这段关系。不必探究原委，除非这对你有所帮助。但基本上：你真的不必再做任何解释了——早在这之前就已经是白费力气了！所有的辩解和不安全感、文字沙拉、戏剧性的和解场景都有可能改变你的想法，让你回心转意。你可能对自己还有所怀疑——考虑到认知失调，这很自然，但你不能表现出来。

最好是在公共场合或是通过短信分手，不仅安全，还可以避免让自己产生动摇。

我信息（根据弗德曼·舒茨·冯·图恩[2]）

我信息是非伤害性的愤怒信息，通常，有助于化解冲突和澄清沟通。如果我们想对自恋者采取立场，冷静的我信息是最好的方式。我们代表自己的观点——没有提供太多的攻击面，也没有以情绪反应的形式提供自恋供给。

---

1 也被称为"啊哈时刻"，指人类突然理解一个以前无法理解的问题或概念的时刻，这种从不理解到自发理解的转变往往伴随着喜悦、满足和感叹。

2 德国著名心理学家及沟通学专家，汉堡大学心理学教授，代表作有《沟通的力量》系列书籍。

我信息包括：

· 事实信息：客观事实、观察、感官知觉（如引用）
· 自我表露：自己的感受和需求
· 请求：一项具体要求——也可以是一个问题
· 由于可能发生冲突，因此，应当尽可能避免涉及关系层面。
  以下是涉及关系层面的一个例子：在哪里？

案例：

· 事实信息："你接受治疗，我就再给咱们一次机会，但你昨
  天中断了治疗。"
· 自我表露："我已筋疲力尽，无法再继续下去了。对我来
  说，咱们已经结束了。"
· 请求："你什么时候方便，我让我兄弟过来拿我的东西？"

什么？（Was？）

你或许想在分手前或分手后立即告知你的家人或其他亲近的人，以此来防止自恋者对你的抹黑攻击。在暗示有人可能会讲述关于你的谎言之前，请有选择性地考虑要说的话：你可以向这些人解释自恋吗，还是你更愿意描述模式？——你现在还不会因使用心理诊断而受到谴责！

避难所：一个较为安全的洞穴

自恋关系的结束像是冰冷的突然退出。这不仅是一件感情上的事，也会对身体产生影响：我们沉迷于创伤依恋中分泌的过量荷尔蒙。

结局可能比普通的分手对我们的打击更大。两个成年人得出的结论是他们已经分开了——悲伤，但（相比之下）又平淡无奇。

考虑到崩溃的可能性，最好在分手前找到一个安全的地方再崩溃。问问自己：我脆弱的时候，哪里最安全？需要或不需要谁，或需要什么？这是否意味着我应在假期里分手——还是工作才能让我继续前进？

> 分手和离婚不是悲剧。真正的悲剧是在一段不愉快的关系中慢慢地死去。
>
> ——无名

请你做好准备，分手后的头几天可能会非常艰难：你不知道双方会有什么样的反应——会有报复吗？你会手足无措吗？

一些幸存者在分手后会立即出现创伤后症状。因此在计划分手时，请考虑到你可能有一段时间承受能力较差。

不过，长远看来，你会过得更好。在幸存者社区中，我从未见过有人后悔分手。我只知道那些终于康复并找到幸福的人在分手后都如释重负。

我的内心平静了许多。多年来压在我身上，几乎将我压垮的巨大负担消失了。我终于获得了和平。

和朋友在一起时，我不再焦虑，不必再为迟到五分钟进行辩解。这个永久的"你在哪里？"——终于消失了！

我不会再让他对我有一丝一毫的权力控制！

小贴士

1. 乐观幻想：在宣布分手前不久，我已尝试过分开。我以为疼痛会压倒我，但出乎意料的是，我突然感到非常轻松。我记下了所有我意料之外的积极状态，以提醒自己，如果分手，也许我会过得更好。我记得当时的感受：快活愉悦、充满好奇、想要冒险、恣意欢畅、轻松自在、充满活力、想要旅行以及充满感性。实际上这些都是我分手后新生活的特质。想象一下，你已分手，在你最疯狂的梦中：你会怎样？在你的新生活中，你会有哪些积极的感受和特质？

2. 草莓成熟：注意你的草莓什么时候成熟：什么时候你觉得自己做好分手的准备了？

3. 列出分手后你所有的担忧并为每个担忧找到解决方案。如有必要可以寻求支持与帮助。

4. 解压：如果你觉得分手后需要休息，问问自己：我可以取消什么？

5. 关系结构：如果约会能够让你继续前进，那么为分手"之后"的几天和几周创造一个舒适的结构吧。你会构建怎样的关系结构呢？

6. 关上门：如果是通过短信分手，你可能想要冷静地起草这条信息。也许使用我信息？谁能保证你关上了身后所有的门呢？

7. 最佳实践：与其他幸存者保持联系并交流感想：他们是什么时候决定要离开的？他们是怎样处理的？他们在"之后"

的生活中过得如何？尤其是在分手的日子里，听听那些走在同一条路上但走得更远的人讲述他们的旅行故事，我们会获得更多的力量。

第二部分

治愈伤口

治愈是身体、思想和灵魂共同作用的结果。

——杰克逊·麦肯齐

第九章　突然退出：分手及之后

我躺在床上，盯着天花板。有什么东西吵醒了我：巨大的噪声，一个噩梦？总之，我再也睡不着了。

我最近太胆怯了！有什么东西在我的胃里拉扯，感觉像是恐惧。但我一点也不害怕。一定是因为过度分泌的激素……

我已筋疲力尽，但我意识到，我今天是睡不着了。

一切都让我想起他。我想念他！我想念那个该死的浑蛋！但我知道，我唯一想念的是他在我心里塑造的形象。

在我的脑海中，我正在改写我们的关系史。有了书本上的知识，我现在可以理解到底发生了什么。这不是一个美好的故事。

我很惊讶，我做得这么好。我一直以为这会毁了我。我认为自己像是戒毒者。蜷缩在一张旧床垫上，呕吐、哭泣、颤抖和尖叫，直到我来到痛苦的另一边，不再有任何折磨。

我连哭都哭不出来，仿佛眼泪都已经消失了。

相反，我很生气。愤怒，愤怒，愤怒：对他对我所做的事感到愤怒，对我对自己所做的事感到愤怒，为浪费了自己的生命感到愤怒！

像是被人驱使着，我开始整理房间。我不想再有他的东西在我的身边！不要再有他送的愚蠢的礼物！泰迪熊、干玫瑰——一切都被扔进了垃圾桶！

这是一种比我预期的悲伤更加强烈的感受：我设定了一个界限，不会再忍更多——一个新的启示！

分手没有我想象中的那么糟糕，但也没有多么轻松。

时机成熟时，对自己好一些。最重要的是，要尽可能快速、严格地切断与痛苦之源的联系。

欣快回忆：连续循环播放你最喜欢的电影

欣快回忆是指对过去美好时光的回忆。我们想起理想化阶段的特殊时刻——美好的性爱，当时爱上的人。我们想要回到过去！回到"那时"，一切都还正常，世界美好的时刻。我们不愿回忆真实的状况：短暂的爱情轰炸——长期的痛苦，以及绝望地不断尝试，努力将所有与美好回忆不符的东西都重新美化一番。

在这里，我们注定患有选择性失忆症，大脑的一种应对（或克服）策略。它试图通过将美丽的照片放在顶部来保护我们的神经，在许多情况下这可能会有用——但对我们来说，它是毒药。它点燃了我们的煤气灯："婚礼那天是我人生中最美好的一天——难道是我错了？"

为了提醒自己真实的状况，我们可以让"恶心清单"重新发挥作用。此外，丢掉所有的纪念品，全面地清理也会帮助我们找到愤怒所在。

不要听那些自以为了不起的精神病患者试图说服你摆脱愤怒的话语。他们的逻辑是：成为复仇天使会战胜想要摧毁你的力量。但首先愤怒是一种健康的冲动——有助于帮你摆脱认知失调。

比清理自家货架上（或随身携带的移动箱里）的小玩意更重要的是，拆除我们身后的沟通桥梁。没有回头路。

灰岩：像石头一样沉闷

在结束有毒关系后，建议你尽可能切断所有的联系。每一次互动都是在维持创伤性联结。我们身体里的激素成瘾还没有结束，你也无法摆脱这些模式，复发的风险增加。因此尽快、完全地终止联系是对自己最大的帮助。

可能在分手后你无法立即做到这一点。通常还有一些东西需要安排，有些事情需要处理，有些手续需要了解，又或者我们必须长期一起照顾孩子。

在摆脱这段关系时，如果你不能或不想完全不与自恋者打交道，建议你从现在开始使用灰岩技术，以尽可能避免受到精神上的伤害。灰岩，这个名字本身即说明了一切：我们假装自己好像灰色的石头一样无趣。如此一来，自恋者将在我们身上找不到任何东西——我们既不会对自恋者构成威胁，也不会成为有吸引力的供给。

灰岩是一种灵魂疏离形式：我们不会将自己的脆弱部分带入互动中去。弱点、忧虑、快乐和成功——我们将所有潜在的攻击领域、所有容易遭受攻击的话题都留给了自己。

而且，我们的反应完全不一样了。但也不会因此发生冲突！

我们如何获得这种特氟龙[1]涂层呢？理论上讲这很容易，但在实践中却非常具有挑战性。特别是在面对这个与我们有如此多精神联系的人时……

Loriot[2]是我用于坚持自己立场的记忆术：凭着"哦！"或"哦，什么？！"我不会做错任何事。——但要小心：我们应该把讽刺和挖苦留给知名的喜剧演员，因为自恋之人会对此做出敏感的反应。

---

1 即聚四氟乙烯，俗称"塑料王"，这种材料具有抗酸抗碱、抗各种有机溶剂的特点。

2 原名维科·冯·彪罗（1923—2011），德国著名滑稽演员、导演、作家，Loriot是德国人对其的爱称。

灰岩

· 仅在绝对必要时才寻求联系。

· 保持简短的沟通。

· 如果可能，选择远程通信方式，如电子邮件或短信等。

· 简短而真实地回答。

· 尽可能平和，保持情绪稳定！

· 克制自己的责任心！

· 保持肤浅，不要深入。

· 回答时用礼貌但无意义的短语。

· 不要在口头或肢体上发出想要继续交谈的信号。

· 不要提问题！

· 不要让自己被激怒，不要陷入争斗或是爆发情绪。

· 不要把任何事看作人身攻击，不要陷入争执！不要争论！

· 不要成为供给：不要去钦佩、竞争或是反对！

· 如果你被触发，请原谅自己并离开，例如去卫生间。

· 注意：过多的讽刺可能会引发自恋反应！他们对语气反应
  强烈！

· 避免敏感性话题和任何过于个人化的话题。

· 如果话题变得危险，改变它或暂时离开。

· 如果没有什么可处理的，但你仍需要继续进行对话，请保
  持闲聊状态。

· 坚持无意义的回答，使他无法曲解你的话语，进而加害于你。

灰岩：空话示例

· "啊哈。"

· "这样啊！"

· "哦哦！"

· "真有趣！"

· "真的？！"

如果自恋者对你失去兴趣，那么你做的一切都是对的。

如果我们从现在开始不再参与对话，差不多就不会卷入其中。为什么呢？我们已经知道与这种人不可能进行建设性对话。从分手以来，我们也已经很清楚，我们不再需要与这种人达成任何协议。但是也会有例外："明智地选择你的战斗！"是拉玛尼博士的座右铭，这句话也一直陪伴着我。孩子的监护权、我们的尊严以及信仰……有些价值观对我们来说非常重要，值得我们为之奋斗。

我们可以清醒地逐点进行毫无结果的讨论。或者如果我们足够聪明，可以划清自己的界限，然后不再让自己受到纠缠。但我们也应当记住，自恋者能察觉到哪些价值观对我们来说特别重要——亦即我们会以特别的热情来捍卫它们。

如果你在情感上与他人的交流比同自恋者更多，他们就会爆发愤怒。因此，如有可能，你要避免与他人的接触被自恋者看到。如果做不到，你要知道面对攻击时该怎么做：灰岩！

即使对方突然用爱意来轰炸你，试图赢回你：灰岩！最终所有人都会失去兴趣。灰岩是停止赋予自恋者权力的最有效策略。

此外，与他人分享精神上的负担也会使通信变得更加容易：让幽默的阿姨给你朗读无耻的信件可能会有助于治疗……

通信联络中断：不联系！

我们应该尽快停止所有的联系。这是我们能为治疗所做的最好的事。摆脱这些能量吧！留下来的每一丝一缕都会让你感到手足无措。我们面对的是什么？冷酷无情、威胁辱骂、吸尘和煤气灯效应：突然之间，他写的信息比在我们25年的婚姻中出现过的更长、更详细、更清晰。我以为我疯了！我让这么好的一个人走了?！

我们也不应当再给自己树立扭曲的世界观了。到最后，我成了精神不正常的人，而他所做的一切都是对的。即使在这艰难的时刻，他依然在我身边！

任何形式的接触都会强化依赖：我感到极其痛苦，忽视了所有其他关系，也忽视了工作……如果我现在正视他，我依旧会认为：他就是我生命中的男人！

如果你经历过或可能会遭遇威胁、跟踪或过度的吸尘行为，建议你更改电话号码、电子邮件地址、账户和密码等。如果有所怀疑，还可以更换新的门锁，甚至搬家。

我真心建议你：在所有社交网络上取消自己的好友——必要时，也可以选择屏蔽。这是我们的大敌——认知失调的最佳补救措施：然后，我再次看到了她的照片，想着：再没有比她更美的女人了。这不能令人更兴奋了！我有点极端：天哪，在Ins上有一张她的新照片。另一方面我却又想：这样对我不好！她给我的负能量真的让我很痛苦。

删除可能以飞猴或教唆者身份出现的共同的熟人也是极为有益的。

你不需要他们来分享你的私人信息、责备你分手或是推动吸尘行为。

事实上，切断虚拟联系并删除所有来自共享照片的标记（或者更确切地说，相片本身），就可以做到一干二净了。你也不会希望Facebook每年都提醒你曾经的威尼斯旅行……

无论如何，重要的是你不再看到发布的内容。因为这也是一种联系形式——常用于三角测量、煤气灯效应等。

> 对不尊重的完美回应是距离。
> ——自恋面面观小组，
> 赫拉·桑德

可以预料的是，很快就会有图片在互联网上流传，证明没有你的生活是多么美好，新的供给又是多么可爱和性感。它会让你觉得你的替代品得到了你梦寐以求的一切！但是请你相信我：你不会想要看到那个！——是的，我知道你心中的一个小声音可能会想看到这些。也许你正在寻找真相的那一面，想要最终确定你们两个之间是否还有一些事情会发生。但是：这样做对你没有任何好处，你只是在不断伤害自己。

社交网络是自恋者的第一游乐场所，不要同他们在那里一起玩！

网上的东西可能已经在线下进行一段时间了：*如果我被邀请到他家，而他的笔记本电脑也正好开着，我会看到WhatsApp联系人列表中某个女人的名字。然后他总是会把列表界面切换掉，好似害怕我会看到什么……*

当然，并不是每个人都有机会彻底断绝联系。任何分享监护权或类似事情的人都无法避免最少的沟通。这就是灰岩的用途。但也有相应的应用程序可供父母或法定监护人使用。此类解决方案的优点还在于，对话过程会被自动记录下来——例如，用于临时禁令或家庭法庭。即使对于那些以类似方式交流的人，也最好将发生的事情记录在日记或类似的笔记中。作为证据，以防万一。

在组织层面保持关系正常运作，以确保孩子的安全，也很重要。前几天，我碰巧在接我女儿时发现她正在和一个精神不正常的人约会！

141

如果灰岩不适合你或不能完全符合你的要求，那么还有其他方法。

如果你们有共同的孩子，你需要知道

· 与自恋的父母接触，有损孩子的身心健康。
· 健康的父母可以抵消大部分这种影响。
· 治疗可以帮助儿童应对自恋行为。
· 真诚地与孩子谈论他们与自恋父母一方的经历，对孩子有好处。
· 我们不说"自恋"这个词，而是描述模式——至少在他们自己弄清楚之前这样说。
· 孩子不应该陷入父母之间的忠诚性问题冲突之中。
· 自恋的一方可能会利用孩子或监护权来控制我们。
· 在心理支持的帮助下，我们可以成为孩子更好的堡垒。

防火墙：一个安全程序

防火墙方法对任何拥有计算机的人来说都很容易理解：防火墙通过观察进出的内容来保护系统，它可以防止操纵和虐待——也就是自恋者对我们的"主板"所做的事……

防止这种渗透的最佳手段是知识：识别模式及辩解的话语，将它们归为"恶意软件"，不让它们进入。我们不必亲自处理它们，就像我们不必亲自处理计算机病毒一样。

拉玛尼博士在一个有关该话题的视频中非常具有针对性地讲到，她希望在生活中也能弹出带有警告的小窗口，问我们：你确定要分享这些信息吗？然后我们将有机会撤回输入的内容。

在相似的世界中，没有警告的声音，也没有"取消"按钮。但是我们可以在新的交流行为中安装类似的预防程序。也许下一次我们就不会在坦率的聊天中让自恋者获得正面攻击我们的机会了。

这也让我们为一些目前尚未考虑过的事做好了准备：约会。在理想化阶段自恋者常使用的一种策略是引诱我们吐露秘密，以此来建立亲密的关系，并查明我们的弱点。彼时我们尚不知道自己陷入了何处，就将自己与他人绑定在了一起。

从现在开始，请你等待，直到你愿意主动分享自己最大的秘密为止！即使你可能被骂是封闭的牡蛎——那又如何？这只表明防火墙在工作。如果你真的有兴趣，请你耐心等到信任的关系慢慢建立起来。

与灰岩相比，防火墙能让我们更加自然地保持联系。我们不必离线——只要我们内部防病毒程序一直在有效运行——而你也最好将通往内心深处的密码妥善保存好！

NO DEEP 技巧：不要深入，采取 NO DEEP！

DEEP技巧得名于英文单词"deep"，意即"深"。

NO DEEP是首字母缩略词，它与（相当肤浅的）自恋相对立。这些字母代表：不要辩护（NO Defend），不解释（NO Explain），不要参与（NO Engage），不要个性化（NO Personalize）。

当自恋者将他们的阴暗面投射到我们身上时，我们当然也会倾向于这样做。但是我们依然会对他们的行为感到惊讶。结果如何？我们每次都受到伤害并感到失望。就让我们接受这个自然法则吧：*你在汉堡，所以下雨了！不要惊讶！撑开伞！*

切合实际的希望可以防止我们进一步失望，它帮助我们按照期望行事——而不是分享任何亲密的事！

延迟性休克：创伤后压力

如果你已获得了尽可能多的休息和距离，说明你为治愈打下了良好的基础。但是，现在你安全了，你可能会经历一种初始恶化：你可能会感到麻木或者激动不已。这也可能（除了丧失亲密关系的痛苦外）是因为你才恢复了所有的知觉。类似于肾上腺素最初会减少对疼痛的感知，严重的伤害只会在事后让人感到疼痛：你已长时间处于幸存者模式之中。现在你安全了，你的系统注意到这一点，你开始有所感觉。最终，你会逐渐意识到自己曾经遭受过虐待。

防止失眠、睡眠不足和彻夜难眠的小建议

· 形成规律：坚持规律的睡眠模式。

· 温度适宜：凉爽的室温可以促进睡眠，热水袋可以让人放松。

· 规律饮食：确保吃喝不会让你兴奋，保持平静。

· 减压：数字排毒和专属于自己的时间有助于睡前减压。

· 放松：睡前做一个简短的瑜伽，让自己平静下来。

· 入睡仪式：例如，在床上阅读一页书或冥想入睡。

在此期间，随着知觉的恢复，你可能会注意到自己出现创伤后应激

障碍症状。几周后可能会出现轻微的症状，但也可能会出现严重的慢性病程。也许你会被嘈杂的噪声或其他日常情况淹没。也许你会过度紧张，无法入睡，产生焦虑。即使到今天我也会偶尔从噩梦中醒来，害怕他会在屋子里。我会拨好110的号码，这样在紧急情况下我只需要按"呼叫"就好；我也会打开所有的灯，然后手里拿着手机，检查门锁是否都锁好了。

如果你观察到自己有创伤后症状，安全起见，你有责任在治疗中澄清这一点。

创伤后应激障碍（PTSD）

A. 此人经历过创伤性事件。

B. 至少以一种方式重复经历过该事件：

　　1. 反复出现的记忆

　　2. 噩梦

　　3. 解离反应（例如闪回）

　　4. 回忆所发生事情时感到有压力

　　5. 对与创伤相关的触发因素有强烈的身体反应

C. 至少在一个层面上发生回避行为：

　　1. 与创伤相关的想法、感受

　　2. 与创伤相关的外部刺激（人物、地点、活动等）

D. 思想和情绪的负面变化至少有两种方式：

　　1. 无法回忆

　　2. 对自己和世界有消极的假设（例如"我不可爱"

或"人是危险的"。)

3.指控自己或他人有罪

4.持续伴有与创伤相关的感受（恐惧、内疚、羞
  耻、愤怒）

5.对所有与创伤无关的事情都缺乏兴趣

6.对他人感到陌生或有距离感

7.无法感受到积极的情绪

E.在唤醒水平或反应性改变方面至少有两种症状：

1.易怒、暴怒

2.冒险或自毁行为

3.高度警惕

4.恐惧

5.注意力问题

6.睡眠障碍

F.（B~E）症状持续超过一个月。

G.疾病导致痛苦。

H.其他原因（例如，药物、物质滥用及其他疾病）都不是致
  病原因。

　　此外，可能会有一种置身于自己身体之外的感觉（人格
解体）或产生一种这些都不是真实的印象（现实感丧失）。

　　症状也可能会延迟出现，甚至在创伤期间出现。

　　虽然有创伤经历，但大多数人没有或很少表现出全面的
PTSD症状，因此许多人没有得到正确的诊断。

由于幸存者通常会在一段较长的时间内暴露于潜在的创伤经历之中，他们也可能会患有一种该疾病的特殊形式，即所谓的复杂性创伤后应激障碍（C-PTSD）。特别是当我们刚刚结束的自恋关系不是我们第一次经历时，可能在这之前，童年时期的自恋照顾者就已经为我们与自恋者产生亲和力打下了坚实的基础。人们将这种情况称为童年创伤后应激障碍（C-PTSD）。

通常，C-PTSD不是由单个事件触发，而是由多个或持续时间较长的事件触发。与可能由事故和自然灾害引起的PTSD不同，复杂性创伤后应激障碍（C-PTSD）是由其他人引起的。

患者受到广泛而持久的损害。除了PTSD的主要典型症状外，还有情感调节障碍、消极自我认知和人际关系障碍——这些症状也可能会延迟出现。

复杂性创伤后应激障碍的可能特征

· 对自己、他人和世界有不准确的假设
· 超负荷的情绪状态：压倒性的感觉（例如，恐惧、羞耻、绝望、失望、孤独、不公平感、抑郁或无助）以及通常由失去人际关系引发的自杀倾向
· 身体有不适感，表现出过去精神的痛苦
· 难以区分过去和当下
· 过度兴奋和关注人际关系
· 回避模式，如否认、分离、成瘾等
· 人际交往能力受损、人际交往困难

- 表现不佳，难以集中注意力
- 慢性疾病、疼痛、疾病易感性
- 易暴易怒
- 压力饮食、饮食失调、成瘾行为、滥交行为
- 焦虑、抑郁症
- 冒险行为、自残行为（例如抓挠）
- 自杀念头、自杀计划、自杀企图
- 难以保住工作
- 是强烈的内在批评家

什么会有所帮助？无论如何，建议你寻求治疗支持。如果这个人既了解自恋的受害者又了解创伤，那就再好不过了。如果你找不到具有自恋虐待专业知识的人，也可以寻找创伤工作专业人员。（无论你是否患有创伤后应激障碍，这样做都是有效的。）

不建议你独自进行自我治疗，仅仅了解原因并不能治愈创伤。治愈需要稳定的治疗关系。因为精神伤害发生在人际交往方面，所以治愈需要与其他人重新建立联系。

慢性压力可能造成的健康危害示例

- 高血压
- 糖尿病和其他血糖问题

- 贪食和暴饮暴食
- 成瘾
- 消化不良
- 免疫缺陷和感染易感性

由PTSD引起的健康损害示例

- 消化系统疾病（例如反流和肠易激综合征）
- 睡眠障碍
- 自身免疫性疾病

除治疗外，抵抗创伤（不一定会立即发展为全面的PTSD）后果的方法有：亲近大自然。亲近大自然会让人心生平静，可以是在拐角处的公园，也可以是在你最喜欢的风景区。这个方法听起来稀松平常，但却非常有效。

对我来说，大海就是我的平静处：眺望远方、地平线、海浪的冥想声、强烈的海盐味道营造出一种散发着精油芳香的健康氛围。海风吹散了我脑海中的思绪，游泳让我放松。一种感官体验，让我回归自己的身体，让我的精神回到其他的想法——你的平静处在哪里呢？

此外，锻炼还有助于消除身体在期待下一场戏剧时可能会持续产生的过多压力荷尔蒙，这些荷尔蒙随后会表现为焦虑、恐惧或过度兴奋。

拉伸对抵抗创伤特别有效，因为它可以抵消我们在精神压迫下产生的肌肉紧张。当然，还有很多其他的方法。这里我特别推荐阴瑜伽。这是一套涉及身体、思想和灵魂的完整方法。在持久保持一个姿势的过程中，你会放松地进入温和的伸展状态。这做起来完全不像是在做运动（不像其他那些更加知名的瑜伽类型），但是它在各个层面都能够创造奇迹。如果你在分手后缺少健身的动力，可以试试这个方法。

原则上，你可以立即开始练习瑜伽。然而，知道这种非常有效的方法可以缓解情绪和身体上的不适也很重要。有时（尤其是在经历了创伤性经历之后）人们最初可能会不知所措。出于安全考虑，我建议你与同伴一起开始瑜伽练习。

经历过创伤性事件的人经常会觉得自己需要退出。在一定时间内与世隔绝有益于治疗——独处可以是一种安慰。重要的是，密切关注与他人联系的欲望何时会再次觉醒。如果没有，我们可能会陷入一种从长远来看不是保护我们，而是会伤害到我们的模式。

话虽如此，倾听自己内心的需求是件好事：独处还是与他人交流，打电话还是面对面谈话，一小时还是一整天？……

当我们暂时退出时，人们可能会感到恼火。大多数人都明白这与他们无关。如果你的界限不能被接受，那就证实了你的直觉，暂时不要去见这些人。你已经经历过足够多的越界行为，这正是你需要暂停休息的地方。

充足的睡眠、闲暇时光、固定的日常活动、健康饮食和避免饮酒也有益于治疗。如果可能的话，我们应该抵制用垃圾食品和饮料来抚慰我们受创伤灵魂的冲动，或者只是适度地沉迷其中。尤其是酒精和类似物质与创伤相结合，会发展成恶性循环。

对于让我们上瘾的恋爱关系保持克制是非常重要的。时间会告诉你，需要多久你才能为下一次的亲密接触或固定联结做好准备。建议至少一年时间，有时需要两年，否则就会有重复相同游戏的风险。特别是在危急时刻，我们会是下一次爱情轰炸的完美目标。无论浪漫的感觉填补空虚和孤独多么诱人，结果都会适得其反。即使有了新的友谊，一开始也要多加小心。现在我们应该探究是什么让我们变得脆弱。如果我们不做这项工作，如果我们不花时间探索自己，那么下一段关系很可能只是旧关系的重演，我们可能会在另一个人身上寻找救赎。

这并不是说我们在某种程度上存在缺陷，需要改正，但是很有可能我们还没有将其内化。关键词是：自爱。我们可以耐心等待，顺其自然。眼下我们的任务是独自敲开自己的大门。

C-PTSD 的治疗

一些最有效的方法是：

瑜伽

· 练习包括姿势、呼吸技巧和冥想。

· 心率变异性（HRV，交感神经和副交感神经系统共同作用的标志）明显得到改善。这意味着，它有助于在激活和放松之间保持平衡，让身体、思想和灵魂摆脱压力和紧急模式。

· 自我得到加强，随之而来的是自爱和自我调节能力，从而形成一种来自内部的自发的自我照顾——没有"必须"和"应该"。

EMDR
（弗朗辛 · 夏皮罗博士）

· EMDR（眼动脱敏再加工疗法）被认为是 PTSD 最有效的治

疗干预措施，效果优于药物治疗。与快速眼动睡眠类似，该技术可以导致创伤记忆的整合。创伤被体验为"结束"并失去对此时此地的影响。该方法增强了接受治疗者的个人责任感和自我效能感。

IFS

（理查德·施瓦茨）

· IFS 代表内在家庭系统疗法。该"内在家庭系统"将家庭治疗的系统观点转移到灵魂的内在世界。它是处理内在心理部分的众多模型之一，并且由于有意识地检查自我而被用作一种正念方法。

· 其基本假设是：我们的一部分试图保护自己免受创伤性经历及其后果的影响。这是部分人格的好意，但不幸的是结果往往是功能失调。

· 较弱的部分会出现在生活中占主导地位的部分之后——最后才是自我。心理部分的工作加强了这种内在的领导力、自我同情和意识。内部家庭的重组有助于我们用更具建设性的策略取代当下弊大于利的生存策略。

此外，星座学也会有所帮助。

所有这些方法都可以被组合使用。

叙事疗法：重述故事

正如本章开篇日记所述，至少到目前为止会自动发生我所谓的"历史重写"。也许这个过程早在分手之前就开始了。我认为时机的到来取决于我们何时获得有关自恋的信息。因为那时我们才会恍然大悟：备受赞誉的最初几天——爱情轰炸阶段同教科书里描述的一模一样！最初几周内突然出现的异常——这是我们忽略的第一个警告指示。莫名其妙的争吵——由石墙引发！我们的悲伤状态——则是对异常行为的正常反应。

我认为让自己接受这种改进是很重要的，即使过程可能会非常痛苦。这让我想起一种古老的日本艺术形式：金隅艺术。破碎的器皿被重新组装，断裂的边缘和缺失的区域用金银填充并加以装饰。我们正在经历之事一开始并不会让人觉得高贵，而更像是去高贵化：一个光荣的爱情故事变成了纯粹的恐怖事件！但最终结果会是：我们摆脱了一个活生生的谎言，步入自己的真相之中！

讲述分手：指责受害者和重新加载煤气灯效应

正如联系前任时需要谨慎一样，将分手告诉第三方也存在风险。注意我们向谁倾诉、何时倾诉以及倾诉的深度是很有必要的。

讲述分手及其理由会让难以捉摸之事变得更加真实。这可以帮助人们理解，但是人们的反应各异。对此有所准备是件好事情。

遗憾的是，指责受害者的反应并不少见。这点我们已经有所了解。但是现在这种指责可能来自陌生的一方，我们不受保护，让人恼火。我们作为受害者被追究责任，可能有不同的表现形式和原因：我们可能会因为分手受到指责，或者因为在诊断中发出不公平的言论而受到指责，此两者都可能伴有另一种熟悉的操纵技术发生：煤气灯效应。

分手后，煤气灯效应和指责受害者示例

· "这个天使所做的一切都是为了你！"
· "你的要求太高了！"
· "你不觉得你是在夸大其词吗？"
· "我觉得这样到处说诊断有点难为情！"
· "所有人的心地都是善良的！"
· "一个巴掌拍不响！"
· "那你怎么坚持了这么久？！"

此处，我想分享一个让我个人感到困扰的例子：我无数次听到："你们只是拥有太少的共同点！"最初看起来无害的话语实际上是对所发生事情的轻描淡写：正像在文学作品中自恋性虐待总是被称为情感强奸或灵魂强奸。由于这种虐待可能不是身体上的，我们周围的人（不幸的是我们自己也一样）并不总是使用与我们文化中对身体虐待（例如性虐待）相同的标准。

这就是为什么我会言辞激烈地说："但愿在一名妇女被强奸后，没有人会想到告诉她，那天晚上她与施暴者几乎没有什么共同话题——这可真是荒谬！"

对我们来说，这同样是荒谬的——只不过不是每个人都清楚这一点。除此之外，还因为精神虐待总是被低估，尚未完全进入公众意识。

对自恋虐待轻描淡写的另一个原因可能是，我们试图安慰自己或是否认无法言说的事情，避免直接面对它们。

也许，对我们说这样话的人自己也受到了煤气灯操纵：他们收到了一封来自前妻的诚挚告别信，或者总是将前女婿视为一个诚恳的同时代人。多年来我们只讲述这段关系中甜蜜的一面，进而造成了自我煤气灯操纵——因为我们不想看到关系的另一面。当然，现在很难转变想法了。这一点我们从自己身上即可知道。

这里无论如何去做，都必须适合自己。我是这样做的：我会向对自己来说重要的人解释来龙去脉，我会使用禁忌词如"自恋""煤气灯效应""指责受害者"等。我也会做一些心理教育并向他们解释，他们（同我们一样）是如何被爱情轰炸并受到煤气灯操纵的。最重要的是，我表明了他们的话是如何影响我的：它们激发了我心里施虐者的声音，在这样的谈话之后我对自己点燃了煤气灯："是的，也许那是真的，而你真的有点夸大其词了……实际上，他是个好人……也许他太仓促，无法分手……"如此一来，我又感觉很糟，因为认知失调再次出现！然后我会需要心理急救——我通常给我的女性朋友发许多短信，而她会为我吹响雾号，帮我摆脱认知失调。

对于那些对我来说不太重要或者我认为无可救药的人，我则什么都不说或者只是说些表面话。如果谈话方向错误，我会少说。我发现自己很快摆脱了煤气灯效应。此外，也建议你采取急救措施。我们要防止体内有毒的声音再次变得响亮并对自己进行煤气灯操纵。因为随后认知失调会再次向我们袭来，我们会质疑分手，内心的声音会进一步贬低和困扰我们，甚至还会有复发的风险。这里"恶心清单"可以再次提供帮助。但有时意识到我们在这里受到了煤气灯操纵也会减轻心理压力，况且我们也不想让我们的前任再来一次，不是吗？

如果你发现自己容易对自己点燃煤气灯，也容易出现认知失调，请你避免（尤其是在开始阶段）对你施加煤气灯效应的人。如果无法避免与他们接触，请避开有风险的话题，例如刚结束的伴侣关系。但是也许还是会有幸存下来的联系。这样一种深刻的经历将去伪存真，显示出谁才是真正对你有益的人，谁支持你，谁不支持你。

认知失调不会随着分手很快消失，但是，我们已经到达了我所说的认知失调的另一边，从这里开始它会（以波浪的形式）减少，但这还远远没有结束。认知失调、自我点燃和创伤依恋依然会在相当长的一段时间内让我们的生活变得困难。记住这一点更为重要，因为一旦问题再次出现，我们就可以立即找到问题的根源。

小贴士

1. 用爱情轰炸自己：我在浴室镜子上贴了一张便条，上面写着："用爱情轰炸自己！"分手后不久，我在相关自助媒体上发现了这个呼吁并立即将其付诸实践。因为我们现在是单身，所以情感上会感到突然空缺——即使我们最后还是得到了一点点感情。为应对这种情感上缺失关爱和赞赏的问题，我们可以采取一些措施：送自己礼物、赞美自己、翻修公寓使之焕然一新或是给予自己一个健康周末！请宠爱你自己！（风险和副作用是：在一段有毒的关系结束之后，有相关倾向的人可能会更容易上瘾。请在成为网购消费狂之前踩下刹车。）

2. 不要去那里：如果你发现自己点燃了煤气灯，请和自己对话，告诉你自己不要再加载煤气灯效应了，甚至不要让自己再产生这些想法，而是做些其他事：与新成员交流心得体会、在自助小组中发帖子、在YouTube上观看自恋视频、在日记中分析、分散注意力、做放松练习……

3. 谁和谁在一起：请画一幅图：煤气灯效应是怎样对你周围人产生影响的？例如，你的前任对你实施了煤气灯操纵，而你则对你的朋友实施了煤气灯操纵，他现在认为你的前任是你的梦中情人。你分手后，你的朋友一直在哄你，告诉你，你失去了自己梦寐以求的女人……

4. 做好准备：是否有你不想与之详谈分手的人？如有必要，你会如何向他们提及你的分手？你可以准备一些使你免于深入对话的（幽默）表达："我一直想知道在疫情下单身是什么感觉！"

5. 夺回属于自己的空间：丢掉所有视线中会让你想起这段关系的东西：图片、相册、礼物等都会在创伤联结中发挥作用。将它们放逐到阁楼、扔掉、（小心地）烧掉或埋葬。夺回属于你自己的空间！

6. 健康地大笑：笑有助于对抗创伤。在小组中一起荡秋千吧。这就是为什么一旦你有兴趣，就为自己找一个合唱团、即兴剧团或类似的团体——只要你还处于与世隔绝的状态中，就去看一部喜剧或是给那个非常幽默的朋友打个电话吧！

7. 世纪大甩卖：你的家人和朋友，谁在自恋粉丝团里？谁作为教唆者向虐待行为示意，间接对你实施了煤气灯操纵并责备于你？——请你与他们保持距离！想一想，你不愿再同哪些共同认识的人保持联系。找到合适的办法停止与这些人联系。也许你可以先暂停一些联系，直到你想清楚并能够做出决定为止。请避免戏剧化，温和但精确地设定自己的界限。

第十章 放手：创造结束仪式

为了庆祝这一天，我邀请自己美食一顿。一枚戒指在我的手上闪闪发光，这次不是他妈妈选的了——这是我今天扔进海里的订婚戒指的替代品。曾经束缚我的，与他相关的一切事物，我都放下了：

和他一起度过一生的希望。

他是自发求婚的疯狂的想法。

做他身边的那个女人。

必须完美才能找到爱情的误解。

委曲求全的尝试。

不适合我的生活。

使我满足的爱情面包屑。

对我不好的默许。

轻视自己的倾向。

不展示自我的习惯。

以及他。

我其实不喜欢小题大做，但是结束这段关系需要画上最后一笔，因为这不是直接存在的。这类分手的典型是：他在离开时留着一扇门未关，并说他会走是因为这对我们所有人都更好。我还不知道我现在应该做好什么样的准备。

自恋关系很少会和平地结束，且大多数时候都结束得很突然：我们被毫无征兆地遗弃、被幽灵缠身、仓皇逃离或是不得不在警察的保护下被护送出公寓。许多受害者在分手后变得一无所有，他们的生活一团糟，他们已精疲力竭。更糟糕的是：他们希望在一场持久的澄清式对话之后和平分手并过上美好的生活，但是这样的对话通常都不会发生，于是产生了不同的分手形式。

开放的形式——沉思的邀请

有毒关系常常给我们留下一个无法理解的开放式结局：我至今仍不知道自己究竟做错了什么，我完全不知道。

许多人有这样的感觉：只有在努力尝试过所有的可能性之后，才能放手。

如果需要这样做，你可以试一试。但是，设定时间限制和预约治疗会是明智的选择，以免你可能花费20年时间去挽救婚姻……

尽管如此，我还是在精神上无法摆脱她。虽然我想：其实我的尊严早已劝我不要再去尝试了，但我还是想：希望她不要认识新的人！——也许是因为我仍然无法确定她是否真的是自恋。

此刻，我们最大的敌人是自责、渴望和沉思：如果我能坚持夫妻疗法，那么一切都会变得不同，也许我们还是会在一起。但是我已对她毫无兴趣了。

许多人会在一段较长的时间内责怪自己或是想要挽回关系。我要转动哪把钥匙才能打开他们的心门呢？

在极少数情况下，关系也会正常结束。那么，你会怎样让自己获得解脱呢？这里有一些例子。

澄清式的对话——第6798集

请原谅我这愤世嫉俗的标题，但如果你现在想："这一次会奏效；

至少分手后，我终于可以和成人进行对话了！"我将不得不再次让你失望。统计数据显示，事实全然相反。我们经常为这样的希望上当受骗！

现在这封信可能会再次让你考虑："我可以为他记录下所有的事——也许在未来的某个时刻他会理解！"

我再一次听到了这种希望，不是吗？内心温柔的细语还在等待一个美好的结局："也许，三年后一场人生危机会改变这一切。砰！她突然意识到，她曾经待我有多么可怕，然后她向我道歉，我们从此过上了幸福的生活……"——算了吧！

对这封信的强烈反应只会让你精疲力竭，或者压根没有任何反应，这也会伤害到你。在最坏的情况下，你会再次被迷住，因为认知和道歉是以奥斯卡奖级别被演出来的。

这条通信线路现已关闭，一劳永逸。

如果你想写一封信，那就写吧，但是不要寄出这封信，这样你就可以直言不讳了。你可以使用"有毒的""自恋""虐待"等词。你可以发泄出所有的情绪，把没能说出的话都写在纸上。但是之后请你烧掉这封信，把它撕成碎片冲进马桶或是为它挖个坟墓。自己解决这些问题吧——你是唯一有理智的对手。

然而，如果你对过去几年填满的一堆无用纸张产生了信件过敏，你可能会想以不同的方式说再见。

葬礼或庆典——建议

· 将装有共同回忆物品的盒子埋起来，并在上面放置鲜花。

· 在治疗中进行角色扮演，将永远不会发生的澄清式对话表演出来。

· 使用你的创造力来塑造结局：绘画、写作、手工——或以你的任何方式。

· 骑一辆带有易拉罐和"单身"标志的自行车，出发去旅行。

· 如果你信仰神灵或宗教，你可能希望拥有更高的权力。

· 象征性地切断所有仍然束缚着你的绳子。

· 举办主题派对："单身一年——是我一生中最好的决定！"

宽恕：道德上的教唆者

宽恕无疑可以帮助人们克服困难的关系并获得自由。可能在某个时刻，你会觉得原谅发生在你身上的一切不好的事是对的。也许是因为你知道自恋是如何产生的：当人们本身不被爱时。

但是，只有在愤怒（以及随之而来的一切）发生之前，宽恕才是真正的宽恕。忍住愤怒不是宽恕，而是压抑。

很可能你目前（至少首先）不会有宽恕的想法。也许有一天你会发觉，原谅是对的，或者也许还是不对。

当宽恕被强加到我们身上时，宗教和精神的或所谓开明的教义都会对我们的治疗过程构成威胁。宽恕需要成长，如果不成熟，它就不是来自我们的内心，结果肯定是弊大于利。

为了康复，我们不需要宽恕。事实上，过早地宽恕一切很容易使我们成为受害者，自恋者会将宽恕误认为是虐待我们的一般许可。达到一定程度的冷漠就完全足够了，而且比起"逆来顺受"的心态，也不太容易受到剥削。一定程度的迟钝也有助于我们同想要或需要与我们保持联系的自恋者打交道，它可以创造出一个情绪缓冲地带。

知道以下这点对我们的未来发展有益：即使我们成功做到了迟钝，当我们遇到曾经与我们有过创伤联结的人时，我们的身体仍有可能会做出反应，因为交感神经系统已经适应了它，这很难被消除。但是如果我们决定斩断联系，就不会总在超市收银台旁偶遇对方。

所以，跟着当下的感觉走，不要忘记愤怒！现在愤怒还是想要束缚你，但是在你没有经历过愤怒前，你是不会自由的。你唯一真正需要毫无保留、完全原谅的人就是你自己。

> 宽恕是……一个过程，它只出现在与自己的历史达成和解的最后阶段——它不是必须的。
> ——达米·查夫[1]

梦——灵魂的镜子

注意你做的梦，夜晚，我们的心灵会处理我们灵魂中的想法，梦可以为我们当下潜意识里的问题提供重要的线索。在这个发生改变的重要时刻，这些信息也许会引导你走向那些值得探索的遗留问题，开发新的任务。

也许在梦中你会经历悲伤的事件或是忆起上一段关系中曾遭受的核心损伤，这可以为我们提供悲伤的指南，帮助我们重建遭受损害的自我。

梦大多以象征的形式同我们说话，我们首先要破解它们。问问自己，这些图像给你的感觉是什么或者你能联想起什么相关内容，这些就是它们所象征的事物。

---

1 德国畅销书作家和创伤治疗师，专注于以身体和关系为导向的心理治疗。

存在两个平行的解释层面：梦里的人物可能代表你生活中的人物（客观层面），也可能代表你的内心部分（主观层面）。令人着迷的是，通常这两种解释都有意义且相辅相成。

此外，梦也可以是有洞察力的。要将此类梦与心理学梦区分开来需要练习。有时，人们可以通过它们客观而没有强烈情感的出现来识别它们，但是情况并非总是如此，且因人而异。

一个女人通过一个梦从新的角度审视自己的经历，重新获得了力量：在梦中，我的前任来到我的公司。他看起来像个瘾君子：汗流浃背、衣衫褴褛、憔悴不堪。他颤抖着，想从我这里得到一些东西。快速的一针：供给。——那时我才意识到，我们中谁才是真的依赖对方。

我们经常在梦中遇到前任——在我们所爱的版本中，因此，我们充满希望地醒来，然后又开始厌恶。或者还有我们已经了解的黑暗面。一位幸存者在分手后反复做同一个梦：我被父亲折磨和羞辱到了极点。我一怒之下用言语将他击倒在地。我不害怕暗算。我的愤怒达到了顶点，想要毁灭一切。最终我的行为比他更加残忍。

在做了十多次类似的梦后，他带着他的梦一同去治疗，发现原来梦里也有自恋伤害。他的父亲（自从分手后，他怀疑自己也是一个隐性自恋者）通过代际传递将他的羞耻感传给了儿子。从孩提时代起，它就在两人之间以愤怒的形式在争吵中被激活。这种根深蒂固的羞耻感也可能是在成年生活中被触发——不仅是与父亲接触时。

这个梦促使受害者专注于核心损伤，使他更易陷入有毒的关系。他一直都在寻找可以理想化的人，以提升自我价值感。

他为童年时有这样的父亲感到悲伤，也对情感上被忽视感到愤怒，转而将愤怒指向了他人。

许多人和这名受害者有相同的遭遇：当我们的伴侣关系结束时，我们通常失去的不只是一个人——还有姻亲、共同的熟人或幸福童年的幻想（以及原生家庭）。

告别是一个过程，有意识地庆祝关系的结束对我们有所帮助，但要放下旧事物，以便让自己的心、思想和双手为即将到来的新事物腾出空间——即使现在我们可能还感觉不到。为了抵达这些新的海岸，我们必须穿过中间的悲伤地带。

小贴士

1. 茧：什么环境能让你重新找回自己，撤退，朝圣，在印度冥想，独自在高山牧场上待一年，汗蒸小屋，或是在你熟悉的四堵墙内？

2. 祝贺自己：祝贺自己分手！从幸存者社区我知道了狂欢派对。你的派对会是怎样的？大家依次安静地饮酒？一个巨大的分手蛋糕上，新娘或新郎从糖衣上掉下来？在星空下跳舞？重要提示：你可能很长时间都不想参加派对。不要这样！那一天终将到来。

3. 谈话动机：不要有所顾忌，弄清楚哪些绳子仍然是松散的。你不想承担离开的责任，对吗？或者你想明确指出问题不在于你？——如果这些或类似的原因诱使你再次寻求对话：小心！你最好自己解决这些问题：你需要什么来让自己停止感到内疚？又需要什么不再去背黑锅？

4. 走向内心的线：如果你无法记住自己的梦，你可以练习：在床边放一个便条本和一支笔。当你早上醒来时，花点时间回忆一下你半睡半醒时脑中的画面或感觉。这会刺激你回忆梦境，通常会在一段时间后开始回忆。你甚至可以在入睡时尝试许愿获得某些问题的答案。

5. 象征：嫁给自己，给自己买一枚戒指，提醒自己，从现在开始爱自己才是重中之重。不，这不是自恋！而是一个心理事实：只有当我们爱自己时，我们才能（以健康的方式）爱他人。

6. 关键词：我和朋友共享一个新年传统：我们为来年设定一个座右铭，并为此做三件事（动词或命令），这能帮助我们展示新的态度。每当我们为全年做出决定时，都会想起一些内在的指南。例如，关键词是：做完整的自己！三件事是：追随快乐、轻松地活在当下、拥抱自己。

摆在你面前的不仅是新的一年，还有你的人生新篇章。——也许你也想给自己设定一个新的方向？

7. 团体：是否有团体可以陪伴你结束这段关系，来自你所在教区的牧师、自助小组或研讨会圈子？你们可以举办一场庆典来结束这段关系。

8. 欢迎新事物：列出分手带来的所有好处：不再整夜哭泣、不再争论、下班后获得真正的休息时间等。

9. 收回面具：即使在健康的伴侣关系中，共同生活也存在责任分工。近年来，你使你更好的另一半沉浸于其中的行为或性格是什么？你现在想要学会什么？你应学会独自面对生活中从前由他人替你所做的必要之事：谁纳税？谁为艾莎奶奶买生日礼物？另外：也许你也不太喜欢自己的某些方面，那么你可以将其暂存到其他地方，也许这些你不喜欢的方面又出现了，而你的"临时仓库"也已消失。你也会偶尔抑郁吗？或是在沙发上看电视剧到不能自拔？这种认识起初可能并不令人愉快，但它最终是有益于健康的。因为现在你能够承担责任了。

10. 循环利用：当你要放下一切时，可以问问自己，你们的关系，无论它多么曲折，是否教会了你什么，或者你从中获得了一些什么值得保留下来的东西。坚韧的人即使在最不可能的情况下也会成长。离开的时候带上你的果实。

11. 新生活——新发型，有点老土，但也不差。恢复旧貌或尝试新的东西？无论怎样，玩得开心！

12. 压力、快乐和探究：该技术来自心理治疗师克莉丝汀·寇威尔的"动态之轮"训练。我的做法是，早晨或白天花几分钟时间让自己的身体做它想要做的事。该技术的名字表明了一切：眼下什么令你感到愉悦？（这可以在几秒内发生变化。）我喜欢尝试紧张、压力和拉伸吗？当我质疑自己的身体时——我感知到了什么？

第十一章　心痛：不仅仅是失恋之苦

我永远不知道第二天等待我的会是什么：每当我醒来，首先想到的是：早上好！欢迎来到单身生活！哎哟！

有些日子，我将一切都埋在心底，我也感觉不到太多。我做自己的工作，有事可做是件好事。某些时候这样就足够了，我需要时间空转，这样所有卡在我身上的问题才会显现出来。

我时常生气，然后我会打扫卫生并在家里工作。但在大多数情况下，我都很痛苦，躲在自己的四面墙内。我不想见任何人，除了最亲密的人，不过这也很少。我感到孤独渐渐变少，好的陪伴越来越多。

有时我想：我会越过这道坎的！然后有些事情莫名地让我感动和落泪。因为有件事让我想起了他。我真的不想再次错过他！

但最糟糕的是，怀疑不断出现并对我耳语：他就是那个人！你让他走了！你真是疯了！

分手后不久会进入一种新的状态：我无法与外面的世界建立联系，我不知所措，只想一个人待着。黛比·米尔扎称这种状态为茧式生活。

自恋虐待的三个治疗阶段（黛比·米尔扎）

1. 认识与教育
2. 茧式生活：封闭和退回
3. 梦想与重建

我就像贪得无厌的毛毛虫获取了大量关于自恋的信息并吞噬了自己，现在我不得不消化这沉重的东西。我在一个安全的茧里化蛹了一段时间，但是仍然没有任何作为蝴蝶重获新生的迹象。在此之前还有其他事情需要处理……

复杂的悲伤：会思念，也会生气

悲伤本就不是一个容易的过程，有毒关系的幸存者所经历的更是复杂。我们有许多相互矛盾的情绪：我们失去了我们所爱的人。即使我们现在可能必须承认他的爱不是真的——但我们的爱是真的。

我们也感到愤怒：对我们被虐待感到愤怒，对没有人警告我们感到愤怒，对自己让这种情况发生感到愤怒，也对我们失去的时间、幸福和机会感到愤怒：我的一生都受制于这段关系。为了她我放弃了很多，我是自愿这么做的——这就是讨厌之处。如果我想要出差，我总要先问问她是否可以才行，而我也喜欢这样做。基本上，这都是我给自己设下的陷阱，我也相信置身其中会很快乐。

如果我们是近来才意识到自己处于一种怎样的关系之中，那么我们可能仍然会感到震惊，仍然不敢去相信。我们感到自己遭遇了背叛，可能会失去最后一点对自己判断的信心，因为我们上当受骗了这么多年。

我们也感到悲伤，因为我们意识到我们爱上的人从未存在过。我们不仅在未来失去了他，在过去也失去了他：爱人离去后没有人能从你身上夺走的记忆——被夺走了。因为你获得了新的知识，以一种全新、冷静的眼光看待它们：这些不过是爱情轰炸和碎片化的关注，虚假的自我，一种错觉，背叛。

我们的悲伤也变得更加困难，因为社会几乎不承认悲伤——如果有的话，也很短暂，并且是在死亡事件发生后，而不是分手后。情感虐待——禁忌和不为人知——使我们和其他人更加难以以一种相互联结的方式处理我们的经历。但是，为了完全摆脱这种灾难性的联系，悲伤是必不可少的。

经典的悲伤阶段：情绪过山车

最著名的可能是伊丽莎白·库伯勒－罗斯[1]的悲伤五阶段：

否认、愤怒、讨价还价、沮丧和接受。

此外还有混乱、内疚和恐惧的心理状态。

根据维蕾娜·卡斯特[2]的总结，我们的悲伤过程是这样的：

否认阶段的标志是震惊。自恋情况下即是面具掉落时的认知。认知失调再次与痛苦的认识相抗衡，起初我们可能无法哭泣。

这一点在情绪爆发阶段有所变化，我们陷入不断变化的混乱情绪之中：复仇的欲望、渴望、孤独、恐惧和许多其他情绪都加入上述情绪之中。分心可以在短期内有所帮助——但是最终我们必须面对它们。

在寻找和分手阶段，我们会与失去的人进行一场对话。在我们的情况下，很可能我们自身习惯了无接触。我们以不同的方式知道，我们想从这段体验中带走什么，又不想带走什么。显然，从现在开始生活有所不同，只有弄清楚了这点，我们才能放手。

建立新的自我和世界关系阶段是很有必要的，以便在失去了对方和（好的或不太好的）共同点，失去了自己的部分后，得以重新塑造自己。当然，我们也重新获得或发现了新的方面。

1　伊丽莎白·库伯勒－罗斯（1926—2004），美国精神科医生、作家，著有《天使走过人间》和《你可以更靠近我》等。

2　瑞士心理分析师、导师，苏黎世大学心理学教授。

此间总会有绝望、抑郁和冷漠，甚或回到之前的阶段。有时甚至没有任何进展。

与自恋者关系结束后的悲伤过程与死亡事件后的悲伤过程具有相似之处，但也存在许多不同之处。

下面所述即是有毒关系结束后典型的治愈情况。

自责：我为什么待了这么久？！

很遗憾，当我们意识到自己在遭受什么时，愤怒的情绪总是指向错误的地方，指向我们自己：我怎么能允许这样的事情发生？！

我一直在想，如果我当初倾听了自己内心的声音，就不会毁掉女儿的童年了！

我们现在最不需要的就是内疚和自责，我们已经这样做得够久了！

对儿童性虐待后果的研究表明，受害者大多是自责的，这也可能发生在我们的身上。就像被熟悉的人虐待的孩子一样，我们也学会了为发生在自己身上的事情负责。我们也是这样做的，因为他人促使我们产生了这样的想法。如此一来，我们才不会感到那么无助——毕竟我们可以改变自己。我们以此维持对我们所爱之人没有犯错的幻想，关系才能够继续下去。

现在我们自由了，我们不再需要为不是自己所犯的错误而受到责备：我们没有吸引来错的男人，也没有吓坏我们的妻子，所有人都可能陷入有毒关系，这不是我们的错。我们越早了解这一点，康复的速度就会越快，也就越能够保护自己免受任何因受害者指责而产生的二次伤害。

又是你的错！"正确"与"错误"的婚姻

注意！如果你因为放弃这段关系而感到悲伤，那么这可能不是有益的悲伤。接着你会处理因认知失调和煤气灯效应而导致的绝望，这种内心的紧急状态是有毒的，它把你和这段关系联系在一起，进而削弱你的感知能力，它使你脱离自己的圈子，它阻碍你的恢复。

如果你想："我抓得太紧了！我太嫉妒了！我毁了一切！"或者"如果我能再好好解释一下就好了"！又或者"如果那天我表现得不同，也许我们会继续在一起"！这是因为一直有人在暗示一切都是你的错。——有这种内疚感是很糟糕的，仿佛你亲手毁掉了自己的幸福。也许你还会有一种新的担忧，自己也受到了自恋的干扰。这些是创伤依恋的迹象。

如果你是这样的，第一步就是要走出认知失调，直到你处于"正确的"悲伤当中：即分手不可避免的痛苦，因为就是不能在一起，因为联结只会伤害你。

这就是你可以像阀门里冒出的蒸汽一样发泄的悲伤。每当有什么东西堆积起来——释放它们！直到它们全部离开，留下一个愈合的伤口。

第17章讲述了自我点燃以及让自己摆脱这种困境的方法。

我竟然想念一个浑蛋！我这是怎么了？

渴望是非常正常的，虽然怀念对自己的伤害让人觉得有些疯狂。我们真的深深爱过，这方面的损失是真实的，我们肯

> 想要忘记某人意味着想念他们。
> ——尚·德·拉布鲁耶[1]

定会感到悲伤。即使这段关系中的很多美好都只发生在我们的想象之中——我们失去的那个人对我们来说很重要。我们想念他为我们扮演的

1　尚·德·拉布鲁耶（1645—1696），法国哲学家、作家，代表作有随笔集《品格论》。

所有角色，熟悉的日常生活以及稳定的伴侣关系。

悲伤需要眼泪和时间，它需要新的方法来满足现在（或很久以前）未被满足的需求：你的未婚夫提供了多样性和冒险吗？那就给自己创造意想不到的惊喜！你的前任是你内心孩子的好母亲？那就好好照顾自己！它是你原生家庭的缓冲吗？请以不同的方式保持距离！缩小已经出现的差距。让自己独立吧！

终于平静了！倍感轻松

在你情绪化的四月天里，希望之云总会出现。在暴风雨中，你会获得片刻的宁静，预见翻过山坡时的情景。温暖明亮、平静安详，或是活力四射、充满生之喜悦！

哪怕短暂，也不要害怕，就像是北海的堤坝，赢得土地需要耐心。海浪会多次冲撞你，直到最终每次涨潮时地面都还在你的脚下。时间会帮你达成目的。

邻居花园里的樱桃：新的供给得到一切！

你羡慕和嫉妒新的供给吗？自恋的三角测量一直在利用这一点。现在，幻想困扰着我们，这个奇妙的生物（甚至可能已经被示威性地置于比我们更加优越的地位）会得到我们梦寐以求的一切：爱情、婚戒、带花园的房子、孩子——一切你想要却没有得到的东西！

但是我想告诉你：这正是你应该思考和感受的，让三角测量中的自恋变量感到被渴望和强大。而你不想这样，不是吗？

新的供给将得到你曾经历过的：爱情炸弹、贬值和结束！你现在看到的是三个阶段中的第一个阶段，但是其他阶段也将紧随其后，这点毋庸置疑。

注意：如果你现在自问是否应该警告新的供给：在幸存者社区中人们几乎一致认为，最好不要这样做：你会在最初几周相信你新对象的前任吗（因为我们肯定早就被认为是前任了），如果他/她找上门，警告你说：注意——你们会以糟糕的方式结束关系吗？很可能不会。

虽然我也知道个别警告有效的案例，但遗憾的是，情况恶化的风险非常高。因为：自恋者具有潜在的报复心理，他们不喜欢被说是自恋的。如果你拿走他们的供给，就切断了他们的生存来源，继而会引发灾难。

你可能（像许多自恋受害者一样）倾向于为他人承担过多的责任？——此处是打破这种习惯的好时机。

复仇是快乐的！你可以冷静地享受它……

我们之所以想告诉新供给等待他的将是什么的另一个原因并不怎么光荣：在经历了这些之后，不能为了获得复仇的快乐而让自己也变得自恋。

然而，无论你有怎样疯狂的计划：复仇是自恋者的主场比赛！你不可能打败他们。他们几乎没有任何同理心，也无法将其"放下"。他们比你更容易将礼仪规则抛诸脑后，不要让自己降低到他们的层面，不要让他们剥夺你的这些价值观！

因果报应，终会有时。我们可以采取的最佳报复是：变得快乐并找到真爱。因为他们永远无法同时做到这两点。

复仇不会让你毁灭，但却可以培养你的自信，让你的梦想成真，治愈你的伤口并让你从灰烬中重生……

小贴士

1. 坚强的臂膀：当你悲伤时，有谁会支持你？寻找亲近你的人。

2. 悲伤需要时间：你仍在工作还是悲伤不已？小心不要因为过多的活动而逃避自己的感受。如果悲伤失控，请为自己设定明确的日常活动：工作、加油充电、悲伤、分散注意力——你所需要的一切。尝试看看，怎样做最适合你。

3. 今日复仇：你今天能度过多么美好的一天？

4. 资源：当你悲伤时，什么可以帮助你？这可能是非常个人化的：各种创意；与更高力量的精神联系，无论你怎样称呼它们；你的权力位置或其他完全不同的东西。——你的资源是什么？

5. 寻找意义：通常，抱怨会让我们探寻事物的意义：为什么？为什么是我？正在发生的事有什么更深层的意义吗？是什么呢？或者如果现在它的意义不明，你怎样才能找到意义呢？

6. 拔掉插头：当悲伤陷入困境时，制作一个与你的感受相关并能够打动你的歌曲播放列表。当你听音乐时，眼泪可能就会流下来。

7. 巢穴：当疼痛威胁到你时，在一个安全的地方为自己建造一个庇护所：打电话给朋友，向他哭诉；驶向大海，在风中咆哮；预约治疗，在安全的环境中发泄情绪。总之，做任何你感觉对的事。

8. 崩溃：你要知道你已跌入谷底。现在，一切都让人感到吃力：工作、待办事项、闲聊……允许自己崩溃。在你不必行动时，让自己闲下来。这对康复来说很重要。

9. 靠近大地：有人在悲伤时靠近地面会感到好受一些：躺在木地板上、草地上或温暖的沙滩上。无须保持特定的姿势，一切顺其自然。让自己被承载，放空自己。

10. 为失去而悲伤：我们不只为一个人，还会为失去的生命、错过的职业机会、破碎的友谊和原生家庭、受损的健康、牺牲的尊严、自我的丧失等感到悲伤。要清楚自己在悲伤什么，给它们以空间。

11. 为未来而悲伤：在自恋亲密关系结束后，我们经常会为即将发生的事感到悲伤（和愤怒）。因为我们现在担心它不会到来，破碎的共同梦想，未出生的孩子。也许我们怀疑，我们是否会找到一个可以一起变老的人。请感知这些并为自己制作一张地图。你的未来属于你自己！为自己设定新的人生目标吧！

12. 跟随能量：释放的能量想去哪里？随它们去吧！倾听自己的内心，每天至少做一件自己喜欢的事。只有自动滑过，才不会产生摩擦损失！

第十二章　凤凰：我去哪儿了，如果是，为什么？

今天，我过上了自己一直以来想要的生活：早晨醒来，清新的空气流入室内，我随乐起舞，步入新的一天。这对我来说很有帮助，因为我依然非常沮丧。我轻柔地从床上卷起身，抱紧自己。当我与自己建立联系时，一切似乎都变得更好了：工作、忍受痛苦、继续活下去。

我努力分散自己的注意力：完全沉浸于新的项目。工作上的问题逐一破解。仿佛全宇宙都得到了一个信号："她终于自由了，她终于是她自己了！终于可以开始实现自己的梦想了！"

晚上，我看了一部在任何情况下他都不会和我一起看的电影。我还为此大肆庆祝了一番！

当然……我还是感到痛苦，特别是今天……

但是，我意识到我终于可以开始拓展自己的生活了。我总会想起治疗师说的话，她认为我的生活一切都很兴旺，繁花盛开，只有我的伴侣关系含苞待放。仿佛有一堵无形的墙，仿佛这部分只是不想像其他部分一样成长。

我沉思着，用手指转动瑜伽茶上的标签。这句格言是对的：

"生活的任务之一是认识、爱和信任。"

是这样的！

和伴侣分手后，我突然有了很多空闲时间。这并不罕见：有毒的关系大多非常耗时。

虽然悲伤需要注意力，但我很快发现：没有了不断的沉思、寻求建议和自我优化，我突然有了自由的能力。一开始我几乎没有任何活动和社交，因为我需要私人专属时间来完成所有这些事情。

但是，最终我将停止在咨询中度过我所有的空闲时间。然后呢？

空闲在等我。它悄悄地，无时无刻不在问我同一个问题："你想对我做什么？"

谜团就在无辜的问句当中："我是谁？"或者更确切地说："没有他，我是谁？"亦即重新定义自己的机会和责任。

自恋关系：为什么我们会迷失在其中

从自恋伴侣关系中走出来可能会让人感到有些不真实，好似从一场梦中醒来：这究竟是什么？！

许多幸存者不仅失去了对生活的热情，还失去了与自己的联系。他们经历了身份侵蚀。

如果你觉得自己像是毕加索的一幅画，其他人也一样：对许多自恋幸存者来说，一旦关系结束，最开始似乎什么都错位了。一切都以某种方式滑落，变得无序和混乱。

探索我们是谁，我们曾经是谁或者未来想成为谁，是治愈之路上的重要一步，也是防止我们再次落入相同陷阱的最佳保障。此外，我们还需要了解身份丧失是如何发生的。

> 在一个总想改变你的世界里做自己是最大的成就。
> ——拉尔夫·沃尔多·爱默生[1]

---

1 拉尔夫·沃尔多·爱默生（1803—1882），美国思想家、文学家、诗人，确立美国文化精神的代表人物，代表作有《论自然》《美国学者》等。

被吸干——我们自己的影子

无论我们的希望是什么——对我们更加优秀的另一半来说我们首先都是：自恋供给。在理想化阶段之后，我们的需求越来越少，我们身边人的需求却越来越多。我们的私人生活变成了心理战场，日常生活需要从中恢复过来。我们经历过、讲述过或想要做的一切都被熨平了。最终共同的活动变少。我们怀疑自己的幽默感和重要性，在谈话中变得更加保守。

我们过着另一个人的生活，却忽略了对我们有益的事。我们耗尽自己的精力就为了找回所怀念的初爱。与此同时，我们留给自己的时间却越来越少。持续不断的关系危机使我们筋疲力尽：我因争吵而筋疲力尽，无法完成我的任务。我不得不请病假，推掉重要的工作行程。

持续的压力使我们生病。我们看医生或治疗慢性病，放弃自己的爱好，因为我们无法再承受更多。感觉就像是耗尽了所有的能量，甚至可能无法再继续工作。职业前景开始动摇，因为我们失去了前进的动力。

认知失调也促成了这一点：在有关共同生活的两种不同观点之间存在一种内在的张力，它夺走了我们的能量。由于油箱漏油，我们失去了精神燃料。潜意识里我们不断努力摆脱不利的观点，使自己能够对两人的共同生活产生一致的看法。

除此之外，储备也在我们本该加油的地方被损耗殆尽：在家里。

一开始你可能不知道如何处理能量，或者突然没有了可以谈论的话题，因为你不再围着你们之间的冲突打转。——让它来吧。

冒险进入未来：从虚假未来到创造未来

分手时，我们总是会放弃我们作为夫妻共同拥有的一些梦想。房子被卖掉，孩子被分开，共同的项目被废止。

此外，伴侣关系中还有一个额外的复杂因素，即我们可能已经在关系中设定了共同目标，但几乎从未实现过。造假未来是原因之一。

分手后，我们的纪念品是一堆未实现的梦想。我们也不想再去实现它们。如果在共同生活时我们已经有过往生活的印象——现在，混乱则是完美的！

感到前路渺茫可能会激励我们最终实现自己的梦想——现在，我们的前任不会再踩刹车了……

有所畏惧？——要目光长远！

自恋者往往在童年时期没有从关系亲密者身上获得足够的镜映，这也是为什么他们没能学会从内心感受自己的价值。他们终生依赖于从周围人眼中获得的（令人满意的）自我形象。

他们周围的人也并非不受影响。就他们而言，他们看到的是一面扭曲的镜子，然而他们却相信在其中看到了现实，但事实并非如此。我很难摆脱她在我身上种下的想法。例如，我们的儿子因为我患有焦虑症，这一直困扰我到今天。

多年来，自恋者都在散布对我们和我们能力的怀疑，结果是我们产生了羞耻感和自卑感。甚至可能（特别是在有自恋父母的情况下）患上冒名顶替综合征：即使别人欣赏我们，我们还是认为："真正了解我的人会说一些不同的话。他一定是对的。其他人也会在某个时刻注意到我一无是处！"——我们再次直接从这些信息来源中接收到了恐惧。哪怕我们反抗，也阻止不了有毒信念的入侵。他说我变胖了！然后我强烈地指责了他，这是不可能的。尽管如此，它还是引起了我的一些想法。我低头看着自己，自问道：他说的难道是真的？

一位幸存者说，他（请注意，在保持体重不变的同时）总是会轮番听到别人说他变得太胖或是太瘦。虽然很明显那都不是真的，但这让他感到困惑和不安。

特别阴险的是：我们甚至为虐待的后果感到羞耻——体重过重、疲惫、加速衰老、慢性疾病……类似的事情可能产生严重的后果……

我很有可能在被嘲笑后放弃了霹雳舞课。又或者因为我们缺乏自信，甚至都不敢在不确定的领域做一番非同寻常的事业——在我们的耳边响起内心习得的声音："你以为你是谁？"已被摧毁的自尊是否会自行重建，又或者我们是否必须对之伸以援手，因人而异。如果你注意到旧的信念仍会影响到你，请你有意识地抵抗它：为你的身体感觉做些什么，照顾好自己，寻找智力挑战并（在内心）确认你最原始的能力。即使没有这一切，也要学会相信自己是独一无二的！

当我们终于松开脚下的刹车时，感觉就像失重一样，很多事情突然变得异常简单！

退行：正合适！

我们也许会觉得自己很渺小，因为在生活中，比起同其他人相处，我们（没有意识到）在两个人生活中的行为完全不同。或许这种存在的状态会被认为是年轻的、孩子气的，或是脆弱的、次要的。它可能让人感到愉快或不悦——或者两者兼而有之。在心理学中人们称之为退行。

退行也是共生自恋的一个特征：如果我们已经与童年时代的自恋监护者练习过这种互动模式，我们会倾向于在成年生活中反射性地退缩，以维持这种关系。

我们在两个人的生活中表现出自己不太成熟的一面，我们可以说是暂时停止了更新，就为了同我们想要联结的人兼容。

我们有时甚至会注意到——或者其他人也注意到：当我们的伴侣打来电话时，我们总会高声说话。躺在床上，而不是去工作，本该舒适惬意，却又无精打采。我们原本非常自信，然而一旦面对伴侣就会突然丧失信心。

我们无意识地使用了这个把戏，因为我们觉得只有示弱才能够保持同最喜欢的人的关系。我们宁愿在精神上责备自己，也不愿冒险失去我们热烈渴望的感情。

一开始，我们可能很难进入自己个性中强大和成熟的部分——因为缺乏练习。因此我们仍会继续回到拧巴的姿态，即使我们不再需要它。我们已经习惯了，它已经成为我们的第二层皮肤。但是现在我们可以把它扔掉了：如果我们恢复到完整的自己，会发生什么？

叛逆：改写不成文的规则

特别是在隐性自恋者身上，我们经常能直接地感受到不成文的规则。我们有一种责任感，或是为了保证和平而小心翼翼。现在你可以改写这些规则了：

你不穿横条纹衣服是因为他说这显得你很胖——去购物吧，成为斑马！

你穿着毛毡拖鞋偷偷溜进屋里，因为家庭的幸福（对于如此重要的声誉和相关的供给）总是比你的生活感受更为重要——打开立体声音响设备！

你不再大笑，因为你的笑声总被说成是无产阶级式的——纵声大笑吧，不要停歇！如果有人因此而不爱你，那是他自己的问题！

警告： 这项技术的关键在于内心的姿态和适度。如果从现在开始你只活在内心的对立之中，那你也不是自由的。如果我们能够做一些真的让自己觉得有意义或者有趣的事，那就太好了。做一些不是单纯逆反应的事。

如有必要，我们可以将条纹衣服扔进旧衣服箱中，但是我们不会那么快拿回已经花出去的钱，所以最好从我们可以改变的事情开始。

形象歪了！纠正自我形象

许多自恋操纵技巧都会使我们产生一种虚假的自我形象——一种不受欢迎的自我形象。

例如，三角测量可能会让我们产生嫉妒——这就是计划！与此相应，我们的行为是这样的：由于害怕失去我们所爱的人，便尝试去做一切可能和不可能的事来修复我们的关系。我们寻求亲密关系，发起对话，书写消息。但是他人会觉得我们非常黏人、需要帮助、令人讨厌，是一种负担。

如果我们自己的形象歪了，谁会感到惊讶呢？很长一段时间以来，无论有没有言语，我们都不断得到同样的信息：我们是烦人的无法自立的怪物，以恼人的方式乞求感情。我们是让爱情窒息的章鱼，爱情的结束都是我们的错。

但是这一切只是一场戏，由一个将自己最强烈的恐惧投射到我们身上以便能够忍耐的人导演。如果我们现在觉得自己是一种负担，那只能说：任务完成了！

纠正自我形象也是治愈的一部分：每个有感觉的人都会对自恋游戏做出这样的反应！这表明我们是有能力去爱的。而且（除其他原因外）我们没有看出这是预先谋划好的一出戏，目的是让我们相信自己身边的人是被渴求的。这只是一个权力游戏，为了让我们留下来，为了让我们受苦，为了让我们摧毁自己，这样他更容易成为下一个人的主人，为了让我们像自恋者一样深深地为自己感到羞耻。这些都是他们的感受——不是我们的。现在是时候归还这些感受了。

作为幸存者社区的模因[1]流传着这样一句话："你没有想要得太多——只不过是要错了对象！"

当你不再是你自己

你最近变成沙发土豆了吗？如果是的话，原因可能有很多，比如：

我们陷入有毒伴侣关系的时间越长，就越清楚：我们无论怎么做都是错的。我不再送她珠宝了，因为这不再让她高兴。然后她抱怨说我不再送她珠宝了。

这样的经历会导致习得性无助。你还记得吗？如果我们是笼子里的鸟，即使有人打开了门，我们还是会接着待在我们的栖木上。我们就是不相信自己可以是自由的。

这种内在状态与抑郁有关，并且常常伴有嗜睡和悲伤，我们越发振作不起来，过去让我们开心的事情现在只觉得无趣。

这是一种可以在治疗的支持下采取的模式：我们曾经学过的东西（无论是在童年时代还是在我们的伴侣关系中），现在也可以重新改学。治疗还可以确认抑郁是否真的存在，在经历了潜在的创伤之后，这是有可能的。此外心理支持也会有所帮助。

在持续地承受压力之后，特有的疲惫肯定不会让你有更多的进取心——然后加油才是重点。

我们的无精打采也可以被认为是（复杂性）创伤后应激障碍的暂时

1　文化传递的基本单位。

症状。在分手后的最初几周内，无论是否患有压力障碍，强烈要求退出并不少见。

同样地，为了避开所有让人想起创伤的地方、话题和活动，我们不得不暂时或永久地改变我们的日常生活。前往共同喜欢的餐厅只会带来痛苦，只有时间才能证明我们是否会再次在那里感觉良好，又或者事实证明我们只是被他人带着喜欢那里，实际上我们并不喜欢那里。

深入挖掘缺乏驱动力的个人原因，然后为其制定合适的时刻表是值得的。

传染：为灵魂驱虫

人格障碍当然不像流感那样具有传染性。当在一段感情中遇到人格障碍的人时，我们自己的个性已经得到发展，因而不会受伤到自己也发展出人格障碍。但是我们身边人的行为可能会影响到我们。例如，通过或多或少无意识的过程，如镜映。在此过程中我们采用了周围人的行为方式——其中也包括自恋者的。在生活伴侣关系中，有许多时间都是我们一起度过的，因此我们在这里遭受到深刻巨大的影响。

我们已经很久没有体验过太多的同理心了，我们可能已对此习以为常。虽然这根本不是我们的行为方式，但是我们可能会突然对别人更加粗暴——或是对自己失去同情心。

我们也许会和前任说些同事的八卦，虽然我们绝不是爱造谣的人——仅仅是因为我们高兴他们和我们说话！或是因为我们的幽默变得有点太黑了。在我们的痛苦中，我们可能采取了破坏性的自恋策略，或是任由自己被激怒：我，一个自称是和平主义者和沟通心理学家的人，清楚地记得我像哥斯拉一样，摧毁了我未婚夫的禅宗花园。——石墙可以将我们推向自控的边缘——或是越过边缘。

如果你担心自己会患上自恋型人格障碍，请你放心：你很可能已经学会了自恋的技巧。正念和内省会有所帮助，你可以再次成为一直以来的温柔灵魂——但是这一次是有健康界限的。

我们可能已经失去了同理心，因为我们试图保护自己免受自恋者的攻击。而情感麻木也可能是一种生存机制，且在分手后仍会持续一段时间，给它时间或在治疗中解决它。这样的应对机制是必要的。随着时间的推移，感觉和同情心会回归，你不必再担心自己会成为两个人的自恋巨石。

你或许觉得自己在过去的几年里变得软弱可欺——总是任人搓揉，就为了取悦他人？如果是这样，想一想你已经具备哪些特征：因受到他的鼓动，你染发；订阅他炫耀的报纸；或者实际上穿着他喜好品位的衣服。保留属于你自己的东西，把剩下的全部丢掉！

当你表现出自恋行为时，逮住它！停下来！深呼吸！想一想你在这种情况下会如何反应。如果这需要一段时间，请对自己保持耐心。恭喜你！改变就这样开始了！

"唵"（Om）——一种有益的态度！

当我们离开一段有毒的关系时，会产生极其强烈的感觉。有时，这甚至比我们为自己安排的日常战斗还要强烈。保持内心的平静，与思想圈子和闪回保持健康的距离都会有所帮助。与自己保持深度接触则是度过这些风暴的先决条件。

有许多不同的技巧可以帮助你找到内心的位置，并培养观察的态度，例如冥想、瑜伽或正念训练。以下是冥想入门的训练方法：

基础冥想

- 坐下——盘腿端坐或坐在椅子上。闭上眼睛，如果舒服的话，或者放空视线。呼吸：吸气，呼气。让你的注意力伴随着呼吸——不要做任何变化。当一个念头出现时，观察它，然后放下它。接着是下一个念头，然后是再下一个念头……

- 也许在某个时刻，你会变得愉快的空虚，达到一种与冥想相似的状态。也许你只是忙于迎接和放下念头。两者都是可以的。两者都有助于实现更多的内心平静和安宁。完美主义是不足取的，持续时间也不在于是否可以打破纪录。你可以从每天一分钟开始。当你渐渐坐得更久了——也许一天三五分钟——就足以产生显著的效果。

- 冥想的时间可以是在早晨起床后或是在晚上睡觉前——或两者兼行。但是，如果某事让你不知所措或让你倍感压力，你可以随时在白天进行这些短暂休息的。

　　我们将这种正念的态度，和平且满怀爱意地审视自己带入我们的日常生活。我们更加了解自己的想法、感受和行为，不再逃避感知自己。但与此同时，我们也与让我们感动的事物保持了一定的距离——虽然这听起来有些自相矛盾。

　　我们在面对自己和他人时有了更多缓冲区。通过这种方式，我们创造了改变的空间。例如，我们无意中摆脱了遗传的怪癖，回想起我们曾经是怎样的人，以及我们内心深处依然还是怎样的人。虽然可能是以一种更加成熟的形式出现。因为无论我们正在经历的过程多么痛苦——我们都将从中获得改变生活的认知。

这听起来很辛苦——别给自己太多压力！

你知道是怎么回事：吃，睡，吃，睡，吃——忽然间：化茧成蝶！

小贴士

1. 识别触发因素：自我异化的触发因素如上所述。你发现自己触发了其中哪些因素？是否还有其他因素？想想你偏离核心的具体情况。基本原则是什么？了解其运作机制，可以帮助你从现在起及时发现自己产生想要放弃的念头。

2. 价值观：在有毒的关系中，我们逐渐将自己的价值观抛诸脑后。我们没有按照自己想要的方式生活，我们不再是我们自己。我们正在逐渐降低自己的标准，直到我们忘记幸福的伴侣关系是由什么构成的。请你有意识地处理对你来说有价值的问题，并重新调整自己的生活。

3. 变得坚强：长时间依赖他人的后果是很难再听进去自己内心细弱的声音。然而为免再次依赖他人，倾听自己内心的声音是非常重要的。倾听自己内心的声音使我们能够在与他人接触时知道自己的需求。如果你不知道自己想要什么，请停一下：给自己泡杯茶，坐下，手捧温暖的茶杯，让自己变成器皿：你的内心升起了怎样的想法？你想做什么？其他什么也不要做，安静地等待、品茶，直到你升起冲动——哪怕只是很小的冲动。

4. 开辟新天地：从现在开始，每周邀请自己去冒一次险，做一些你从未做过的事情——可以是小事，也可以是大事。

5. 旅行的乐趣：周末去旅行或是去一个没有共同回忆的地方。你一直想去哪里？你心中潜藏着对什么的热情？小心：这不是奥运会，做一些让自己感到轻松的事吧。

6. 回到过去：回想一下从前的你：在这段伴侣关系开始之前，你是什么样的？你最喜欢做什么？你想找回当时自己的哪些方面？回顾过去：翻阅旧照片或从阁楼上拿回那件为了前任而封存起来的宽松旧毛衣。

7. 回到原话题：在这段关系中有没有接触过什么人？你最想念谁？怎样和他联系最合适？他可能带给你什么资源？他能支持你性格的哪些方面，你可以和他一起尽情享受什么？注意：等到你真的确认喜欢他了，再开始新的关系！而且，为免重蹈覆辙，请确保新的关系是无毒的。

8. 挺直腰板：注意人们对你的影响：你在他们面前感觉如何？如果你发现自己委曲求全，试试看如果你与他们平起平坐，会发生什么。确认一下，这个模式是否（也）由你发起。例如，因为人们让你想起某人，或者因为你把自己内心的批评家投射到了他们身上。如果你发现对方只想和温顺的你打交道，请考虑你是否还想要继续保持联系。同那些欣赏你的人在一起吧，挺直自己的腰板。

9. 幻想探索：你想要如何生活？既然两个人没有共同的未来，现在可以自由地步入一个新的未来！如果你已成为虚假未来的受害者，请想一想：你还想要继续追求最初共同梦想的哪些方面？或许你需要一个全新的生活梦想？或许你可以写一个关于几年后你的生活的故事？为此，你现在可以做些什么？

第十三章　自恋操控警报：救命，我被包围了！

　　我现在必须把它写出来，因为我无法理解：这次见面打乱了我的整个世界。（我真是不知道还能怎样更乱了……）

　　我同事给我描述了一个疯狂的场景，我想起了自己在亲密关系中的经历，我有生以来第一次在事情发生当下记录正在发生的操纵。

　　但是，我该怎么做呢？自恋操控是什么时候开始的？这种简单且无建设性的争论会有什么后果？我必须终止这种合作吗？或者有什么方法可以在保持联系的同时保护我自己？

　　感觉就像是内心的指南针在强磁场之上疯狂地旋转，我可以相信它吗——还是不信的好？我已经不知道北在哪里了！

　　我已摘掉眼罩，但是，脑中突然涌入各种印象，将我淹没，现在我该怎么办？

　　我不知所措。自恋操控似乎突然在我的生活中无处不在：过去和现在、家庭庆祝活动和朋友之中。这可能吗？我有那么瞎吗？或者只是因为我的警报系统是新的，还没有校准，现在的我成了惊弓之鸟？

错误：如果警报系统工作，但保安没来的话

　　发现自己的关系具有破坏性是一种深刻的生活体验。你永远不会想要再次经历这样的事。一旦幸存者对自恋操控有了足够的了解，他们就会开始看到这种模式无处不在。这是好的，也是对的。但是起初它可能会令人感到不安，有点像是一部糟糕的大片：吸血鬼启示录！所有人都

会被咬伤，变成嗜血的生物，想要吸干我们。当它击中我们最亲近的亲朋好友时，尤为可怕。现在我们日常生活中乐于助人的支持者就只有警察了。就像在这样一部暴力影片中，我们所能做的就只是尖叫着跑开，然后躲在某个地方。

我们处于一种奇怪的中间状态：警报系统几乎不停地发出刺耳的声音。唯一的问题是：保安没来。警报发出嘀嘀声，简直要让我们发疯，但是我们还没有计划好现在要做什么，因为我们还没有建立起任何安保系统——我们现在就建。好消息是：我们已经迈出了第一步，因为警报系统显然可以完美运行——缺少的仅仅是微调……

越少越好！清理联系人列表

有毒伴侣关系的结束常会导致更多的关系破裂。一旦我们认出这些模式，就会发现它们无处不在。你很可能想要和同事或朋友说声再见，或者你想在未来少和一个表亲见面。在联系人列表中腾出空间可以带来与整理房间一样多的清晰与和谐——如果不是更多的话。

你可能不想再和能量窃贼或戏剧皇后在一起了。有意识地设定新的标准，明确你想要放弃、放松、改变或保留哪些联系。

在失去伴侣之后，不得不让更多的人离开我们的生活是可怕的，而且肯定还会有更多的悲伤过程。尤其是当它涉及父母时，会变得出乎意料的清晰：仔细观察自己的童年，可能并不那么美好——我有一个自恋操控的家！

> 在喧嚣的世界中感到孤独是痛苦的，但在家庭的怀抱中感到孤独更令人无法忍受。
> ——玛丽·冯·埃布纳-埃申巴赫[1]

---

1 玛丽·冯·埃布纳-埃申巴赫（1830—1916），奥地利女作家，代表作有小说《村里收容的孩子》《博彻娜》等。

或许，我们也会（熟悉地）怀疑，是否我们自己才是问题所在，因为我们显然与任何人都处不来，实际上我们也是所有这些方程式的共同分母。但是我们的问题不在于我们必须变得更加逆来顺受，相反，我们需要反思为什么我们会被这么多对我们不利的人包围，甚至有可能是因为我们太过友好了。当然，我们还是会友好待人，但是现在我们首先要照顾好自己遭受打击的灵魂。

信任问题：信任很好，控制更好？

我们想与之共度一生的人根本不存在，他只是我们爱上的一个门面，他被树立起来是为了让门后面的人贬低我们——这些经历都会对我们产生影响。我们信任他人的能力可能会受到严重损害，还有我们对自己的信任——毕竟我们受到了迷惑。

在这段伴侣关系之前，我们相信人心本善，现在我们却经历了一些非常接近"恶"的事情。我们担心这些事情会再次发生，因为等我们注意到时可能为时已晚，或者因为我们可能会吸引它们到来！

我们正处于根本性的变化之中。钟摆可能会先朝着相反的方向摆动，在我们找到信任和谨慎的和谐比例之前，我们会倾向于不信任。如果你发现自己目前相当孤僻和多疑，请允许自己这样并给自己多一些时间。

特别是在约会时（不，还轮不到这样！），你会再次遇到这种新的怀疑。这很好，因为现在"信任的问题"即将成为你的新式超能力：判断力。然而，通往那里的道路可能崎岖不平。

触发警告！当指南针失灵时

我们的指南针坏了。有什么可奇怪的呢！它被故意放到了煤气灯效应磁场上，现在是时候重新调整它了。

在这个成长的过程和全然不安之中，我们（甚至可能没有发展出完全的复杂性创伤后应激障碍）表现出这种疾病的一些症状：例如，由所谓的创伤诱因引发的，对无害刺激如地点、人、气味、感觉、身体感觉等的暴力反应。

在某些情况下，很有可能你会突然猛烈想起你的前任。当你说出你的需求时，可能会感到害怕，因为你害怕对方会把它当作批评而大发雷霆。你已有过足够多这样的经历……当朋友给你反馈时，你也许会很敏感、脆弱或易怒，因为你害怕被突然告知这一切是真的：也许你真的不讨人喜欢，也无法建立健康的关系？你再次对自己点燃了煤气灯……

虐待的记忆和持续存在于你脑海中的贬低声音可能会（由类似情况触发）重新浮现出来。无论你平常多么善于反思，有时还是很难弄清楚自己的反应是针对现在还是过去的：我正在和我最好的朋友通电话。我们想见面，想找到一个合适的见面地点。我注意到她似乎有些不对劲，于是问她——但她不愿意谈这个。突然，她骂了我一句，然后挂断了电话。她这样让我觉得很陌生。通常我们可以谈论任何事情，一起讨论，一起大笑。这就是我们的友谊如此珍贵的原因。但是当我站在那儿，手里拿着嘟嘟响的电话时，我突然产生了疑问：难道接触普遍会让人疼痛吗？这种友谊也可能有毒吗，还是我无法成为某人的好朋友？我打电话给她，想和她谈谈这件事，她却没有接电话。我再次拨打她的号码，一次又一次——无人接应！我发短信询问她，向她道歉，解释这种情况如何触发了我——还是没有任何回应。

一股难以忍受的情绪在我体内升起，我又害怕又羞愧。我似乎又产生了和我的前任解决争论时的无助感：他当时也没有任何回应。

我发现在我的心里有一个声音，已经准备好发声，说要结束这段友谊。我吓了一跳：我竟然想把我唯一完全信任的人从我的生活赶出去?！我打电话给我的治疗师。因为，我的一切都可以分崩离析！唯有这个不行！

因受到诱因刺激而心理失衡，被称为失调。因之前的创伤事件对当前的经历产生了误解。例如，我们将互动错误地理解为拒绝，会使我们的心理处于无法控制的状态：难以集中注意力、思考或表达自己。我们倾向于爆发或其他不经思考的反应，或丧失行动能力。羞耻之类的感觉会将我们淹没。过度反应会导致我们无意间把善意的人推开并最终失去他们。这是复杂性创伤后应激障碍的核心问题：具有危险性的接触记忆阻止了接触的需求，因为遭受创伤后压力的人往往会误判自己是应该敞开心扉还是封闭自己。

为了以防万一，我们应该准备一些可以规范自己的方法。安娜·朗克尔以"糟糕的童年童话"为名经营了一个关于C-PTSD的YouTube频道，提供了以下相关实用技巧：

创伤诱因的急救（根据安娜·朗克尔）

· 首先，注意到自己被触发了会有所帮助，这意味着我们正在进入观察者的角色，将自己与可能压倒我们的兴奋拉开了距离，为采取行动创造了空间。

· 然后，告诉自己"我被触发了"！这可以帮助你将被压倒的自己与清明的自己分隔开。

· 请确保自己是安全的。把你的车开到路边，离开房间或是停止对话。慢慢来！休息一下！深呼吸！走出困境！数到十！或者做任何其他能让你喘息的事情，这样你就不会因

为被触发而轻率地做出任何反应。可以和不同谈话对象进行交流："我想恢复对话，但我暂时不想讨论这一点。"如果你不想公开说明这些，也可以去洗手间或者假装打电话。不管怎样：不要让自己卷入对你状况的讨论中去。

· 一旦你有了自己的空间，做一些练习，让自己回到此时此地。例如，在地板上跺脚，大声说出你的名字和日期（"我是图里德·穆勒，今天是星期二……"），深呼吸，或者坐下来感受地板承载你的重量。任何能让我们回到当下的事情都会有所帮助。身体意识是帮助我们的最好方法，正念、呼吸和身体锻炼都是有效的。

其他对抗失调的技巧

· 洗手
· 吃或喝东西
· 洗冷水澡
· 紧紧拥抱自己
· 唱歌、哼唱、漱口
· 热水袋或其他热源
· 瑜伽

一切使我们进入身体意识，并因此进入当下的事物都有所帮助。即使是对迷走神经（自我修复神经）的轻微刺激，也可以将我们从战斗或逃跑反思之中解救出来。

以下技术有助于消除由内在批评家攻击引起的羞耻或恐惧：

· 思考停止法：如果因受到内在批评家的攻击而感到羞愧或害怕，不要让自己陷入其中："不，我现在不要想这件事！"

· 思想替代法：用积极的信念使内在批评家的消极判断失效："我不是关系破坏者！——我受到了虐待，离开是为了拯救我自己。"

· 消除羞耻感：如果你感到羞耻，请与了解情况并会对你说"我也一样！"的可靠之人建立联系："我可以简单地告诉你发生了什么吗？我很惭愧……"——"我知道的……"

即使在最健康的关系中也可能存在误解和分歧。但是如果我们有幸与可以交流的人一起经历这些误解和分歧的话，它们也可以成为有益的纠正性经验。上述例子就有一个美好的结局：我告诉我的朋友，当她挂断电话、没有回应时，我的感受是怎样的。她则告诉我她出了什么问题。我们互相理解，这实际上使我们变得更加亲近。有人可以与我一起澄清棘手的人际关系问题，对我来说是件好事情。

我希望，这些反思能给你提供一个良好的基础，让你慢慢思考在什么情况下怎样做是合适的：当你处于危险中时，你可以保护好自己；当你被充满爱意的人包围时，你可以敞开心扉。

同样，这里的关键不在于这个人是否自恋。如果有人表现出相应的模式，并且也不愿意改变自己，对你不会有任何好处。其再多的其他事你则不必知道。

如果你决定保留一些重要的联系人，请照顾好自己。诸如 NO DEEP技术、灰岩或防火墙之类的策略都会有所帮助。下一章节也会对此提供一些有用的建议。

小贴士

1. 后备人选：请你一定花费足够多的时间思考你想要停止与谁交往。如果你需要支持，请在治疗中提出这个话题。也许在你想清楚下一步该怎么做之前，停止联系是保护自己的正确方法。

2. 最佳品质：列出你身上积极的品质。请你随身携带这些品质，因为当内在批评家攻击你时，你可以立即读取它们，帮助你在陷入闪回之前对抗消极的思想旋涡。因为在这样的心理紧急状态下，我们可能会患上一种失忆症，忘却自己的优点，无法稳定自己的心绪。

3. 乐观的想象：如果内在批评家用恐惧和灾难性的想法折磨你，你可以下意识地用积极的期望来对抗它们。想象一下，一切顺利的话，会怎么样？回想一下自己的成功和已经克服的危机。再想一想那些爱你的人和你的权力场所。由于我们只有一百分的注意力，出现在你脑海中的恐怖场景会以这种方式自动减少。在思维的旋涡因不断重复而变得越发清晰之前，它们也会减缓下来。

4. 没有人是完美的：如果你注意到我的英语有误，那么你可能也会犯同样的错误：过度活跃的内在批评家。你可以借此机会反思一下自己：你在生活的哪些方面有完美主义倾向？这种行为在多大程度上曾是或者现在还是一种保护或生存机制？它对你有益吗？

5. 转移注意力：如果你不能在看望自恋的凯特阿姨时每五分钟就去一趟洗手间，那么你可以采取转移注意力的策略。幸运的是，自恋者的某些方面是可以预见的。例如在谈到可以夸耀自己的内容时，他们会变得很健谈。在你去拜访他们之前，可以事先准备几个问题，以免你在听到有关自己饮食习惯的评论时而被触发。你可以准备这样的问题："你是不是还想向我展示你的新雕塑……""你们的假期过得怎么样？""你看起来棒极了——你从哪里弄来的这条裙子？"

6. 了解你的自恋者：你最了解你身边的自恋者。保持灵魂距离教会我们不要泄露自己可能被攻击的敏感信息，收集某人的相关信息，问问自己：在告诉别人自己的生活决定之前，我对自己的决定有多大把握？有什么我不想讨论的话题吗？收集自己的禁忌！并坚持下去。

7. 松一口气：你的身体、思想和灵魂都怎么说？它们会告别让它们生病的污物吗？分手后哪些症状有所好转？哪些不健康的应对策略变得更加温和或是更少了？

8. 你很可能突然间嗓子不再嘶哑。慢性炎症得到改善。你变得更加健康，也更少生病。你慢慢地恢复到正常体重。心情也愈来愈好。你不再依赖那些短暂的恋情。你也更少去拿冰箱里的啤酒喝。即使到目前为止这些变化都只是渐进的。微小的进步也是进步！赞扬它们吧！

9. 呼气：压力发生在身体和灵魂之间。当身体感受到有压力时，灵魂认为这是有原因的。它会对压力产生反应，进而影响身体。一种恶性循环！如果你被触发了，请多呼气，少吸气。这能调节你的情绪，使你镇静下来。呼吸练习有助于释放情绪；如果你不知道如何去做，请寻求专业指导。

第十四章　到此为止！设定界限、启用联系

该死！

我似乎有过一次灵魂出窍的经历。

就像在恐怖电影中一样：最初的几分钟里，你看到年轻人走下地下室的楼梯，你想对他们大喊：不要啊！不要！这是在大量使用假血之后出现在片尾配角中最可靠的方法！

然而，我还是沦陷了。再一次！

每次我都该死地觉得，她肯定能够进行元沟通！我本就不聪明！这该死的希望！

"当你有这么亲密的友谊时，你会想要亲近，这是可以理解的。"我的女朋友是这样安抚我的，我当然立即给她发了一条紧急短信。

是的，该死的！我就是不懂怎么与人保持距离！我们聊得非常愉快。突然：我说了一些前任做过的草率之事——我再一次听到长篇大论，说他是一个多么好的人！

而我做了什么？！我没有转移注意力或是去洗手间，而是说我不想再解释为什么这会让我觉得像是煤气灯效应。

不用说结果如何了……

自我提醒：当恐怖音乐响起时，请避开地下室楼梯！

自恋者利用我们的弱点来对付我们，但也利用我们的优点。不仅如此，他们一旦知道我们的痛点就会立即介入。他们还利用我们的特点：我们是有韧性、坚强的人吗？太好了，那我们就可以长久地忍受虐待了！我们善解人意且经常看到别人的优点？棒极了！在爱情轰炸期间，

我们被暗示他们也是相同的人——于是，我们由己及人！

当我们遇到难以相处的人时，要改掉我们一直以来拥有的回应习惯并不容易。而且大概还需要几轮时间，我们才能深吸一口气，选择下一个出口。当你发现自己走在人迹罕至的道路上时，请充分理解自己。在丛林中开辟新的道路时，前几次我们很可能会错过它们！

与自恋者交谈时需要回避的内容

· 成功与成就

· 失败与弱点

· 一生的梦想

· 感受和想法

· 我们竭力争取的东西

· 我们自己尚未明确、清晰和确定的一切

· 亲密的事

· 他们的自恋

· 对他们的批评（除了我们一贯设定的界限）

· 相互接触时的元沟通

· 我们同前任的关系（因为自恋者常会充当他们的教唆者）

停止！——在自恋者周围建造围栏

也许，在你的生活中有一些自恋或有毒之人，你仍需要或想要与他们保持关系。如果我们想在不迷失自我的情况下与自恋者相处，那么了解我们正在陷入的角色或采取的互补行为并加以抵制至关重要。这意味着：感受他们在你身上看到的东西（移情通常是旧的或被压抑的感觉、期望、愿望、恐惧……）以及触发你产生以上感觉的东西（反移情）——他让我觉得我是被人喜爱的。我无法拒绝他……

即使我们被激怒，也应当设定界限。例如，通过宣布我们将结束对话，或者如果你的姐妹贬低你的成就，告诉她下次她要是再说这样的话，你就回家了。重要提示：如果真有下次，你也要说到做到。

但是，生活中不只需要对有毒之人设立界限……

划分界限听起来是这样的

· "如果你能不再问我们什么时候要孩子，我会很乐意参加家庭聚会。但是如果我听到一个这样的问题，我就会离开！"
· "请不要拿我的体型开玩笑。再有下次的话，我会挂断电话。"
· "爸爸，你还喝酒吗？——好吧，那我就去别的地方过年了。"
· "妈妈，我很难过，你过得如此艰难。但是当你告诉我你的婚姻问题时，我认为这是不对的。你没有考虑过寻求治疗支持吗？"
· "我想让你知道，我们的友谊对我来说有多么重要。我不帮你搬家，与你无关。是我太累了，我需要休息。"

界限：如果敞开心扉，就不会完全封闭！

界限可以使自己在未来对有戏剧潜力的人来说变得无趣，自恋者讨厌界限。当然，划界并不是具有很多同理心或自恋家庭背景的人的核心能力：任何在自恋操控家庭中长大的人都可能从未真正学会感受自己的界限。当他人难过时，任何强烈同情他人感受的人都会感到难过。但是即使你不觉得自己属于上述两类人群中的任何一个，设定界限也可能让你感到不适。因为老实说：你可能会在第一次约会后（或最迟在理想化阶段结束后）就将前任扔到一边……

设定界限包括几个步骤，每个步骤都可能给幸存者带来挑战。有时甚至需要从头开始，特别是当谈到界限是不是一件好事时。对有遗弃创伤的人来说，界限可能更让他们感到害怕：如果有人对我们的请求说"不"，感觉就像是在对我们个人说"不"，一种针对个人的拒绝。当我想象对某人的要求说"不"时，我内心的讨好者可能会害怕自己被抛弃，如果我不能满足周围人的需求。无论哪种方式——划界似乎都切断了我们所渴望的联系。

> 宽容是好的，但不是在面对不可饶恕之人时。
>
> ——威廉·布施[1]

我在心里勾画出一个场景：我把边界想象成两块地皮之间的栅栏。每个栅栏内都有一个花园大门，使我可以拜访我的邻居。带门的栅栏使接触成为可能，因为没有栅栏就没有门！如果相处不融洽，我们就会发生领土争端，反之亦然，如果我们想见面，将不知道在哪里找到对方。结论是：边界使接触成为可能。这是最开始的保证。

原则上，如果我们清楚自己（和他人）有权利去设定界限，那么我们就可以开始了：首先，重要的是，我们要认识到自己已经达到或是越过了界限。在这方面，我们的直觉以及对不健康和健康关系的了解都会对我们有所帮助。这点将在接下来的章节中详细讲解。

1　威廉·布施（1832—1908），德国画家、诗人及雕刻家，因讽刺性插画故事而闻名。

但是，内省也很重要。因为我们作为幸存者是一类非常特殊的群体，具有一些（可爱的）品质，不幸的是这些品质很容易被加以利用。

"不会再有第二次机会了！"只有一个第二次机会！

在自助社区里流传着一个恶毒的笑话——"我不介意会不会有下一次。在我意识到自己是个白痴之前，七次或八次机会我都愿意给。"

实际情况也基本如此。因为如果我们一次又一次地原谅对方，而对方从不改变自己的行为，那就是在邀请对方来欺负我们。因此，我建议你认真对待以第二次机会命名的规则：在超过界限后，（如果有的话）才会给予第二次机会。

我尝试按照这个规则去做，惊讶地发现有许多问题突然消失了：我当时给了第二次机会（好吧，在特殊情况下可能是两到三次机会）——然后就结束了！真是省时省心！在意识到这一点之前的多年生活中，我一直受到人际争吵的困扰。现在我终于平静了：要么结束关系，要么维持关系。因为这个有争议的话题再也不会出现了！

对被告有疑问？不要预支信任！

与之相关的原则是"对被告有疑问时"，我们常会根据该原则采取行动：为他人辩护的倾向再次潜入："他当然不是那个意思！"或"她可能只是度过了糟糕的一天！"

如果有人越线，那就是越线了——不管是因为什么！

你可能也会用这样的态度来为自恋辩护：这是一种疾病，它是无意识的。他们有一个糟糕的童年，他们对此无能为力。这可能是真的，但是就像拉玛尼博士说的那样：如果有人用手肘打你的眼睛，你就会有青紫色的眼睛——不管他是有意还是无意。

如果你有疑问，那么从现在起下述原则都适用：保护好自己的界限，如果对我们自己有疑问！

我们自爱的程度对外是显而易见的。如果我们不尊重自己，那么其他人（至少那些不太好的人）也不会尊重我们。

讨好者：可爱是昨日之事！

自恋者的猎物包括讨好者。因为这些需要和谐的生物很可能会竭尽全力取悦自恋者。讨好者的另一个坏习惯是经常道歉。如果你注意到自己的这些特征——请尝试去改掉这些习惯。

每次互动后不断过度反思、承担责任也是讨好者的典型特征：我那样做对吗？我是不是太固执了？如果看到这样的自己，请你跳过这个步骤！如果你不能把它放到一边，就和一个值得信赖的第三方聊一聊，让你确信，你的行为是合理的，为自己挺身而出是可以的，你不必总是和蔼可亲，让所有人都喜欢。这可以像支承轮一样——直到你可以走出互动而无须不断自我质疑。

如果你是发自内心地想要被大家喜欢，那么你应当了解一下自己的内心想法：为什么不能忍受不和谐？想被大家喜欢的冲动从何而来？想要承担责任的冲动从何而来？这些基本信念会在治疗中得到解决。

此外，一些专门的知识也能够提供帮助。例如，对于说"不"，这是为讨好者所不喜的另一项原则。

下列行为并不友好，只是讨人喜欢

· 承担维护和平的责任

· 过度道歉

· 尽管行为上无任何变化，但仍然保持紧张的联系

· 自我苛责

· 不断质疑自己

· 将他人的需求置于自己的需求之上

· 为他人做他们自己可以做到的事

· 被动而不是积极地参与

· 避免

· 因害怕被拒绝而不设定明确的界限

· 隐瞒自己的请求和感受

· 内心想要拒绝，嘴上却说"是"

· 做一些避免会让自己内疚的事

· 想要被所有人喜欢——并为此付出一切

· 做决定时依赖他人

清晰的边缘：更多是，而非不！

我最近在听一本受到强烈推荐的（音频）书——斯蒂芬妮·唐纳森–普雷斯曼和罗伯特·M.普雷斯曼的《自恋家庭》，其中一个故事让我印象深刻，来自对那些在自恋家庭中没有学会设定界限的人进行的治疗工作：他们与客户一起训练并制定了无数可能的拒绝方式。标准句式

是："我不这么认为，但是谢谢你的提问！"

有一天，这位客户正在穿过一条地下通道。一个醉醺醺的男人上下打量她，对她说道："你想干吗？"她则迅速、庄重且有礼貌地回答："我不这么认为，但是谢谢你的提问！"——就这样表达了一切。绝佳的回应！

一个鼓舞人心的词——"优雅"是我在英语指南中多次遇到的词。它通常用于描述一种将自己与具有攻击性的人区分开的内在和外在的态度。

为培养这一新的品质，有时需要克服明确划分界限的内在障碍。

·感觉不到自己的界限，因为它们被搁置得太久了，以至于我们失去了对它们的感觉。

·一种相互依赖的信念，为满足他人的需求，将自己的需求放置一边。

·当我们为自己出头时，被称为有需求的、复杂的、自私的或类似的经历可能会助长上述两点。

如果你注意到自己有这些阻力，请与关心你幸福的人一起收集纠正性经验。问问自己，你是否真的想要继续维持只有在你越界时才会发挥作用的关系。如你所知：有时，对他人说"不"就是对自己说"是"。

了解自己的手册：仅一次，绝不再有第二次！

如果你经历过自恋的丢弃阶段，你可能知道一遍又一遍地为自己辩护是什么感觉。因为动机和特征已经归咎于你。因为有人向你解释了你是什么样的人（当然是坏人了），并声称他比你更了解你自己：**当我告**

诉她，我有多爱她时，她说我只是想干。

你可能做了显而易见之事：为自己辩护。再一次，一次又一次，你越来越绝望，但只是徒劳。

分手后，我以向别人准确地解释一次为前提，这有时是必要的。只要有沟通就总有机会解释，而误解是人之常情。但是如果纠正一次还不够，我就不在意他人怎么看我了。任何仍不了解我或是不相信我的人都不值得我再做一次解释。结束。

这是我生活中所有领域的原则。这意味着，当我这样解释自己的内心世界时，我会深吸一口气，做好准备，如果对方不接受我的纠正，我可能就不再与对方接触。我在内心已尝试这样去做，如此一来，就再也不会发生越界行为了。

这种态度可能会净化熟人圈——但主要是针对合适的人。它有可能使我们不再依赖他人。我已不再委曲求全，这样人们就不会对我有错误的认识了。如果你想要这样的态度，那就去做！

不再依赖他人对我们的看法是一种很好的预防措施，可以防止我们再次给予他人权利。

元……什么？当什么事都不能一起澄清时

元沟通是关于沟通的沟通。

诸如"我们相处得不好。让我们看看为什么会这样，以及我们如何去改变"这样的话，当然可以同自恋者去说，代价是可能会遭遇石墙，而答案早已确定无疑："都是你的错！"

元沟通不适用于自恋者。原因有很多：他们无法反思，看不到任何改进的潜力，不承担责任。他们对我们没有真正的兴趣，也没有深厚的感情。认为他们可能与某个问题有关的想法会引发压抑的羞耻感，从而触发防御机制，如爆发愤怒或沉默折磨。规则是：元沟通使受害者的情况变得更糟，未解决的冲突有所增加，分手后也不一定会有什么不同。如果某些事情需要持续联系，我们还是会继续纠缠于这个困难。

我们生活中的其他自恋者也会有相似的问题。由于我们现在看得更清楚，也能更好感知自己的界限，所以我们很容易进行澄清式对话。但是有什么用呢？

幸运的是，传播心理学有一个工具适用于这种情况——二阶元沟通。这不仅适用于自恋者，基本上适用于所有不能或不想与之进行元沟通的人：

我的一个教练客户，曾经她的上级下达了不明确的工作任务。但是很明显，如果某事没完成，该怪谁……

她的印象是：经理会对反馈做出积极的反应。

于是，我们讨论了如果她尝试用二阶元沟通会怎样：简报结束后，她会通过电子邮件友好地总结每条新的指令。如此一来，她很快就消除了所有的误会。如果没有消除的话，她也总是可以声明没有人反对。即使她的老板永远不会改变自己——我的客户也不会再因为老板的失误而受到指责。

高度善解人意的人需要有力的划界技术

· 切断：如果互动不断出现在你的脑海中，请用手势象征性地切断联系的线。每当想法出现，重复此操作。同时结合使用句子："下班了！安静！"
· 可视化：想象你在一个安全的灯壳中，其他人也一样。

· 保持渗透性：无须密封！想象振动再次从你身上流出。

· 不要收集负能量：如果交流使你感到紧张，请立即使自己的能量水平恢复平衡。

· 缓冲区：通过能量缓冲区进入具有挑战性的情况。为自己加油，例如独处。

· 定心：即使是早上或随时五分钟的冥想，都能将你带回自己的中心。

当你改变自己和设定界限时，其他人的反应可能会非常不同。当你不再可用时，有些人可能会反对。这会让人感到极其悲伤和疲惫——但也让我们清楚地看到：不喜欢看到你进步的人可能不会是你永久的联系人。

为了更好地划分界限，我们缓慢但坚定地将注意力从对我们无法改变的关系部分——另一个人，转向我们可以改变的部分——我们自己。

小贴士

1. 话题限制区：在"与自恋者交谈时需要回避的内容"框中，你会找到与自恋者交谈时最好回避的话题示例。你会添加些什么内容？

2. 从错误中学习：抚慰、辩护、退缩、辩解、解释、争论、斗争、寻求理解、批评、抱怨、威胁、否认和自责是解决虐待问题的无效策略。你使用过哪些策略？如果你再次遇到同样的状况，请使用更加有针对性的技术并记录下来。

3. 敢于说"不"：准备一些用以表示拒绝某事的话。想一想自己生活中难以划清界限的情况，并为这个人、这种情况、这个问题准确地定制相应的话语。另外，也可以想一些标准句式。把笔记放在手边。

4. 暂停按钮：如果有人请求或问你什么，不要立即作出回应。如果你出于讨好者的心理迅速回应，那么旧的反应就可能会生效。在回应之前做三次呼吸。或许，一个仪式也会有所帮助：你可以在回答前转动戒指三圈。想一想，如果你接受了请求，会有什么后果。你真的想要那个吗？如果不是，请礼貌但坚定地拒绝。

5. 不要为吸血鬼浪费时间：时间是我们最宝贵的资源。它是我们真正意义上的生活。检查一下，是否有人（或活动）花费的时间比你想象的要多。可能是玩手机，可能是要求苛刻的主管，也可能是想要保留自己的问题但又想在凌晨3点向你哭诉的戏精。——一个很好的机会来试用你准备好的话语（根据第3点）。

6. 了解内心的讨好者……我们的内心世界各有不同，重要的是确认我们心里的这一部分。是什么动机或恐惧促使其存在，害怕失败，不被爱，被抛弃？关注你内心的这个声音，使你在未来可以更好地照顾自己。

7. 终生：如有必要，在日记的帮助下反思：对你来说，生命中最重要的是什么？这是否体现在你对待时间的方式上？

如果没有，为什么？你能怎样改变它？

8. 奠基：在你的原生家庭中，是否还有从前的开放界限亟待划定？在我们没有被教导的地方开始划界是很有效的。然而，这可能特别具有挑战性，并且可能是治疗或指导的一个案例。

9. 错误的问题：你在相遇时会问自己什么问题？你会被喜欢吗？换个问题吧！问问自己：我喜欢这个人吗？

10. 厚脸皮：有飞猴让你难过吗？例如，因为他们让你明白你应该为关系的结束而负责，把这想象成一种练习，"去他的！"：就让他们相信被自恋洗脑过的谎言吧。你知道你自己的真相！

第十五章 龙血：是什么让我们变得脆弱——以及我们怎样可以阻止它？

> 感觉就像是有一个诅咒，一个一直在我身上的诅咒——而我对此毫不知情。某个不速之客、第13位仙女设法使我能够准确地在每座城堡中找到那根有毒的纺锤——即使担心之手会隐藏所有刺痛我的东西。
>
> 但是我现在知道了魔法咒语，这就是为什么它失去了对我的控制。我可以禁止它。我觉得，我好像一生都在寻找这个答案。
>
> 也许还是会有一个幸福的结局？

你还记得齐格弗里德的传说吗？龙血浴使他刀枪不入。不幸的是，一片椴树叶落在了他的背上，留下了一个未受保护、可以被攻击的地方。

本章是关于使我们容易受到有毒关系影响的一切事物——不仅是，尤其是指伴侣关系。与齐格弗里德一样，很多事情可能不在我们的视野范围之内。

对我来说特别重要的是：这绝不是在指责受害者！这一切都是为了阐明我们生活中所有被搞砸的关系的共同点：我们自己。这是我们可以转动的一个螺丝钉。如果这可以帮助我们建立更健康、更充实的关系，我认为这值得深究。

但是有些话要说在前面。

这不是你的错！它可能发生在任何人身上

我认为自己是一个自信的女权主义者。我从未想过自己会再次陷入虐待关系。但我的故事表明我没有认识到这种类型的精神暴力，因而无法充分保护自己。

一种普遍存在的偏见是，受虐者主要是女性，且更多的是性格怯懦、受教育程度低、社会经济地位低、受害者心态强烈之人。这是完全错误的观点——特别是在隐性自恋虐待的情况下。

关系暴力发生在社会中，所有性别的人都可能成为攻击目标——无论他们的性取向如何。即使是强势的人，也会成为受害者：一开始，强硬的人很容易被理想化，但是如果他们变得过于强大，就会遭到贬低。

它可能发生在任何人身上，有毒之人会进行操纵，所有人或多或少都会被操纵。熟练的爱情轰炸可能会诱惑到大多数人，谁不喜欢被爱和被关注呢？也许你只是运气不好，在错误的时间出现在了错误的地方。

也许你只是碰巧处于充满渴望的阶段，也许你正处于危机之中——因为一段关系刚刚结束，因为你的家庭遇到了困难，或者因为其他有问题的生活事件。当我们患有精神疾病时，我们就会特别容易受到自恋者的迷惑。他们让我们感觉很好，我们正需要这些温情。在没有缓冲的情况下，我们对不健康发展趋势的最初迹象不够警觉。

也许你只是幸运地拥有一个快乐的童年，没有想到狼会躲在羊皮之下。

也许你完全符合隐性自恋者对猎物的要求，情况可能正是如此，甚至包括非常积极的品质。难怪！因为如果没有值钱的东西，就不会有入室盗窃！此外，贬低已经低到尘埃的人也不会有什么挑战性。于是产生了一种看似矛盾的动态：在公共场合自恋者会用你的桂冠来装饰自己，而在安静的小房间里你会遭到贬低。

（隐性）自恋者的受害者通常具有下列多个特征

· 聪明。

· 才华横溢（或以其他方式能被炫耀或利用，例如美貌、财富等）。

· 善解人意、情感丰富、敏感。

· 忠诚、忠实、负责任。

· 适应性强、喜欢和谐、善于交际。

· 有韧性，（意志）坚强。

· 专注于积极的事物、乐观、懂得欣赏、理想主义。

· 充满信任，因为人们也可以相信他们。

· 真实、正直。

· 以解决方案为导向，愿意妥协，对双赢局面感兴趣。

· 能够自我反省，因此倾向于承担更多的责任。

· 通常都接受过心理训练。

也许意识到你与自恋者有过一次或多次有毒的关系，也是一个深入挖掘和了解自己身上这种磁性的机会，可以趁机找到隐藏在童年或性格中的原因。实际上，可能存在不同的原因。

共谋：像钥匙和锁

心理学将共谋称为伴侣关系中的无意识互动：双方都同相似的基本冲突做斗争并以不同的角色将其付诸实践。因此，人们（即使自己也不承认）会为自己的心理罐子寻找感觉上合适的盖子——不幸的是，往往是不匹配的，因为他们一次又一次地经历着核心冲突。但如果他们希望解决基本冲突，通常都会感到失望：

即使有第三任妻子，我们也无法让童年时挑剔的母亲满意。希望在第四任妻子到来之前，我们会进行治疗并改变猎物模式……

在没有帮助的情况下，通常，一对夫妇无法摆脱这种僵化的角色脚本：这是一种只有在双方都愿意发展或分离的情况下才能被再次打破的共生关系。

这是典型的恶性循环。双方都声称他们的行为植根于对方的行为："我之所以这样，只是因为他/她……"先有鸡还是先有蛋？这个问题无法得到解决。这里（即使有时似乎）既没有上级也没有下级，既没有施暴者也没有受害者。显然，双方都扮演了自己的"角色"。尤其是当他们具有互补的品质时，这种方法特别有效，对应上了游戏中相反的角色：退行者（回到孩子般的行为模式）和进步者（用成人的外表掩盖自己的弱点）。

症结往往在于，双方都需要彼此：他们想要改变自己或对方，或是治愈童年时的旧伤口。只有在没有自由选择的情况下，这才会成为一种障碍。当相同的场景不断上演，当我们无意识地想要阻止对方（或自己）成熟时，这可能意味着我们不再需要彼此。在这一点上，相互发展不再受到鼓励，而是受到阻碍。因为发展似乎具有威胁性。

强烈的两极分化并不意味着双方之间的划界是稳定的——相反，已经出现了一种相互定义的依赖关系。在人际关系领域，这些模糊的界限被称为纠结。

纠结是有好处的，可以一石二鸟：在满足最深切的渴望同时，控制住最大的恐惧。例如，自恋的共谋（及其他）承诺亲密的关系——尽管不健康，也不很令人愉快。因为与此同时，这种角色划分，即一个人因另一人的牺牲而占据上风，阻碍了真正的联结。关系的形成是未解决的内心冲突的结果：在没有发生可怕的自我放弃情况下的结合。

共同的疑问围绕着自主性话题打转：我是否必须为我的伴侣关系放弃自己，还是我可以做我自己？

在共谋关系中，危机就是机遇，因为共同的动力有可能被识别和改变，但是双方都必须愿意这样做才行。实际情况却并非总是如此，尤其是当一个人真的患有自恋障碍时。

根据（应谨慎对待的）理论，共谋确实需要双方都参与其中，这点与虐待关系有所不同。

邪恶的搭配：共生自恋和互补自恋

在自恋共谋中，根据其"发明者"于尔格·维利的说法，一方是自恋的，另一方则是互补自恋的。

互补自恋和共生自恋概念的发展类似于"相互依赖"：就像在相互依赖关系中，一人是瘾君子而另一人是帮助角色，在这种情况下，一方确信自己，而另一方则鼓掌支持。理想化和贬低是分开的：两者都是自恋的——只不过"镜像倒置"了，一个人为了另一个人放弃了自己，共同的愿望是：创造绝对的和谐。当然，这一定会失败并导致失望。

与至少一个自恋父母方一起长大可能会倾向于共生自恋行为。这些人从小就学会了通过满足他人的需要来寻求爱，互补自恋者很难说出自己的感受和需求，因此，他们容易上瘾和饮食失调。

典型的特征包括利他主义、自卑感和自我毁灭倾向。他们看起来谦虚、知足、适应能力强，但是他们抱有未得到承认的宏伟幻想。

这个概念与脆弱的自恋相重叠，甚至可以作为同义词互换使用。但是在我看来，这里的划界仍然不够清晰。

芭贝尔·瓦德兹基曾著有许多关于女性（更多的是脆弱型）自恋者和男性（更多的是浮夸型）自恋者在伴侣关系中相互协商其共同基本动机的著作。

斯蒂芬妮·斯蒂尔以畅销书《给内心的小孩找个家》闻名，书中描述了通过过度适应行为保护内心小孩的人与采取自恋保护策略、毫不妥协做自己事情的人之间令人不安的关系动态：适应的人常会觉得突出的（且害怕联结的）自我（Ego）很有吸引力，他们倾向于产生联结，因为他们受伤的内心小孩（影子小孩）强烈渴望被爱和被认可。他们在伴侣关系中寻找自己小时候缺乏的东西："你够了！"这通常会造成自恋者逃跑，渴望爱情的人却紧随其后。

夫妻关系通常始于一方对另一方的欣赏，一方为另一方放弃自我。

当自恋方开始将其视为一种限制时，情况达到了最尖锐的顶点：人们可以随便地说，被理想化是强制性的。自恋方试图通过贬低和强硬的态度将自己从这个自造的牢狱中释放出来，但这完全不起作用。因为对方为其失败的行为进行辩护，并坚持理想化的形象。最终双方陷入恶性循环之中：

"我要追究你的责任，因为你表现得太糟了！"——"我表现得不好，是因为你揪住我不放！"

这可能以（表面上的）冷战告终：这对夫妇此后相敬如宾——一种防止亲密的生活方式。或者自恋方寻找到新的爱情。如果他们知道只有通过划界才有可能实现真正的亲密，那么这对夫妇的结局可能会更好些。

但是，隐性自恋的受害者不一定是那种会为了伴侣关系放弃自我，毫无主见之人！相反，他们完全可能是意志坚定、情感丰富的人。隐性自恋是如此难以捉摸，以至于即使是非常了解自己、自己的需求与感受的人也可能会上当受骗。

那么，自己还有什么特质可能隐藏于其后呢？

相互依赖：渴望被需要

相互依赖促使人成瘾，可能是自我模式与自恋模式相匹配的另一个原因。流行文学中人们将其称为人体磁铁综合征：相互依赖和自恋者相互吸引。

黛比·米尔扎警告不要过于草率地使用"相互依赖"这个标签：所有与自恋者有亲密关系的人都会自然而然地相互依赖或者陷入相互依赖的动态之中。由于创伤性联结，他们围绕着另一个人，但也等待着下一段感情。然而，与真正相互依赖的人不同，大多数人一旦了解自恋关系就会离开这段关系。（但请不要忘记：留下来的人可能有充分的理由——从对死亡的恐惧到孩子的幸福再到创伤依恋等。）

草率地认为需要治疗相互依赖可能会引起误导（并因此指责受害者）——特别是在隐性自恋的情况下，因为认识到这是一个问题，需要时间。

结论：经验法则是：谁如果一旦发现自恋和虐待问题就立即离开，那么他很可能并没有相互依赖。也许，这个人只是曾经出现在自恋"单"上。

异性相吸：移情和高度敏感

近来，咨询界出现了许多新的构想，如高度敏感者或高度移情者。这些绝不是无可争议的概念显示出极大的重叠性，并且（我的印象是）有时被用作同义词。这两个概念目前还没有被清晰地划分开。但是作为工作模式，这两个术语都可以帮助当事人更好地了解自己的特征，根据自己的特殊需求塑造生活。这里试着区分以上两个概念：

移情者表现出高度敏感者的所有特征，可能同时属于这两个群体。

高度敏感和高度移情者

· 特征是有一种退回到孤独中的强烈需求。

· 对气味、声音等感官印象的阈值较低。

· 感受比较深刻。

· 倾向于避开人群。

· 在紧张的一天之后需要很长的时间来放松。

· 热爱大自然和安静的地方。

· 乐于助人。

· 拥有丰富的内心世界。

· 有时会因为他们的不同之处而觉得格格不入。

但是，两者之间也有区别：这两类通常都是内向的人。但是高度移情者也可能是外向的人。朱迪思·奥尔洛夫曾就此话题发表过广泛的评论，据她所言，高度移情者要比高度敏感者更具同理心，也具有更加敏锐的能量感。

由于这两类人都有很强的同理心，因而与同理心极其有限的自恋者形成了鲜明的对比。这使他们成为有趣的目标。自恋者在这里找到了他们在生活中错过的品质。最重要的是自恋者在他们身上找到了潜在的长期受害者。因为移情者可以很好地理解他人——即使事情变得困难。他们看到了过去问题行为的根本原因，并提供了额外的同理心来治愈这些伤口。他们看到了人们的潜力，却很容易忽视这些潜力根本就没有得到发展。他们吸收负能量，自己的能量却被轻易地吸走。因为他们拥有自我反省的能力，所以在寻找问题的原因时，他们首先会向内看。自责可能会持续很长一段时间，因为他们倾向于过度承担责任。

简言之，实际上是优势的特质在自恋关系中反而是安全漏洞，被自恋者利用，使得移情者在关系中停留的时间更久。

目前，人们正在讨论高度敏感性是否由创伤触发或者可与创伤性疾病相互换，长久地保持警惕可能源于自恋家庭中令人不安的关系经历。

像在家里一样：自恋的父母，自恋的家庭系统

在不打开"共生自恋"抽屉的情况下存在这样一种假设，即在自恋或虐待中长大使我们很容易再次寻找此类人来建立生活伴侣关系，并会获得指责受害者的趣味。人们将此称为"自恋型父母的成年子女们"。

自恋型父母的成年子女们通常将一切都描述得十分美好——直到他们进入青春期。家庭困难只有在孩子们开始独立时才会变得明显，因为这时会转移父母的注意力。

父母自恋可能通过多种方式表现出来。共同点是：在自恋父母眼中，孩子只是竞争对手、投影面或供给，他们爱孩子，却不是因为孩子本身。这增加了孩子隐藏真实自我或发展虚假自我的风险。最重要的是，这意味着有一个黑洞，那里本该有大量父母的爱存在。

我们脑海中的刻板印象通常都很极端：母亲让孩子参加选美比赛，并将他们打扮成小芭比娃娃；父亲则只有当他们的儿子玩橄榄球，而非跳芭蕾舞时，才会爱他们。例如，典型的隐性自恋型父母角色就是尽职尽责的超级父母或是展示出的殉道精神。这里已经很难看出有什么问题了。毕竟，父母鼓励孩子有什么不对呢？这样的家庭往往看起来是如此

完美，以至于周围的人会对孩子点燃煤气灯："要是我也有这样的父母该多好啊！"

自恋型父母的典型行为（示例）

行为	示例
与孩子紧密相连	"我给咱们买了亲子装内衣！"
对兄弟姐妹进行三角测量	"你要是多像点你姐姐就好了！"
表现出并期待嫉妒	"爸爸是我的！"
贬低孩子	"我给你买了食欲抑制剂，这样你就可以在婚礼前减肥了！"
炫耀孩子	"我儿子上电视啦！"
内疚	"你走吧！我没事儿！"
煤气灯效应	"你确定自己能搞定？"
敲诈和威胁	"如果你这样做，我就伤害自己！"

动力可能非常隐蔽：孩子可能只是觉得，坚持长笛比换成打击乐器更好；也许他也不是很清楚自己想要什么。儿子的印象是，他的父亲不想让他学医，因为他当时只能做一个学徒——模范父亲当然会断然拒绝。母女俩在节食上相互竞争。投射到孩子身上的羞耻感被传递了出来，但无法确定是如何传递的。儿子应该睡在母亲的床上，因为他想念父亲。当女儿收到礼物时，她的父亲总是说她可不像女儿，小时候被宠坏了——然后又开始了老生常谈。为了以防万一，父母不准成长中的女儿去青年营，事后女儿觉得自己不应该长大，以免丢下父母。家庭为孩子提供和安排了最佳的物质，但却没有散发出一点儿温暖。妈妈读了女

儿的日记——但是没人知道。儿子觉得有必要保护他的母亲，因为她是如此脆弱。老话说"不挨骂就已经是夸奖了"！"肯定"只是前人的遗物，没有任何意义，对吧？当母亲失望时，她永远不会惩罚孩子——她只是默默地回到自己的房间。

另一方父母（如果有的话）要么自己也是自恋者，要么是受害者和/或教唆者。无论如何，孩子都不会或没有充分受到保护，免于自恋父母的影响。在最好的情况下，孩子也可能会和更健康的父母一方体验到成功联结的元素，这在一定程度上缓和了有毒关系造成的影响。

童年经历产生的许多不同影响可能导致自恋型父母的成年子女发现自己反复处于自恋的伴侣关系之中：对此，自恋者（或与他们在一起的动力）感到宾至如归和熟悉。这被误解为是"化学正确"或"熟悉感"。

潜意识里，子女想要赢得或治愈自恋的父母，于是重新安排已经历过的事情。也许灵魂也在试图用这种方法来引起人们对童年创伤的关注，揭露父母的自恋及其后果。

此外，以这种方式长大的人还不知道健康的界限和真爱是怎样的感觉。他们甚至可能认识不到情感虐待和越界行为。在自恋伴侣关系中分配给他们的角色是如此熟悉，以至于该角色很快就被接受且很少受到质疑：对所有事情负责并试图取悦他人以赢得爱，完全是他们从母乳中汲取的东西。我母亲去年第一次说她为我感到骄傲。但实际上，我的前任也有我母亲的特点，就是会说些轻视贬低我之类的话。我曾经历了许多童年创伤。

然而，产生这种影响不一定表明父母方有自恋障碍或自恋人格倾向，其他家庭系统也可能产生这种影响。其中包括：

·让孩子来满足他们（例如情感上的）需求的父母。

· 乱伦家庭，不会发生身体侵犯，但是孩子会被当成配偶的替代品。

· 由于成瘾而在情感上不成熟的父母，以及虐待、情感上忽视或迫使自己的孩子成为父母（父母化）的父母。

数个因素经常结合在一起，例如自恋者通常是酒鬼。

当事人往往会在童年时期被固定在僵化的角色上。这与吸毒家庭相似。只不过在吸毒家庭角色扮演更像是一种积极的应对策略。虽然在这里这也可以发挥作用，但是角色是通过自恋型父母的投射来分配的：如果孩子感到失望，也没有提供足够的自恋供给，他就会成为替罪羊并遭受贬低、刁难、忽视或虐待。

儿童在自恋家庭中的角色		
角色	功能	可能产生的影响
金童	被理想化了； 自恋型父母的延伸； 通过认同提供自恋供给； 与兄弟姐妹比赛	有变得自恋的危险； 无手足之情； 发展出一个虚假的自我，因为只有作为供给才会受到宠爱和赞扬
被洗脑的孩子	不愿知道真相； 相信一切都是出于爱	有变得自恋的危险； 是一个超级教唆者； 成年后仍与家庭纠缠不清； 当他们醒来时，这可能是一个非常痛苦的悲伤过程
替罪羊/ 害群之马	一切消极事物的投影面； 总是错的； 感到羞耻	自卑
小帮手	有助力且有助于他人	有相互依赖的危险，并总想表现出自己有用，以赢得爱

儿童在自恋家庭中的角色		
角色	**功能**	**可能产生的影响**
说真话的人	识破并主动提及动力； 时常内省、聪明、睿智、善解人意的人； 对自恋型父母来说，是一种威胁； 可能会成为父母或兄弟姐妹的替罪羊； 部分地发展出类似于灰岩的直觉行为方式； 可以引导他们的兄弟姐妹渡过难关	像孩子一样孤独和孤僻； 倾向于少责备自己； 精神上完好无损地脱险； 怀疑自我，因为他们是唯一能看到自己所见之人； 这可能导致他们自我孤立，因为人们过于劳累了； "反教唆者"
看不见的孩子	被忽视； 既没有被理想化，也没有被贬低	遭受冷落； 难以与他人建立联系； 最有可能活出真实的自我； 未被绑定到系统中，成年后可以离开系统

角色的分配可能会发生变化。例如，如果金童不想与害群之马对抗，那么他自己可能很快就会成为害群之马。降级的达摩克利斯之剑永远悬在头顶。这些角色以及牢固的联结通常会持续到成年。只有独生子女经常会（交替或同时）拥有几个角色。

与吸毒家庭一样，羞耻感也是自恋家庭的主要情绪。这可以被很好地隐藏起来——甚至对自己也可以隐藏起来。因为要保密和要面子，羞耻感强化了不感受、不注意和不分享的过程。

自恋型父母（成年）的子女的常见困难示例

· 饮食失调和其他成瘾症

· 自卑、羞耻、内疚

· 恐惧、不安全感

· 身体形象方面问题

· 身份冲突

· 不信任

· 空虚、孤独

· 被压抑的攻击性或愤怒地爆发

· 难以设定界限

· 有变得自恋的危险

· 有相互依赖的危险

· 有陷入自恋关系的危险

这里，隐性自恋再一次阻碍了对事实的澄清。许多隐性自恋父母的孩子直到30多岁才知道家里到底发生了什么——尽管他们总是觉得有些奇怪：甚至在我意识到我的妻子是一个隐性自恋者之前，我的同事就说过，我的父亲听起来像是自恋者。我当时很惊讶：我从来没有这么想过！但一切都与之相符：竞争、潜意识的恶毒、嫉妒、不成熟的行为……突然间一切都变得有意义了：我（鉴于我良好的教养无法解释）年轻时的心理问题、自我价值感问题和对错误的女人的偏爱。

然后，一个缓慢的悲伤过程开始了：就好像我除了失去了我的妻子，还失去了我的父亲。但最终这一认知帮我找到了合适的距离来维系关系。

自恋型父母的子女通常具有一些自恋特征。他们通过向模型学习遗传到一些特征。例如，他们在家里学会了炫耀自己的成就，以获得爱。他们可能会在离家很久之后，依然继续这种行为。结果是，即使他们不自恋，他们也可能会被别人视为是自恋的。幸运的是，人们可以让这些习惯再次被荒废掉。

遗传自恋特征示例

· 注重外表

· 对美的定义

· 成就动机、虚荣心、完美主义

· 炫耀自己的成功

· 情感勒索（例如在害怕失去的情况下威胁要自杀）

· 被歧视的感觉

· 伤人的幽默

· 竞争行为

· 使他人嫉妒

· 诽谤他人

自恋型父母的子女经常遭受羞耻、自卑以及压力增加所带来的后果。因为自恋型父母的纠缠和剥削，他们有时很难发展出自己的个性。当自治的尝试遭到破坏时，从家庭中独立出来可能会非常具有挑战性。

最重要的是，他们从自恋型父母那里继承了一些被描述为"洞"的东西——这个黑洞是自恋的伤口：真正的自己不被人所爱的伤痛，以及不得不委屈自己才能得到爱的伤痛，虽然自己只是一个糟糕的替代品。如果灵魂中的这个洞等到他们成年时仍未得到填补，他们就会寻找合适的填补物：工作、钦佩、麻木、爱——或者他们认为可行的东西。如此一来，他们不但有可能发展出自己的自恋模式、对虚假自我的强烈认同，而且非常渴望最终真实的自己能被他人接受，因此他们会对爱情轰炸产生强烈的反应。他们只是太高兴而忽略了危险信号——因为这种渴望是压倒性的。

为什么自恋型父母的成年子女常会与自恋者约会

· 他们在寻找感觉熟悉的东西（例如间歇性强化）。

· 他们很容易受到爱情轰炸。

· 他们习惯于被工具化并且很容易被操纵。

· 他们把戏剧化和激情混为一谈。

· 他们不承认情感虐待，因为他们已经习惯了。

· 他们总是自责。

· 他们已经学会不相信自己的看法。

· 他们不自觉地被灵魂中的爱之洞所控制。

· 他们没有健康关系的榜样。

· 他们不知道真正的爱是怎样的感觉。

· 他们害怕孤独或被遗弃。

· 他们不认为自己有价值并且潜力未被全部开发。

自恋型父母的子女往往一生都受其成长经历的影响，而且作为成年人，他们往往会再次遭受自恋虐待或自己变得自恋。

C-PTSD：创伤会滋生更多创伤

在自恋型父母家庭或自恋家庭系统中长大的人通常会患有复杂性创伤后应激障碍（C-PTSD）。但是童年时期的其他创伤经历也可能导致形成C-PTSD。当事人可能都不知道这里有创伤，因为照料者没有进行身体攻击或者摄取过量药物。关于C-PTSD的一个常见误解是，只有身体或性虐待才会产生如此严重的后果。实际情况却是：言语虐待、情感忽视、成瘾父母或患有未经治疗的精神疾病的父母也可能成为C-PTSD的诱因。

遗憾的是，虽然经验和研究都大力倡导，但这种新近开发的诊断尚未被纳入当前的诊断代码之中。所以常会有错误的诊断和错误的治疗发生。

C-PTSD 误诊或与并发症混淆

· 边缘性和其他人格障碍

· 躁郁症

· 多动症

· 感觉处理障碍

· 学习障碍

· 焦虑症

· 抑郁症（重度抑郁或烦躁不安）

· 躯体化障碍

· 药物滥用、药物依赖

复杂性创伤后应激障碍可能会在爱情问题上产生误导,通过各种影响关系选择和关系形成的特征:当事人不断回到那些虐待他们人的身边,感觉就像是回到了家里!这可能与他们较低的自我价值感有关。他们觉得自己必须选择能够得到的人。

或者他们已经知道亲密是危险的。结果可能是一种无意识的回避策略,以阻止有能力建立联系的人并吸引保持一定距离的人。这可以通过各种机制发生。一种是保持友谊之外的联系,以避免孤独。然而,认真的人可能会将此视作"被原谅了"。

安娜·朗克尔创造了"Crap fit"一词,即:让自己适合垃圾。亦即:让自己适应不可接受的人或情况。

这是一种已经过时的应对策略:在童年时期,能够忍受无法忍受的环境是一种救赎。但是在成年人的生活中,这种(已成为自发的)能力使人们对本应不可行的情况视而不见。这里与相互依赖有重叠之处。

此外,C-PTSD还使我们对警告信号视而不见,患者可能会沉迷于强烈的情绪之中(戏剧成瘾)。

创伤的长期症状

作为创伤经历的长期影响,患者常在两个极端之间摇摆不定:

当交感神经系统过度兴奋时	当副交感神经系统过度兴奋时
总是很忙,工作狂	抑郁症
不安、紧张、失眠	无意义感
注意力问题,难以集中注意力	感觉自己"与众不同"
爆发愤怒,将事情归咎于自己	封闭自我(电视、电脑、阅读……)
寻求刺激或自我药疗,使自己平静下来	无精打采
信任问题	孤独、孤立,感觉像是在玻璃墙后面

或许读完本章后，你会发现自恋者和受害者所受伤害之间的一些相似之处：一种相似的伤口——不同的处理方式。

你是否发现自己处于这些重叠概念中的一个或多个？那么你康复的一个重要步骤就是解决这个问题，否则你总是有再次陷入类似关系的风险。

你可以在小贴士中找到一些建议。然而，对于童年时期潜在的创伤经历，我强烈建议你寻求那些熟悉创伤工作的治疗支持。

小贴士

1. 充电：作为一个特别善解人意的人，当你筋疲力尽时，请你尝试使用不同的技巧来保护自己。给予自己充足的时间。当你想通过独处来（重新）给自己充电时，最困难的时刻是什么时候？怎样做最好？

2. 燃油表：无论你是否认为自己是高度善解人意的人——如果你想训练自己识别他人对你是否有益，下面的练习绝对是一个好的建议：比较一下你在见这个人之前、见面时和见面后自己的能量状态。你注意到了什么？有什么变化吗？这对你们的联系质量意味着什么？你从中得出了什么结论？你想更多、更少、更短、完全不想看到这个人，还是想在不同的环境中和他见面？

3. Crapfit：你熟悉该原理吗？存在于你的前任关系中吗？你是否向错误的情况妥协过？你现在的生活中有什么是不值

得讨论的？你觉得放手怎么样？

4. 以共鸣为指导：本章中哪些主题引起了你的共鸣？你的脑海中浮现出哪些图像？你会如何谨慎地解决你灵魂中的这些问题？

5. 安全第一：如果你意识到你的父母或其他家庭成员是自恋的，这对你（具体来说）意味着什么？你怎么能照顾好自己？

6. 改变理念：你从小有没有表现出上面提到的一些自恋特征或行为方式？有哪些？你会在列表中添加更多的内容吗？这些特征来自哪里？相反，你想要如何表现？什么可以帮助你养成新的习惯？

第十六章 反洗脑：克服怀疑

今天我有了第三种体验：我听说了关于他不好的事，我决定在社交媒体上与他解除好友关系。

我点击了相应的菜单。当我意识到我会看到他的头像时，我的心像疯了一样怦怦直跳：我会看到他快乐地与他的新供给在一起吗？

不！我很幸运！那是他的老照片，那时我们还在一起。但是看着照片感觉就像是一种微接触：荷尔蒙波浪在我的身体里激荡。恐惧和痛苦，以及一种剧烈的无法定义的精神和身体的混合反应。熟悉的认知失调迷雾突然包围了我："他是你生命中的男人！你怎么能让他离开！如果你没有那样做就好了！都是你的错！如果你能知足就好了……"

我知道：我必须停止脑海中的声音，以免它再次让我误入歧途。幸运的是，自助小组的伙伴们还清醒着：普遍的理解。你知道的。谢谢，伙伴们！与此同时，我又看清了隐藏的面孔。

但是一切都发生得太快了！一张照片就足够了！

我最近在北海第一次体验到我从前只能从逸事中才知道的事：我在海滩上饿了一天，然后买了一个鱼肉三明治。我刚离开售货亭，就从噼啪作响的纸袋中抓起了三明治。第一口很美味。但是当我第二次尝试将牙齿咬进熏鲑鱼时，我的肩膀从背后受到了一击。在我意识到发生了什么之前，一只巨大的海鸥带着我的晚餐飞走了。

第二天，我再次漫步穿过那里——两旁都是飞行的拦路抢劫者。这次我手里拿着一个冰激凌蛋筒。现在我已经有所警觉。甚至在巨鸟从山墙上的哨所向我猛扑过来之前，我就已经知道要发生什么了。但是，我发觉自己无力反抗：不能把冰激凌放到夹克口袋里。如果对方能飞的话，把它放在别的地方也没多大用处……

此时，我想起了海边小孩最喜欢的游戏：大声地向有翅膀的攻击者跺脚。我绝不是优雅的化身，但在（越来越自信地）重复了几次动作之后，强盗终于放手离开。我不受干扰地舔着我的巧克力冰激凌蛋筒，悠然拖着脚步走向落日。

认知失调有点像是海鸥：它从后面偷偷靠近我们，让我们措手不及。它是我们和平的强盗。如果我们任由它们用尖尖的喙袭击我们，那我们就完蛋了。进攻就是最好的防守！在本章中我整理了一些应对认知失调的策略。

童话时刻：潜意识中的假新闻

让我们保持这种关系的不仅仅是错误的假设，即我们的心上人最终一定会为我们改变自己。（此时此刻，我强烈建议你不要再等待奇迹了——如果可能的话，它们早就发生了！）

让我们坚持留在这种关系之中，甚至在"死后"让我们的认知失调变得无法忍受或导致我们复发的，往往是对自己和世界的恐惧和误解。

我们饱受过去的耳语之苦。我们脑海中的声音告诉我们不要自以为是。它们坚信，我们太老了，无法重新开始过活。过去几年的自恋信息使我们确信自己是不值得被爱的，我们找不到新的生活，不值得拥有，也不会拥有新的生活……

将我们（即使事后看来）与这种关系联结在一起的
典型煤气灯谎言：

· 我太老了，不能和其他人建立家庭。
· 我再也找不到这么棒的人了！
· 我宁愿把麻雀攥在手里！
· 我再也找不到任何其他伴侣了。
· 我渐渐失去了约会的魅力。
· 我精神错乱——谁会想要这样的人呢？

我们经常陷入有毒的伴侣关系，因为我们处于极度混乱的人生阶段：每个周末朋友圈里都有人结婚，生物钟在嘀嗒作响，父母等待孙子的到来，我们终于想搬去乡下的独户住宅或建立一个公社。这样一种付诸信任的僵硬框架让我们有一种音乐椅游戏的感觉：当音乐停止时，如果你还没有结婚，你就出局了！我们关系中众所周知的痛苦突然变得不那么邪恶了。这是一个我们不应该陷入的陷阱：第一步是绝对要注意到我们脑海中正在进行一场煤气灯派对，下一步则是拒绝邀请参与其中。

我们应认识到是哪些错误的假设在引导我们，以及是谁将它们植入我们脑海中的。认同这些小贴士也是保护我们的有趣方式。例如，给自己内心的童话叔叔命名，他会告诉你这些谎言。又或者给你相关梦境和悲观表述中的人物命名。你可能有机会与他们认真说上几句话：好吧，亲爱的黑暗之友……

> 如果你们不打破自己的锁链——连锁不会自动打开。
> ——埃里希·米萨姆

235

自我点燃：我脑中的那个人是谁?

很有可能，我们不是在自恋伴侣关系中才学会自我点燃的，否则我们很快就会离开。这种"天赋"很可能是我们在家里养成的，我们在家里被教导要倾听自己的声音。

大多数时候，我们会无意识地将在家里起作用的行为方式用到我们生活中的其他人身上，尤其是在伴侣关系中。由于关系中的煤气灯效应，我们心中的这种声音可能会再次增强。现在我们已经把它放到脸颊上了！它很有可能将我们直接带回到有毒的前任身边——无论是通过我们的复发还是熟练的吸尘，又或者它会让我们陷入内疚和抑郁，或陷入下一个有毒的关系中。

我是人格多面的爱好者。在这种情况下，我会问自己：在我的灵魂中，是谁在欺骗我，是谁让我误入歧途？根据不同情况和观察视角，对此可能有不同的回答：对我们进行煤气灯操纵的内心声音可能是……

内在批评家。

指责我们搞砸了一切。这个声音大概和我们一样大，它对我们是好意，希望我们能遵守家规，这样我们才会被爱，才能生活下去。它很可能是受到了第一批照料我们的人的启发。在这种情况下它也可能是……

批评性的父母。

这就是交互分析（根据埃里克·伯尔尼的人格和沟通理论）所说的我们可以发现自己置于其中的自我状态之一。以我们从严厉、惩罚性的父母形象中搜集到的经验为基础。

以上两种情况都表明，在童年时期，我们经历了很多挣扎，以至于我们必须发展出强大的生存机制才能生存下来。适应策略似乎做得很好。但是今天这两者会让我们的生活变得异常艰难，因为他们的策略现在大多适得其反——即使它们最初是为了帮助我们。

但是，如果我们内心的声音过于残酷，它可能更像是……

施虐者的内摄：

通过对我们童年时期（以及/或者后来在我们伴侣关系中的）施虐者的认同，我们可能已经获得了与施虐者具有相同观点的灵魂的一部分。这一部分在虐待期间负责阻挡羞耻感和无力感，并通过自责来保持与施虐者的联结。这个回声在我们心中回荡。

这些声音持续活跃在我们的心里，不断折磨着我们——即使我们不再与那些为它们"站着当模特"的人保持联系。它们常会导致我们伤害自己或他人，自我破坏和重复强迫。

然而，即使是施虐者的内摄，虽然感觉上似乎不像是在我们这边，最终也只是一种防御机制。因为如今看来，通过减轻施虐者的罪责来保护他们（通常）不再有什么意义。现在更有意义的是直面事实：那不是我们的错！

我们每个人的内心看起来都有些不同，给这些内在陈述来源取一个适合我们的名字是很有帮助的。因为：

1.它帮助我们内化这个事实：这是我的一部分——但只是一部分。接受和保持距离——一种健康的混合体。

2.当这些声音被触发时，我们更容易意识到：如果我们正在经历认知失调和自我点燃，那么很可能情况再次变得非常糟糕。

恐惧魔术贴：自我点燃的触发因素

我害怕没有什么不会让我对自己点燃煤气灯。一位幸存者最近告诉我，她看到一个女人在遛狗。这就足以触发她了："她至少有一条狗！你却是一个人！为什么你要分手？那是你一生中最大的错误！"等等。

你不可能避开所有的触发因素——虽然有一些你总是可以避开的。无论如何，了解触发因素是快速注意到我们正在自我点燃的前提条件。我们越早注意到自己正在重新陷入认知失调，就能越早采取相应对策。

作为触发因素几乎总是能够起作用。

· 与前任联系。
· 让人想起前任的纪念品、礼物和照片等。
· 点燃我们的飞猴和教唆者。

也可以作为触发因素发挥作用。

· 自己的想法、睡梦等。
· 我们一起去过的地方，我们一起做过的事，也可能是难以避免的事物，例如自己的家或家乡，或是一些很普通的事情，例如看电影或散步等活动。
· 煤气灯效应中内置的事实、谚语（如宗教言论）等。
· 幸福夫妻的景象。
· 其他一切事物。

我觉得特别棘手的是，即使是解毒剂也可能成为触发因素：你阅读的东西是为了增强你自己，比如格言或文学作品。也许这本书也是？

为了减少认知失调，你可能正在阅读关于脆弱型自恋的书。你会读到："如果这里有人自恋，那就是你！毕竟你也离开了！你生病了！"

我发现避开那些可以避免的触发因素很有帮助，其余的则无法控制。自我点燃就像是一个魔术贴，它可以粘到任何地方。如果我们不想永远逃避触发因素，也可以而且应该直面这一点。虽然我们可能无法做到这一点——因为我们不可能总是头脑清醒的……

S.O.S——针对自我点燃和认知失调的急救

当你为自己点燃煤气灯时，你可以做的是：

1.与你信任的人交谈，他需要了解自恋或有毒的关系，并且可以帮助你再次倾听你自己的真相。

2.记录下自我点燃的过程：触发因素是什么？你在告诉自己什么？——通过扮演观察者，你可以保持距离并学会了解自己内心的活动。

3.对着点燃你的声音大声地说"不"！并停止这个想法。请你遵守纪律！

4.分散自己的注意力。做瑜伽或者其他可以让你与你的感知重新建立联系的事情。

5.欣赏自己内在的生存机制。如果它很强壮，那么它一定曾经把你从一个非常糟糕的境地中拯救了出来。你可以和它谈一谈并感谢它。然后向它明确表示，你不再需要它的帮助了，因为你现在可以倾听自己的感受而不会感到害怕。

6.通过幽默寻找距离。夸大脑海中的声音对你的暗示："是，你说得对！我是一个破坏关系的自恋者！"然后反驳它："这正是我想要进行夫妻治疗的原因！"这样你就揭露了其中不符合逻辑的地方。

7.收集反驳内在煤气灯言论的论据，重新将自己与自己的观点相连接："我破坏了这段关系，这不是真的。首先我没有出轨，其次我努力了，再次……"

8.画出点燃你的声音——不需要有绘画技巧！

9.指导战友摆脱认知失调：这可以训练你自己在迷雾中行走时保持清醒的头脑。如果你周围没有人需要此类帮助，请你加入自助小组。

10.加强你内心的指南针：写下你自己的真相。不要放过哪怕一点点真相，把它们记录下来。通过给予真相空间，点燃你的那部分会变得越来越小。毕竟我们只有一百分的注意力！

11.你可以试着念出夏威夷的和解祈祷词Ho' oponopono："对不起，请原谅我，谢谢，我爱你。"你可以在心里填上适合你的话语。

12.写下你内心批评的声音所说的话！不合逻辑的东西在白纸黑字中会变得更加清晰。就像是快速地跳跃——从一次失败到一般性结论："满足于你所拥有的，不要追求更高的东西！无论如何你都达不到！"还有——熟悉的想法突然又回来了："我不应该分手的！"

13.当施虐者的内摄向你倾诉时，你要知道这些话是没有依据的——即使为了更好的效果，其中加入了一些真实的颗粒。这些话来自一个病态的头脑，它不顾一切地通过给你施加痛苦来避免自己的痛苦。要知道这些侮辱性话语的目的是什么。

14.此外（这一点我总是说不够）：请你阅读"恶心清单"！

对煤气灯效应采取行动是很重要的。因为它会伤害我们：它加剧了认知失调。它会促使我们与前任重新建立联系或是回应他们的吸尘。它削弱了我们在下一段伴侣关系中的力量，并可能导致我们再次陷入创伤性关系。

内疚和抑郁：加强自我点燃

与其他当事人的谈话让我知道，我们心中自我点燃的声音越明确，与认知失调和自我点燃的斗争就越困难。若是已患有抑郁症或由虐待引起的情境抑郁症——虐待关系最常见的后果之一，那么斗争会尤为艰难。

通常情况下，抑郁与内疚有关，自我点燃也与内疚有关。例如，我们脑海中的声音会责备我们情感失败或者它认为我们分手是完全错误的。

自我点燃和抑郁这两个控制回路可以相互加强，然后要摆脱认知失调变得极为困难，但是一劳永逸地抵制我们内心批判的声音，从此以后拒绝不属于我们的内疚，牢牢地扎根于自己的感知之中，也可能是一个良机。

如果你注意到自己有这种或其他类似的与内心内疚声音的联结，请你耐心将两个控制回路分隔开。你越了解自己的内心以及一个电路是如何触发另一个电路的，你就能够越早阻止它们。这也许会很困难，需要专家的治疗支持。

在这里寻找自己被埋葬的，甚至被禁止的愤怒是值得的。认知失调很可能导致我们压抑愤怒，并以内疚的形式将其转向针对我们自己。

可能表明患有抑郁症的症状

· 饮食习惯发生改变：吃得太多，或太少。
· 在精疲力竭时有睡眠问题，包括入睡、充足睡眠或睡得过多。

· 情绪状态发生改变：绝望、悲伤、内疚。
· 对未来有悲观的估计。
· 自残行为、自杀念头和自杀企图。

复发：也是一种瘾！

自恋者无与伦比的直觉很少会骗到自己——即使在分手很久之后：当我们开始放手时，我们可以（如果我们没有阻止分手的话）期待收到他们的信息：他有这方面的天赋：*每当我打起精神，觉得自己坚强时——就会发生一些事！——嘭！——又再次将我击倒！*

请不要相信那些可能会潜入的想法："我现在好多了——所以，我已经克服了这一切。这就是为什么我可以毫无顾虑地再次取得联系了！"情况恰恰相反：你感觉更好是因为你没有联系。一旦你再次建立联系，创伤联结、认知失调和欣快回忆就会再次向你袭来。请你保持坚强！

如果你仍然复发了——不管它看起来如何——最重要的是：不要自责！首先要对自己有同情心。肯定事发有因。在最后的分手到来之前，多次回到虐待关系之中是常态而非例外。

尽快断绝联系也很重要。如果你自己无法做到这一点，请你寻求帮助。在那之前，看看会发生什么：你的情绪和身体状况如何？认知失调有所增加吗？

所有这些观察都是你内心论证的论据：如果你发现你很快又病了或者一联系就头脑不清醒了，它可以帮助你回到自己内心的真相。因为你的情况证明：这段关系对你不好——你必须摆脱它！

痛苦的渴望者——出现……

有时我们会极度渴望：我们怀念自己内心电影院里以柔和色彩呈现的欣快回忆。也许那天很糟，我们只想回到（当下看来金灿灿的）美好的旧时光：*我愿意付出任何代价，只要早上我能再次在她的身边醒来。*

停下！当这部电影开始时：停止电影！你要知道自己正在经历严重的认知失调。看看上面的列表，至少实践其中的一个建议！

因为，你现在的感觉可能是强烈而令人信服的。但就像思想一样，感觉并不总是真实的。它们通常是错误想法的结果，例如自我点燃。它使我们恢复了学习自我调节的能力。这始于思维停止技术。开始时，我们决定不陷入这种情绪旋涡，而是采取一些措施来对抗它。例如，有意识地欣赏已取得的成就。

即使你正在经历爱情轰炸或是在接受道歉和吸尘承诺，请将这些全部视作自己还不够警觉的证明。请你划清界限！

如果你正在考虑拨打那个电话号码——请你不要这样做！你可以打电话给最能陪伴你度过这段时间的人。让这个人指导你走出认知失调，一起看看是什么导致你几乎复发的。这可能令你感到很不舒服，但却绝对值得你去感受。因为现在你可能已经非常接近问题的答案了，即为什么你对警告信号闭上了眼，还坚持了这么久。无论你现在内心体验着什么，都是你的独家秘方，它可以让你永远不再复发。请你仔细地审视它！即使这可能十分折磨人且令人感到害怕。你现在的感受可能正是你长期以来一直在逃避的：你的原始痛苦。

小贴士

1. 没有回头路：如果可能的话，删除前任的所有数据！电话号码、电子邮件地址、个人资料等。不要留下任何可能让自己被诱惑的机会——屏蔽还是不屏蔽？哪个决定最有可能阻止戏剧的发生？

2. 如果你即将复发，请与你信任的人联系。他会阻止你拨打那个号码。

3. 无审查写作：允许自己写一封无须寄出的信。写下所有让你生气的事情。写信时你不需要考虑其他人的感受——只有你会读到这些。把它看作一个实验：当你可以直抒胸臆时，你会写些什么？如果你发现自己遇到了阻碍，请回答下列问题：如果我爆发出愤怒，会怎样？我会如何？

4. 内心的笔友：克制不住自己的怒火，反而责备自己？给你的愤怒写一封信！你想告诉它什么，你想让它知道什么？你对它有什么感觉？你想念它，还是它让你害怕？让你内疚？看看它是否会回应你。但也许它会以其他方式表现出来，并且突然向你敞开怀抱。当你和自己的愤怒接触时，观察它的变化。

5. 圆形写作：你不生气，却为自己失去的生命感到悲哀。给你的前任写一封辛辣的信，讲述一个很爱你，也没有愤怒障碍的人。那会是谁？使用这种声音可以保护你免受伤害。谁会是你最好的朋友，你的治疗师还是导师？请你写下来！或许你会在内心感受到一种温和的共鸣。这是你自己的愤怒。愤怒应当向外而不是向内！应当去它该去的地方。愤怒可以保护你，是自我点燃的最佳解毒剂。

6. 愤怒仪式：发明属于自己的仪式，与你的愤怒保持联系：听重金属乐、租一间工作室并对着墙壁大喊大叫、赤脚穿过森林、在画布上涂红漆——或者做任何有助于你联系这种生命能量的事。它很可能被埋没在你自责的雪崩之下。请你为此创造一个安全的环境，确保关心你的人不会去报警。

7. 睡一晚：当你再也无法抵抗渴望或内疚的压力，准备拨出那个号码时，推迟去做。先去睡一觉。也许明天的世界会有所不同。

8. 症状即是陈述：你（还）不能完全断绝联系吗？每次互动后你都会有症状吗？也许这正是多年来让你生病的原因？那么，请给这些症状一个声音：如果它们会说话，这些症状会说些什么？也许它们会给你很好的建议？或者你从现在开始掌握对话的主动权，减少它们对你的不良影响。

9. 粉碎幻想：感受一下内心电影院里以柔和的粉红色上演的十个最佳魔法时刻。去掉聚光灯、特效和五彩纸屑大炮，在工作灯下查看它们。你会发现一切都有苦涩的味道！

10. "假设"游戏：和你信任的人一起，想象如果你相信了改变的誓言，会发生什么。如果你再尝试一次，你会知道残酷的现实是什么样子的。

11. 危险的想法：有些想法可能是复发的记号：渴望。想要知道他或她过得怎么样。想要再次联系，因为已经分手很久了。你还想在此列表中添加些什么？如果你发现自己有这种想法，请停下来，做些其他事！你可以为此提前做好准备！

12. 渴望时的紧急援助："哦，要是我不是一个人在这里，而是和前任在一起就好了！"这听起来很熟悉吗？如果是的话，你能不能在这样的时刻做一番彻底的思考：那样的话，会发生什么？不，我不是在说理想化阶段的那个人和你在一起，我说的是真人模特！实际上，你可能会遭遇沉默，无法按自己的方式度过这一天，不得不忍受侧面打击……想象一下吧，你将发现其实独自一人才是真正的解脱！

第十七章　预防：堵住自己的洞

我呕吐发作，吐得厉害。

在单身几个月后，终于有一个男人和我搭讪了——然后：他和我的前任一样愚蠢！他用油画引诱我（有点狡猾），表现得好像只是为了我。但在接触时他又表现得非常奇怪，而且不知何故总有些操纵的意味。

这要是发生在不久前，我是会爱上他的！因为听起来十分浪漫："你好，你不认识我。但是你让我感到惊艳，所以我给你画了一幅画。请你看看吧！——诚挚邀请你来画展的开幕式！"

前几天在海滩上？海岸边唯一的人？答对了！正好和我在一起——包括求婚！

我要疯了！我会摆脱它吗？我在想些什么？

如果你总是遇到有毒的个人和系统，你应当了解他们是如何攻击你的。然后在遇到下一个诱饵时，你就会拥有足够的饱腹感，不再轻易上钩了。现在让我们来看看"饥饿"是怎么一回事吧。

核心损伤：需要呼吸的伤口

一旦成为单身，我们就有可能变得非常情绪化。有时我们会感到情绪稳定，积极乐观。但是到了周末：没有分散注意力的工作，独自一人在公园里，情侣们手牵着手！然后我们就闯入了情绪化的水域！

如果你有这种感觉，那么我只能恭喜你：你现在所经历的正是理解你当初为什么会卷入这样一段感情，为什么不早点离开以及为什么会害怕犯下类似错误的关键之处：**你的核心损伤**。

在英语中有这个恰当的表达方式"to own"，拥有自己的核心损伤。这意味着意识到它们属于我，并为它们承担起责任。这正是当下正在发生的事情。

自恋者身上有一个无法填补的洞，这就是为什么他们是一个无底洞。无论我们投入多少的爱，永远都不够。但是我们幸存者的灵魂可能也有一个洞……

迷失在对方？玩自己的游戏！

弗兰克·彼得曼创造了"扩展的自我"这个词。

该词指对对方的占有，这是自恋者的特征：自恋者利用环境来调节自我价值感。通过这种自我扩张，他人的看法也会被强加到对方身上。我会成为人们眼中的我。这被称为投射性认同。

这甚至比投射更进一步：在这里，自恋者也会将不想要的或被理想化的部分转移出去——但是通过投射性认同：对方也接受了这一点并认同它。例如，如果对方被说成蠢人，他会感到精神不足并表现出相应的行为。这是对受害者灵魂产生的深刻而持久的影响。

然而，自恋专家芭贝尔·瓦德兹基认为，这种移情只有在对方是互补自恋的情况下才有可能发生。

我们可以通过反思自己来摆脱被他人占有：通过重新与我们自己的冲动、感受和需求建立联系。在陷入僵局的关系中，这可能非常困难。然而无论如何，这都是我们分手后必须做的治愈工作的一部分。

丑小鸭？或者：接受你是天鹅的艺术

　　患有C-PTSD的人和自恋父母的成年子女经常与严厉的内在批评家和有毒的羞耻感做斗争。因为他们已经内化了内在批评家和有毒的羞耻感一直以来提供的信息。他们也为所发生的一切承担责任，就了能够继续去爱和理想化他们的照料者，这对于孩子们心灵的生存至关重要。

　　有毒的羞耻感和压倒性的内在批评家会导致自我不安全感和较低的自我价值感，这也是容易遭受自恋者攻击的地方。因为他们（尤其是浮夸型自恋者）看起来很自信。这很有吸引力或是令人生畏。

　　在任何情况下，自我不安全感都会使一个人轻易被另一个人占有。因为被贬低要么太熟悉，要么理想化太容易被接受。因此一些幸存者的自恋创伤会造成自我破坏，反复重演童年时期的虐待。"自恋儿童"不仅爱上了自恋者，并且虽然受到了不友好的对待，但是他们依然会和自恋者在一起，因为童年经历使他们已经具有适应性和韧性。

　　通常，这个循环会持续几代人。但是你可以打破它，通过堵住自己心里的漏洞。不要使用补丁或廉价的替代品，而是用你实际上缺少的东西：爱。爱始于你自己！开始真正地爱自己吧！全力去爱！

　　如果你发现自己用成功、成就和完美代替了来自他人的爱，探究一下缘由。不要有所遮掩，学会（向值得信赖的人）完整地展示你自己。离开自我提升的仓鼠轮子，享受与他人真正的亲密生活。这也包括找出目前的障碍。

　　有许多不同的"洞"，例如被遗弃的恐惧、其他恐惧、孤独或羞耻感。它们是自恋入侵我们的门户。为了找出哪个门户是你的（或者哪些是你的），以下问题可能会有所帮助：

　　·是什么深深地吸引了我？

· 一段感情是一种承诺——上一段感情对我做出了什么承诺?

· 如果你打算很快再次搜索，你希望有什么收获（除了"没有自恋的健康关系"）?

· 如果你在此期间再次遇到某人——此人满足了你的哪些情感需求?

· 还有什么需求没有得到满足?

这些问题的答案可以让你知道是哪个旧伤口渴望被治愈。在理想化的世界中，这些可以在伴侣关系中实现。但是为了不吸引"劫掠者"，自己处理伤口会更加安全:

充满羞耻感信念的示例

· 没有人能够真正爱上我。

· 我不吸引人、性感、美丽……

· 我很胖、很蠢、是一个负担……

· 我没有男/女性魅力。

· 我没有价值。

· 我不配存在、拥有……

· 我不配快乐。

· 我有某种缺陷，我不正常。

羞耻：将我们彼此隔开的无形的墙

羞耻不仅是有毒关系的核心情绪，也是许多幸存者与之斗争的东西：那些患有 C-PTSD 或者由自恋父母抚养长大的人一定都有过相关的经历。但是最迟在有毒伴侣关系中遭到贬低后，我们就可以确定他人的自恋羞耻被倾倒在了我们的灵魂当中。

在分手后也常会伴有羞耻的发生："你为什么没有早些注意到这一点？！"只是通过指责受害者让我们感到更加羞耻的众多反应之一。我们自己本可以做得很好——责备自己没有早些离开。内在批评家甚至能够不带脸红的同时批评我们涉嫌破坏关系和在这段关系中逗留的时间过长。

意识到羞耻，然后与之分离是当下的任务。当我们感觉到它时，为之命名会有所帮助。就像侏儒怪：在我们知道这个名字时，我们会重新获得自己的力量，不让小怪物夺走我们宝贵的东西。同时，这也改变了我内心的模式：我不再认同命名那一刻的羞耻，而是进入观察者的角色。现在我可以说是从外面看到了耻辱，并重新获得了一点成人的行动自由。

摆脱有毒的羞耻感是一个漫长的过程，大概会是一辈子的事吧！但却值得我们去面对！作为这条崎岖小路上的旅行读物，我推荐布芮尼·布朗的书——她自称是一位羞耻研究员。她使这个即使在研究中也被长期忽视和隐瞒的话题变得众所周知，并为社会所接受。通过视频和书籍，她为我们提供了关于如何全心全意地生活、敢于变得脆弱和揭露自己耻辱的经验性发现和实用技巧。因为，虽然这是我们在感到羞耻时直觉上会做的最后一件事，但与走在同一条道路上的人分享羞耻，羞耻感就会变得更少。反之，如果对自己和其他人隐藏羞耻，羞耻感会变得更多。

关系作为拖轮的不安全感示例

· (有毒的) 孤独
· 害怕被遗弃
· 缺少归属感
· 缺乏自尊
· 内心深处是想要被父母照顾的孩子
· 难以履行成人的角色
· 转移自己的弱点（"你很沮丧，我没有！"）

孤独女士的来访：独处还是孤独？

另一个普遍存在的原始创伤是对孤独的恐惧。当你在其中认出自己时，你会转向那种感觉并探索它。如有必要，你也会寻求支持。害怕独处可能是童年时代的核心创伤，但它也与相互依赖或抑郁有关。

除非你对独自一人感到自在，否则你总是有一个弱点使你容易受到有毒关系的伤害。你的任务是：了解如何照顾好自己。

对你来说，不要太仓促地陷入下一段伴侣关系尤为重要。独处的时间可以稀释你的孤独感，并为你提供足够的空间来更好地了解自己和自己的梦想——以免他人的需求再次把你搞得晕头转向。单身可能感觉像是一种诅咒。但请你相信我：这是一份礼物。打开它吧！

自爱：接受而不是优化

我们在他人的操纵下认为是我们自己出现了问题。我们一直拼命改善自己，让自己变得更加可爱。我们以为这是挽救我们关系的唯一方法。甚至在分手后，我们可能也会觉得是自己的错。否则我们就不会经历这么糟糕的事情了，不是吗？

因为有这种陈旧的想法，所以我们无法进入新的生活！现在是时候与自己进行和解了：我们需要的不是自我改善。我们需要的是自爱。（不，这不是陈腐的建议，而是非常实际的建议。）与自恋者一样，我们也面临着摆脱外界调节我们自我价值感的挑战。

前面的章节应该已经清楚地表明：相信自己不值得被爱是一种生存策略——由遭受自恋虐待的人所使用，但是在C-PTSD情况下也是如此。再次重复：不爱自己不是建立在事实的基础之上的。缺乏自爱是一种应对策略！仅认识到这一点就表明你已不再相信这个说法了，对吗？

说起来简单，这我知道。实际上我们的思想非常抗拒改变。在行动层面，我们可能会有更多的机会：自爱也可以通过尊重自己和自己的愿望并将它们作为生活的主导来实现。这包括健康的界限，以及只有在框架条件适合你的情况下你才会参与某事的确定性。使用明信片表达就是：做你所做，因为你喜欢这么做。把其他一切都放到一边。这是更多爱自己的实用方法。

如果你觉得很难养成自我照顾的态度，那么每日练习瑜伽会特别有帮助。它通过强化自我，从而促进自我照顾。（警告：自恋也会在瑜伽士中流传。座右铭："我比你更开明！"因此：在选择瑜伽馆时要睁大双眼……）

当然，人不是一座孤岛！这不是在说要将自己隐藏在虚假的无欲无求之后，而是说要对自己感到满意。不，现在没有什么比这更重要了！如果你想打破有毒关系的循环，就要像在飞机上一样：首先，将氧气面罩压在自己的脸上。只有当你再次呼吸到空气时，才轮到其他人。这是你以有意义的方式帮助他们的唯一方法。只有当你退出永恒的生存模式时才行！

花时间和自己独处。认识你自己，实现你的梦想，而不是等待别人为你或与你一起去做些什么。用你想要的方式塑造你自己的生活。有什么能阻止你呢？

在我们当中：我们（一天中的大部分时间）都倒挂在太空中的一颗星球上！没人知道我们从哪里来，又要往哪里去。我们是有意识的物质！这真是太疯狂了！谁会相信愚蠢的成人义务呢？我绝不会……你呢？

新瓶装旧酒：众所周知的方法导致众所周知的结果

根据自己的意愿来塑造生活是好的——但这只是工作的一部分。值得一问的是，我们为什么要这样做。很快，我们就又回到了自我优化——以新的形式：更好的生活，更好的自我！

也许在这里产生影响的只是我们的社会印记，但也可能是一种应对机制。想要保护我们免受近期或昔日伤口引发的深层次疼痛的保护性自我。我们背负的痛苦伤疤是失效的信念，保护性自我现在试图反抗它们。遗憾的是大多数情况下都产生了相反的效果：我们在无意识中重演并加固了旧的信念。于是我们一遍又一遍地留下同样的伤疤。也就是说：我们有可能在治疗中落入同样的陷阱，陷入（或待在）混乱之中。例如：如果我想在错的人身上寻找自己值得被爱的证明，那么悲剧是不可避免的：我们会再次被贬至尘埃，遭遇抛弃，而我只是收集到了自己一文不值的证据。

无意识的应对机制无法证明我们的价值，只有填补内心出现的漏洞才可以。

保护性自我的变体（杰克逊·麦肯齐）

保护性自我	信念	策略	应对机制	影响
完美主义	我有问题！（冒充者综合征）我是个错误	要完美，才会讨人喜欢	工作上瘾、绩效导向、自我批评、忙碌	幸福总是出现在下一个任务之后——从未有过
B类群—关系牺牲	我不够好	专注于背叛，以避免感到被拒绝	冥思、怨恨、陷入受害者状态、与施虐者对立（"我不是这样的！"），无法解脱，在线关注前任	因聚焦于对方而不承担个人责任
相互依赖	我不值得/不够好	要足够好	虚荣、讨好的行为、依赖他人的反应、助人者情结	专注于他人，认为自己必须原谅和理解，因此一切皆有可能
C-PTSD	我被虐待了；我有罪；我被出卖了	分析，为了证明发生了不公正的事情以及自治是可能的	思考，而不是感受自己的情绪。为自己辩护、争论，活在自己的脑海里	陷入与施虐者的（内部或外部的）对抗
回避	感觉和需求是感到羞耻和被拒绝的一个理由	如果我不打扰，我就不会被拒绝	占用空间小、友善、不设界限、保持无意识，避免冲突	发泄怒火，投降
边界限	我被拒绝和抛弃了；没有人会爱我；我不好	寻求尊重和同理心	不信任就像一个自我实现的预言：你也会离开我！在治疗方面取得重大突破，以维持治疗中的同情心和同理心	无法看到和处理自己的部分，因为太过羞耻——所以仍然依赖外部验证

杰克逊·麦肯齐根据医学术语选择了一些名称。
我确信不需要诊断即可发现自己使用了如边界限策略。

255

没有特效药：改变灵魂的饮食习惯

在我们的文化中，将症状视为可以通过简单的解毒剂快速纠正的缺陷是很常见的。我们希望毫不费力地再次恢复正常。然而这个概念并不适用于绝大多数的身体疾病——更不用说我们所经历的了。无论我们是否称其为PTSD——它都是创伤，而且是一种很深的创伤。

对自己和他人的信任受损可能导致我们再次回到过去的生活，我们（或多或少有意识地）害怕会旧事重演。在身体上，这表现为慢性压力破坏了激活和放松（交感神经和副交感神经系统）之间的平衡。此外，操纵和虐待使我们在心理上与自己失去了联系：羞耻和内疚使我们觉得自己不值得被爱，我们与自己分离。这种痛苦是如此之大，以至于我们把它埋在心里。相反，我们表现出自己的强大和生活的幸福。

当我们与自己的联系被打破时，蠕虫就会出现在各个层面。因此在康复过程中，我们需要学会倾听这种痛苦。其中有一部分就是了解我们自己的历史。真正的工作

> 这种外层盔甲的黑暗双刃剑意味着我们的核心伤口保存完好，永远都无法痊愈。
>
> ——香农·托马斯

从故事的另一面开始：当身体感到安全时，思想和精神也会感到安全。

我因此认为，我们需要的不是迅速的自我治疗计划，而是改变生活方式。这需要全身心的投入，可能会让人感到不适。但是，最终这里的任何建议都只能触及表面。只有通过每日实践，改变习惯，我们才能挖掘得足够深入。

没有一种万能的方法适用于所有人。一些人开始了精神追求，另一些人转向科学评估的体育锻炼，还有一些人通过正念、创造性工作或日常瑜伽练习找到了回归自我的方式。

我不相信伪超验的胡言乱语。但我不得不对所有无神论者和不可知论者说：向上联结也可以帮助我们向内联结：例如，十二步骤（戒酒）

小组的工作力量更大，可以为此进行单独命名。特别是如果你经历过精神虐待，你可能会被切断向上的联结，并且会对从这个方向开始阅读持怀疑态度。这完全可以理解！请在那里照顾好自己。重要的是治愈，而不是再次越界！

作家杰克逊·麦肯齐本人也曾经历过有毒的伴侣关系。在这种情况下，他谈到了无条件的爱的经历。当我们融入一个更大的整体时，我们能够（再次）给予自己这种爱。为此，你不必求诸精神。

开始你每天重新调整生活进程的个人之旅——带上自己的身体。世界上没有任何顾问可以为我们分担这项任务。

小贴士

1. 对着自己朗读一遍充满羞耻感信念的示例。你是否在一个或多个信条中认出了自己？还有其他信条吗？想一想什么可以帮助你治愈这种伤害。

2. 自尊假体：请诚实地回答你自己：你最近喜欢的人（可能已经建立了关系，虽然有点早）是否会增强你的自尊心？如果是，那么现在是从内部提升自尊的时候了——不是通过自我优化，而是通过自我接纳！用漂亮、成功或时髦的另一半来补偿你的自卑感会导致不良的依赖动态。诚实地问问自己：我是喜欢这个人，还是他只是我缺乏自爱的替代品？我需要在自己身上培养什么品质，使我不再需要向外寻找自尊？我必须接受哪些品质，以免它们落入错误人之手？

3. 如果……会怎样：如果你现在是你认为自己不是的人（美丽、可爱、聪明——不管是什么），你会怎样生活？充分发挥你的想象，然后开始塑造你的生活！这样一来，你的消极信念就不会再压制你的潜力。你会慢慢地（边做边学）形成一个新的自我形象！

4. 你待我，就好像我待我自己：自爱是防止寄生虫再次侵袭的最佳防御措施。你最好以实用的方式构建它——通过善待自己，你为别人如何对待你定下了基调。制定属于你自己的个人指导方针：当你善待自己时，会是什么样子？让这些格言指导你做出每一个决定。

5. 与自己的契约：自爱包括让他人善待自己以及在他人没有善待自己时采取反抗措施。与自己签订一份合同，承诺你将采取具体措施保护自己免受他人的攻击。

6. 抵抗阿谀奉承：在你们的关系中，什么会赢得你的好感？这些是你需要验证的东西吗？列个清单，关注这些有心理问题的孩子们！如此一来，将不再有人通过谄媚而赢得你。

7. 自爱：你有多爱自己？感受一下：如果没有达到自己的期望，我会如何说服自己？当你为自己做出每一个决定时，问一问自己：我会这样对待对我来说重要的人吗？

8. 向自己学习：你有享受独处的时刻吗？多做这样的事！寻找类似的环境、活动或姿势，以增加自己的幸福感！

第十八章　危险信号：总结过去，面向未来

对自恋了解得越多，我就越清楚地意识到：如果我当时知道我现在所知道的，那么我们就不会在一起了。或者至少不会在一起那么久。

我们开始的日子就像是一出关于危险信号的教育剧。我犹记得：我们第一次争吵……我在等他静修回来，这样我就可以和他一起解决问题了。我恍惚得厉害，完全无法集中精力做任何事情。我很害怕关系会结束。我惊讶于自己的精神如此不稳定。因为我还不知道，这种感觉会成为我的新常态，渴望得到一点点救赎般的好感。

这么多的警告信号！我却全部都错过了！

第四章煤气灯效应中描述的所有模式都是危险信号。即使你遇到了典型的自恋特征之一，你的内心也应该亮起警示灯。当然——这些互动模式中的大多数也会不时由没有自恋型人格障碍的人表现出来（或者可能是其他疾病的征兆）。但是你应该记得："怀疑他人"是可能让我们陷入困境的准则之一。如果你的约会显示出其中某种模式，你最好仔细地查看。如果你在判断新安装的警报系统是否过度警报或是否有必要谨慎行事时遇到问题，请你寻求帮助。

除上述模式外，约会时还有许多其他危险信号需要注意。也许在你阅读时（如果不是太痛苦的话）可以回顾一下上一段感情是如何开始的。

初次约会的危险信号：定义你的交易破坏者模式！

在初次约会时，我们就可以注意一些行为，以防止自己对自恋者产生依恋。

首先就是对前任的诽谤。当然，在深入交谈的背景下告诉对方以前的恋爱经历是有意义的。但是，在初次约会时就以贬低的语气进行未经过滤、漫无边际的分享应当让你警觉起来：也许我们就是下一个被谈论的话题！

如果我们身边的人对待服务员不友好，这也是一个明亮的危险信号：将自己的愤怒发泄给服务员，或以其他方式对服务员表现出贬低或傲慢的态度。

相反的情况也同样令人担忧：如果我们的另一半对服务员过于友好，甚至开始与他/她调情，那么，也应当开启警告灯。

在最初的几次见面中，我们不太可能瞥见面具后的面目，但这也不是绝对不可能的事。如果你想让对方动心并到对方家里去，那么，你很可能遇到了典型的自恋内心空虚。这也可能是你保持沉默的理由。

如果你一开始就听到了爱的宣言，那么你很可能不会感到空虚。但请你认真对待此事：在一起几天后，这些话说明了什么？进展得太快了！而这又是典型的爱情炸弹。我们通了四个星期的电话，每每畅聊到深夜。我对这样的谈话十分着迷！

现在我得到你了！快速捕猎，而非长久等待

理想化阶段的结束也被称作"日食"。它一般会在四个星期到两个月后出现，但也可能因人而异。

自恋者似乎知道，他们无法永远保持美丽的外表。无论如何，他们

往往会很快依附于他们的受害者，因为面具终会掉落下来。然后当"蝴蝶已经在玻璃罩下"时，受害者就更难离开了：这个玻璃罩可能是结婚戒指、共同的公寓、你投资了所有财产新成立的公司，也可能是留下在一起的承诺或醉人的性爱造成的荷尔蒙迷雾：我们第一次见面时，我就带他回家了。我们一起度过了接下来的五个夜晚。之后由于他开始退缩，因此很快变得困难起来。

有时，它可能只会在跨越关键标记后，才真正显示出在你身边的是谁。因此，哪怕你已有所准备，如果你确认旧事重演，身边的人还是有毒，也就不足为奇了。在某些情况下，可能需要发生到一定程度才能看得清楚。那么就只有一件事情最为重要：在认知失调出现之前，保持清醒；不要相信希望；下定决心，立刻离开！

当然，更安全的做法是不要让事情发展到这一步——可以通过放缓开始阶段来实现。

爱情轰炸：在没有限速的快车道上

如果你遇到爱情轰炸：警报！这当然是一个危险信号！然而人们很难区分正常的迷恋和爱情轰炸。如果你被丘比特之箭射中，一切都会感觉像是处于情绪紧急状态。因此保持冷静的头脑更为重要——或者至少不时查看一下，你飘浮于其上的粉红色云朵是否只是烟幕弹。

如果爱情缺乏常态，仿佛置身童话故事之中，如果礼物太贵，旅行过于盛大或爱情誓言过多——警示灯亮起！爱情炸弹有很多

> 诱惑者带来梦想。
> ——芭贝尔·瓦德兹基

典型特征，可以帮助我们将这种特殊的疯狂与最初几天的普通玫瑰色眼镜区分开来：很有可能你的发言份额很小，而你一开始并没有注意到这一点。对方的故事如此有趣，你甚至没有注意到自己的故事没有被问

到。一个危险信号！

但是，相反的情况也会令人担忧：如果你受到询问——即使你此刻可能会感到兴奋和有趣，诸如"你最害怕什么？""你的上一个伴侣是什么样的？"之类的问题可能试图营造一种虚假的亲密感，以使我们能够感受到联结和信任。但这也是了解我们痛点的方法——供以后使用……

快节奏也是爱情轰炸的典型特征之一：爱情炸弹只是把我们裹在棉花糖里，我们却再也出不来了。佯攻！如果进展很快并且我们喜欢它，我们就看不到警告信号。

因此，要注意节奏：早期的爱情宣言、订婚意向、求婚、想要孩子的意愿以及快速面见家长，都可能是警告信号。还有高频率的联系：每小时都有短信、每天都送礼物、没有一天不见面等——都应该让我们保持警惕。限速是防止恋爱中超速者发生事故的最佳保护措施。在性和同居方面尤其如此！否则，两者都会迅速使我们清晰的视野变得模糊。此处，快进即是一种贴切的描述。如果你注意到这一点，那么慢动作是适宜的，即使没有暂停或停止键。

礼物、情书、电话和短信当然表现出各种亲近，但是如果频率太高或投入不成比例，也会令人担忧：如果不是一朵玫瑰，而是数百朵；如果一盒巧克力突然出现在我们工作的地方，我们就应该开始考虑，这些不再是小小礼物，而是征服我们的工具：也就是跟踪的开始。

遗憾的是，有时特别是女性常会混淆控制和爱。"你去哪儿了？"最初是出于关心，但很快就变成了广泛的监视。在恶性自恋的情况下，这要归功于手机或汽车的定位功能。

也许，对你来说一切都不一样，可能是因为自恋过于隐蔽，可能是这个人制造了虚假未来，并向你描绘了你的个人梦想。他声称分享了你的价值观，与你一样。

当他们打自恋牌时，请相信他们！

诚然，自恋者在面对"自恋"的特征或诊断时通常反应都极为激烈，但有时他们也这样称呼自己。即使在爱情轰炸期也不少见。这听起来骄傲、挑衅、浮夸或风趣。如果我们先前没有经历过，可能根本不会发现它。

警告也可能隐藏在表面的恭维之下："你对我来说太好了！"应当让我们警惕起来。这也许是真的，或者他们想向我们证明爱，我们因此而无暇注意到动态正在慢慢发生变化。

无论自恋者怎么做——不管他们是否声称自己是你能得到的最佳伴侣；如果他们是眨着眼睛告诉你，如果可以的话，他们也会爱上自己；或者如果他们在自己的T恤上印上他们不是自恋而是比其他人更好的字样——你可以认真对待他们。即使我们无法想象，因为我们不相信身边的人会做那样的事；即使他们无法进行深刻反思也不想承认：这可能是有原因的！请把它当作极度危险的信号并密切关注吧。

遮遮掩掩的恋爱：当你是一个秘密时

自恋者的依恋问题也可能意味着他们在单身时会有所保留：如果他们确定了一段关系，有时会对他们周围的所有人隐瞒这段关系（在虚拟空间中可能也一样），然后他们就可以随时或继续与他人调情。也可能是因为我们会让他人感到尴尬，或是因为我们不是主要的供给，而是排在第二位或第三位。这种捉迷藏游戏被称为遮遮掩掩的恋爱。除非有可以理解的原因（家庭偏见、不安全感等），否则遮遮掩掩的恋爱绝对是一个危险信号。特别是当它伴随着其他自恋的迹象一齐出现时：*我们很少作为一对夫妇在公共场合露面，我有时觉得她羞于和我在一起。*

当那个假装爱我们的人把我们藏起来时，这不是我们应得的明确的"是"，而是我们离开的理由。

小贴士

1. 回顾：写下所有在你上一段感情开始时出现的危险信号。回顾这些时刻：那时对你来说这种行为是否已经让你感到奇怪？还是你现在才在新信息的帮助下注意到它？如果你已经觉得不对劲，想想看：是什么让你留下来？

2. 个人的危险信号：上一段伴侣关系开始时是否还有其他未在这里提及的危险信号？都有哪些？

3. 交易破坏者模式：写下你个人的交易破坏者模式，哪些行为对你来说意味着一段萌芽关系的结束？

4. 与值得信赖的人讨论你写下的交易破坏者模式：它们是否足够严格或者你应该调整吗？

5. 撇开智慧：当时有人警告过你吗？当时其他人对你的感情有什么奇怪的感受吗？你是怎么处理的？这些"通灵"的人有可能在下一轮咨询中说服你吗？

6. 策略：为你的下一次约会想一个策略：你将如何确保自己不会错过任何危险信号？

7. 经验宝藏：思考一下，目前你是否遇到了来自他人的危险信号？在友谊或商业关系中，也可能存在最初的理想化或互相操纵。这对你来说意味着什么？

8. 约会习惯：思考一下，你以往的亲密关系都是如何开始的？

是否存在一个模式：是你迈出的第一步吗？还是另一个人？是否有一直重复的特征？你想改变自己的哪些约会行为以提升对自己选择的信心？

第十九章　直觉：相信自己的直觉

我可能从一开始就很清楚。当我遇到他时，我正处于一段越来越不愉快的关系的尽头。我受了伤，舔着伤口。自己被遗弃了的感受越发强烈。我感到孤独，生活中许多重大问题都还没有答案。——所以：我一定是自恋者的美味佳肴！

我的直觉立马就知道了：放手！非常黑暗的能量！不能去那里！

在进行了一番关于职业前景的谈话后，我感到：他不想再发展自己了！于是我停止了对话，非常理智的决定，毕竟我还没有分手……

……但是，他却坚持每天给我发电子邮件。最终，他完全有意识的超级瑜伽士的表现赢得了我的喜爱。多么可靠的人啊！他也想马上结婚。于是求婚，一切都顺理成章！

在我知道发生在自己身上的事情之前，我们还是夫妻。

直觉消失了，只有蝴蝶在那儿飞舞。

结局众所周知……

唉！

即使在我们交往的过程中，我的直觉也一直在试图与自己联系，例如在梦中，但是谁会因为做梦而质疑自己的伴侣关系呢？

许多自恋关系的受害者（回想起来）至少都收到过一个重要的信号——并忽略了它。他们内心的智慧也曾试图警告自己：早在怀孕前，我有时就会有这种奇怪的感觉。我想：有些日子真是不舒服啊！但我不知道这种感觉是从哪里来的，又是因为什么。我也不想这样的。

直觉可以通过多种渠道传达给我们。它有时就像是一种超感官知觉，因为它似乎毫无根据：我记得有一天在度假时，我早上穿好衣服，想到：我真想马上离开这里！我不想再和她在这家酒店了！我无法对这种感觉进行归类，因为它与我平日的感觉完全不符。我绝对是爱她的。尽管如此，我还是想：我想离开这里！但是不行，因为我买不起机票。

这听起来像是陈词滥调——但却是必不可少的：对抗新一轮自恋关系旋转木马的奇迹疗法之一就是学会倾听我们的直觉，它很少欺骗我们。我们越了解它，就越容易将它与偏见、恐惧和其他令人不安的因素区分开来。

与此同时，科学也发现了直觉并将其视为第二大脑。无意识和直觉现在是公认的权威。

对身体感觉的感知被称为内感受，这种能力在决策过程中起决定性作用：我们的躯体标记提供有关我们感觉良好和不好的信息。如果这些信息无法被评估，那么它们就不会构成决定的基础。创伤可以阻止对这些感受进行分类。

越来越多地质疑自己对情况的评估也是煤气灯效应的典型长期后果。可以说，由于自我怀疑，我们的直觉出现了一个漏洞。我们无法接触到我们内心的指南针——它是做出健康决定和感受我们界限的基础。

特别是来自自恋家庭的人极易受到这种影响。毕竟，任何小时候经历过煤气灯操纵的人都可能很早就失去了自己的直觉。

虽然他们可能有很强的直觉，但是高度移情者很容易被他们的直觉劝阻，因为他们的超能力之一就是质疑自己。

要了解你是否与自己的直觉保持良好的联系，请你回忆一下伴侣关系的开始。

反思：第一印象

- 你们第一次见面时，你的感觉如何？第一次约会呢？

- 第一次在你家时，你的感觉如何？

- 或者在另一个人的家中，发生了哪些对你们的关系来说重要的事件？

- 在这段关系中，你做出了哪些决定？

- 你的身体感觉如何？

- 当时你是怎么处理的？

- 你是否听取了这种感受，或者你是否在内心驳斥过它？

- 结果如何？

小心！在做这种分析时，人们很容易陷入自责：我们为什么不能幸免于此？！是的，也许是可以的。你当然可以为此感到悲伤。然而，（自我）责备已经使我们生活困难得够久了！而且这种内心的争论也不会使我们与直觉达成更好的协议。但是回顾过去，却可以让我们注意到直觉是如何出现，而我们有时又是如何理性地拒绝它的。知道这一点有助于我们从现在开始更加仔细地倾听，并在必要时，在理智（及直觉）猛烈撞击我们并淡化内在的共鸣之前，将其召回。

这可能有不同的表现形式：分享你的忧愁的朋友可能会（不小心）给你点燃煤气灯，说："你有什么可失去的？也许那只是一个适合你的人！"或者希望再次出现，你只愿相信你终于遇到了你爱的人；或者你想用春天的热病来分散自己的悲伤；或者目标阻碍了你，而你忽略了直觉，因为这次你太想要它了。

无论有何干扰——重要的是我们注意到它的发生。当某人或某事分散了我们对原始感觉的注意时，那将是停下来仔细观察的好时机：一个重要的信息在这里等着我们！头几次我们可能不会即时注意到它，而是在这之后，但是当它成为一种习惯，我们就能实时注意到它了。

为直觉做仰卧起坐：为下一轮做好准备！

练习机会就像是海边的沙子一样多，生活中每天都需要做出决定。一位朋友打来电话，需要帮助；一个新订单飘进房子；一位亲戚要来拜访；等等。特别是善解人意的灵魂极有可能会强烈地感受到对方的需求，并且觉得很难掌握自己的情绪和需求。对于自恋父母的孩子和其他应对策略是关怀的"讨好者"来说，情况类似。

起初，分辨我们内心许多不同的声音可能具有挑战性。这就是为什么我建议：如果可能的话，为自己争取时间！我喜欢用标准的句式，例如："我会在心里感动，当我准备好要说什么的时候就联系。你什么时候需要答案？"

如果有帮助，我也会使用一些论据，让对方更容易理解，为什么他们没有从我这里得到暂时的决定："我只是不想匆忙，想要慢慢思考你的请求，为了能够恰当地处理它。"然而，这样的补充是不必要的：我们有权要求时间考虑。对的。一旦这样的解释感觉像是一种辩护，或是我们代表自己与对手进行内心斗争，最好不要去解释它。然后，进入我们自己的内心。

当挂断电话后，我会尝试与自己的直接反应取得联系：我想要这个吗？还是不要？它有助于感受我的身体，并了解我是否也能从身体上感知自己的反应——例如以紧张、肩膀下垂或心跳加速的形式。什么能让我轻松，让我快乐——如果我说"不"或者说"是"？

我记录下这种自发的反应，然后，放下整件事情或是睡一觉。如果情况允许，我会这样做不止一个晚上。就这样，有些事情已经自己解决了。否则，一旦时机成熟，我会分享我的决定。

如果答案是否定的，而我们仍在为拒绝而苦苦挣扎，那么不直接回应可能是一种解脱。书面反馈可以使我们仔细地进行表述，并阐释情感和时间上的距离。

除了做决定，一个人给我们留下的第一印象也是一种直觉。当你下一次遇到某人或与新朋友共度时光时，倾听自己的内心，感受一下：

反思：相遇

· 我感觉如何？这之后呢？

· 我可以放松并做我自己吗？

· 还是我感到紧张并有一种歪曲自己的冲动？

· 我的身体感知到了什么？

试试看！可以从没有太多依赖的关系开始进行训练：当我开始更加相信自己的直觉时，会发生什么？如果我让自己的直觉发表意见，我做出决定的方式会发生什么变化？这些决定会对我产生怎样的影响？

腹肌疼痛：灵魂的成长之痛

特别是对于新事物，直觉慢慢变得可靠，但事后却会受到猛击——尤其是当直觉说"不"时：我们惊讶于如此轻易就做出了决定。我们有一种清晰的感觉，并跟着感觉走。一切似乎都解决了。但是夜半梦醒时，我们开始沉思：那样做对吗？我不应该再想想——或是再问问别人吗？我是不是太挑剔了？我失去了机会吗？我最后是不是被触发了？随之而来的是熟悉的遗憾。而我们再次对自己点燃了煤气灯……

当发生这种情况时，我总是对自己说：这些都是成长之痛！

在我决定放弃一项任务，给我的朋友打电话时，她说："把它想象成一次实地试验！""旧的思维方式会短暂地反击，但总的来说，你的精神腹肌变得越来越强壮了！"

无论如何，随着时间的推移，你可能会发现，当你能够更快、更坚定地做出决定，而你的生活突然变得更加舒适时，你终于不

> 在任何地方，预感都先于后来的知识。
> ——亚历山大·冯·洪堡

再优柔寡断了。你更少会做自己不想做的事情，你的周围都是令人愉快的人。那么，你的直觉一定很有品位！

我的新直觉是："如果你不确定，那就是不！"我总是惊讶于我突然多出了许多时间和精力，因为寻找另一条路之前，我不必再检查每一个死胡同一千次了。

小贴士

1. 从过去吸取教训：写下伴侣关系中你记得的直觉、梦想及其他直觉信息。分析是什么导致你被劝阻。检查这些机制是否仍然有效。记录下最近一些类似的情况。想想未来你需要什么才能忠于自己的直觉：什么会支持你倾听自己的内心，并相信自己的冲动？

2. 身体扫描：身体扫描是一种正念练习，可以帮助我们重新与我们的身体取得联系：你或坐或躺，在精神上感受自己的身体。内观是一种不做评价的观察。所有的感觉最初都只是被感受到，而不是立即被赋予标签（例如"愉快"或"不愉快"）。当你下一次难以做出决定，或是遇到新的朋友时，请你花几分钟时间进行身体扫描。你的身体向你发出了什么信号？你会如何解释这些信号？请尝试将这些信息纳入你的决策制定和关系建立之中，观察自己在进行这种新练习时的感受。

3. 列阵：为使直觉成为自己内心的顾问，你可以列一个阵。我强烈建议你先在小事情上尝试一下。我们生命中的大酒桶最好配备治疗支持。如果你在两种选择之间犹豫不决，那就把每种选择都分配到空间中适合你的位置。然后站在两个位置之一上，倾听自己的内心。确认你的身体和灵魂对这个选择的反应。然后在代表另一个选择的位置上重复该操作。比较这两种状态，问自己：如果理智没有那么多好的理由来支持它认为合理的事，我的身体和灵魂会选择哪一个？

4. 创造力：即使我们有创造力，也会用到潜意识。如果你想询问自己的直觉，写一首诗或画一幅画。但是将创造性冲动用作一种发泄方式，只能在短时间内带来缓解。下一步是必不可少的步骤：了解你的灵魂想告诉你什么，认真对待它并让它来引导你。

5. 顺口的公式：记下友好、定义明确的句子，你可以用它们来要求思考的时间。

6. 预感和愿景：有时（对脚踏实地的人来说也一样）一种特别强烈的直觉会以愿景或其他预感的形式出现。当这样的事情发生在你面前时，试着检查一下这种智慧是否正确——即使你发现自己很难相信它。

7. 寻找陷阱：回顾一下，你是如何在一段关系中（或是在童年和青年时期）训练自己逐步摆脱自己直觉的？为此你都使用了哪些方法？为此都使用了哪些手段？

8. 校准自己：生活中，你会对什么做200%的肯定？这就是说"是"的感觉。从现在开始，如果你说服自己说"是"，那么这就是你的对比值。

9. 频道清洁：你的直觉通过什么方式与你交谈？一旦你确定了自己最重要的洞察力来源，请定期维护它们，以便始终清晰可见。如果你有任何疑问，请务必查看它们。

10. 内感：SEI（Somatic Emotional Integration®）疗法的创始人达米·沙尔夫建议我们对身体感知变得再次敏感起来。她推荐了一个简单的练习：如果你对某事感到高兴，如果你喜欢（或不喜欢）某人，问问自己："我是怎么知道的？"这可能很难回答，尤其是一开始。但是请你深入挖掘，直到你再次发现你的身体感觉是古代经验中的信息来源。

第三部分

发现爱

如果你想体验真正的归属感，你不必改变自己，你必须做自己。

——布芮尼·布朗[1]

1　布芮尼·布朗（1965—　），美国休斯敦大学社会工作研究所教授，致力于研究人们的脆弱、勇气、价值感以及自卑感，出版多部相关论著。

第二十章　新领域：改变猎物模式

我恐怕，即使在好莱坞电影里，这样的第一次约会也不会得到加分。但是从心理学的角度来看，我对此印象深刻：我们只是站在我家门口。就在这一刻，正如我从一千个庸俗的爱情作品里知道的那样：我们度过了美好的一天。我们又聊了一会儿。我们难舍难分。天色渐暗……真是一个美好的夜晚！（好吧，下着毛毛雨……但那是在汉堡！）

我内心有些激动。因为我很清楚：就是他！我即将迎来第一次亲吻。天哪，我好久没有亲吻了！而且很久没有第一次亲吻了！

"快点儿，老兄！亲我！"我的一半催促着。

但是我的另一半更加聪明："绝——对——不。不要亲吻！坚强点！"

我内心的这个声音知道：我现在已经盯着这个人看了大约有45分钟了，虽然他很可能不是自恋者，但他可能也不是我的真命天子。他不合适。在内心深处，几条沟渠将我们隔开。

我走在正确的轨道上：他既没有理想化我，也没有贬低我，而我也没有高看他。我和他在一起感到很舒服，很平静。挺好的。但是：从长远来看，不适合。

自从我（未亲吻地）消失在楼梯间以来，我一直为自己感到自豪。尽管我的身体细胞正在考虑对我提起集体诉讼，因为它们不会介意一些感觉良好的荷尔蒙——但我做了正确的事：我变得挑剔了！

忆起那晚，我很着迷：我的直觉从一开始就知道那是什么。早在第一次相遇时就知道了。与此同时，希望已经离我有点远了。但最终在我们第一次约会时，我验证了直觉从一开始就告诉我的事，并坚持了下去！

第一次约会就做到了！这是我最好的成绩！

无须再数次见面、思考、搁置、来回摇摆、出轨，然后才想起义务或承诺……不！倾听自己的直觉！倏地！结束！下一个！

如果从现在开始生活中的一切都过得如此之快，请问会节省你多少时间和精力呢？！

我很着迷，对自己直觉的信任也因此而愈合。

就像我相信还有一些奇迹在等待我一样。我突然觉得很满足，尽管我渴望最终体验真爱——但我决心提高我的猎物模式，只有在它真的适合时，我才会说"是"。第一步是学会从一开始就识别出自恋。

睁大双眼！在第一次约会时识别自恋

浮夸型自恋者在约会时更容易被发现：他们注重外表，善于吸引他人的注意力（比如通过大笑），并会坚定地迈出第一步。他们雄辩、幽默、自信，或以其他热情因素吸引他人。*我觉得她很酷！她是一名舞者，活得极度自我！*

他们对我们正在寻找的东西十分敏锐，我们在他们面前会感到无所遁形——这让我们很难识别出自恋。

建议你注意那些角落里安静的人，在不起眼的外表后面可能有一个不需要炫耀的好人。但是要小心！这并不是一个无懈可击的策略：内心空虚可能会与深度相混淆。太快、太多和过于公开地分享自己的脆弱，也可能是脆弱型自恋的迹象。就如同受害者的故事也能够唤醒我们的同情，让人疏忽的自恋也很难被识别：它会唤起我们（有些保守地）想要赢得新猎物的愿望。在这种情况下，我们自己可能会开始爱情轰炸。因此：请你保持警惕！

哪怕是一点点防备，就已经是在认识的路上了。网上约会充斥着喜欢自我表达的人，因此三维世界更加安全。在这里，我们也可以更多地感受到两人之间发生的事，我们将希望投射到数字信息上的风险也会更小。

你能注意的另一点是情绪的波动。如果你愿意，这种能力可以很好地发挥作用或是得到训练——特别是在爱情轰炸阶段。

打破自己的模式

安娜·朗克尔建议患有童年创伤后应激障碍的人仔细考虑我们正在寻找的对象或关系类型，这听起来很简单，但是那些从童年时代起就患有复杂性创伤后应激障碍的人更有可能陷入不合适的关系之中。因此，最好了解自己的模式并有意识地抵抗它，这也包括我们的猎物计划。刻意背离过去可能是成功的关键！

> 你的生命太短暂了，你无法相信，有人只是因为不知道"爱"这个词的含义而无法爱你。
> ——莉萨·比兹尔

知道自己不想要什么，只是成功的一半。我越准确地知道它是什么，就能够越更快找到我正在寻找的东西。然后我可以在每次约会时校准理想和现实：如果这个人不是我要找的人，那么当下的约会最好就是最后一次。因为如果不合适，继续约会又有什么意义?！

典型的C-PTSD约会模式是盲目地追逐自己的感觉，然后发现自己和错误的人在一起陷入困境。接着我们会试图改变这个已经发生的错误，使它再次符合我们的愿望——我们都知道成功的机会有多大。

另一种模式则可能是为自己找一个伴，以避免独处，仅仅是为了从避风港寻找那个对的人。避免深度依恋是C-PTSD患者使用的一种无意识的策略，例如通过发出错误的信号：如果我周围的人认为我已有对象了，那么对我真的感兴趣的人就不敢再接近我了。

在这种情况下，安娜·朗克尔谈到了出租车灯——即出租车车顶上的灯灭了，表明是不是在空驶。如果我们由于临时的关系而联系在了一起，那么出租车灯就会熄灭。监考原本等待接触我们的人会意识到，我们被占用了。或者反过来：我们甚至没有注意到，合适的人来了。我们不应该迷恋于临时人际关系的众多原因之一是：我们同时错过了正确的人！

社会可能也使我们产生了不切实际的关系观念：爱情的浪漫观念类似于爱情轰炸：乍一看，强烈的感情，一切都发生得很快……也许在我们内心的搜索界面中理顺它是件好事情。

潜在的危险：不要爱上潜力！

在美国流行着诸如"不要爱上潜力"之类的话语。这意味着：不要爱上尚不存在的东西！否则，你会假装你的新爱人发展出你想要的品质，从而受到虚假未来的欺骗！这是危险的乐透！

这是一份来自特别善解人意的人的礼物，可以看到别人想要成长的地方。但要做到这一点，对方必须想要成长。而且由于种子还没有在地里发芽，所以愿望似乎没有那么迫切。

问问你自己：我想和这个人永远在一起吗？不想？那你还在那里做什么？

小贴士

1. 猎物模式：描述你之前的猎物模式。每当有人引起你的注意且讨人喜欢时，请查看该人是否适合你的模式。开始去寻找与众不同的人吧。你还喜欢谁？

2. 不要在南瓜地里寻找："如果你想要草莓，就不要在南瓜地里寻找。"我总是这么说，因为我永远记不起著名畅销书作家的类似书名。然而它给了我很多启发。因为它向我表明了一个原则，我有时会按照这个原则行事——不仅在约会时：我不寻找我想要的东西，而是拿我能得到的东西。不是很有吸引力，这我知道。但是知道这个挺好。你觉得呢？

3. 第一眼：你已经见过谁了？你最初的印象怎么样？警告你的声音有没有出现？如果出现了：它说了什么？这种直觉会随着时间的推移而得到证实吗？如果是：是什么让你坚持下去的？

4. 安全措施：找一个或多个你可以信任的人，他们会使你想起对新恋人的最初直觉，从一开始就让他们知道你的感受和疑虑。如果你感到不愉快，想一想你内心的声音会对此说些什么。和你信任的人一起，检查这种印象是否仍然存在于棉花糖之下的某个地方，又或者这些担忧是否已经永久被消除了。

5. 自由信号：到目前为止，在你的约会生涯中，你的出租车灯情况如何？你释放了哪些信号，又是怎样释放的？结果如何？然后将你的注意力转向此时此地：想象一下，你的梦中情人已经在外面的某个地方：他会看到什么？他会从你那里接收到什么信号？这些信号会鼓励还是吓退那个寻找健康关系的人？

6. 矫正体验：在治疗的过程中，我们可能会发现自己（如果事情进展顺利）在互动中有"啊哈"的时刻，例如"哎呀，元交流原来如此和平且具有针对性"！或者"哦，我原来可以表现得这样脆弱，并因此而被爱"！改变我们的思维模式需要大约300次有意识的新体验。因此，当你体验到某些事情会纠正你对自己、他人、人际关系和世界的阻碍性信念时，请打开你的意识之灯。要重视这一点，紧紧抓住它！下一次当你站在十字路口时，问问你自己：我是在遵循旧的原则还是新的原则？

7. 新习惯：你参与的互动模式会邀请有毒的人吗？例如你是否总是那个解决困难或促进和平的人？然后，在你所有的人际关系中，开始小心地探索新的行为方式，以实现更多的平衡。它也会自动改变你的猎物模式。

8. 梦想清单：如果你发现自己不习惯等待爱情，请稍事休息，反思一下自己：列出你想要在生活中做的事情，写下所有的事，不要去审查！没有什么事太过雄心勃勃或是微不足道！从购买新耳环到环游世界，所有从你心里流淌出来的东西都可以写在纸上。如果你不知从何处下手，如果你感到孤独，或者想与错误的人交往——请检查你的清单！把自己的兴趣放在梦想清单的那个点上。

第二十一章　安全起见：带着警报系统去约会

现在它发生了！我认识了一个人！我的内心激动不已。我必须短暂地梳理一下自己的心绪：

女人：啊哈，你看！我没有忘记怎么去做！我还能够调情。这真有趣！哦，上帝，遇到这么好的人，我的感觉真好！

自我保护：小心！不要让别人来修补你的伤口！如此一来，你已经失败了！

生活乐趣：这就是一场试验，不是吗？他能照顾好自己！关于爱情故事，他得到过警告……

自恋专家：现在告诉他你的故事还为时过早！

间奏：我就不适合闲聊！

警报系统：请问开启时的新界限在哪里？

女人：呃，但他真的很喜欢我……

警报系统：给他加一分！他有同理心。

自恋专家：……当然也可以是一种策略……爱情轰炸？

警报系统：他对新的任务感到非常高兴——但他也没有得意扬扬！好兆头！——他只讲了一点关于他的事情。会不会在表象的背后隐藏着内心的空虚？

生活乐趣：我只是做感觉良好的事情，看看会发生什么。好吗？

自我保护：但你要能够说"不"！

正如我的治疗师所说的那样：说"不"永远都不晚，于是我又更加仔细地审视了一番……

当然，潜在伴侣的每一句话、每一个手势、每一个行为都经过了我新安装的心理警报系统模式识别程序的检验……

再也不要了！害怕重蹈覆辙

当我们经历过不止一种自恋虐待关系时，在我们最初的几次约会中，对于遭受重复性强迫的恐惧可能会让我们喘不过气来。我们在恐慌中翻来覆去地想每一句话，检验每个手势是否有可能是警告信号。一开始，很难评估新的警报系统是否过于敏感，或者是否真的有警告信号。与此同时，我们会在某种程度上再次判断友谊——约会则是下一个阶段的事！我很害怕我不能再向别人敞开心扉了。因为我的感觉是：只有在安全气囊和安全带的保障下，才有可能建立起关系。我再也不会像曾经那样去爱了。

眼中的惊慌会让调情变得不那么容易。这就是为什么我要提前祝贺我们所有人：我们敢于敞开心扉并再次相信他人（即使一开始有一些健康的不信任），我们真是太勇敢了。在经历了一切之后，这不能被认为是理所当然的，但是我们敢于这样做很好。因为它表明我们既不愤世嫉俗，也不冷酷无情，而是重新向生活敞开了心扉。

很可能在几分钟、几小时、几天、几周或几个月之后，我们才真正意识到，我们最好的新朋友或新未婚夫有自恋的特征。也许我们的磁性还没有完全消除。但这不是认命的理由！相反，这是一个值得庆祝的理由：我们比上次更早地注意到了！而且我们会越来越早地注意到它，直到它被我们完全内化，从而使我们不再落入陷阱！只不过还是在正常的范围内。因为，我们所有人都会被操纵！

至于爱情，选择是决定性因素。如果我们做出了错误的选择，我们可能会在之后很长的一段时间内修补错误——但这毫无帮助。因此我们的第一个目标是，学会做出正确的选择。要进行这项训练，我们必须回到马上。我们没有什么可失去的了，因为我们学会了看。更重要的是：我们学会了走！

脆弱？仅适用于强者！

带着警报系统去约会——本章的标题不是在暗示我们要穿着铠甲去浪漫的晚餐。盔甲往往会妨碍拥抱……

但是从有毒关系中走出来的人往往很难再去相信他人，尤其是在爱情方面。当我们变得更加挑剔，学会了反思自己的行为和识别警告信号时，会很有帮助。相反，完全不信任则意味着把婴儿和洗澡水一起扔出去，警惕得过了头。

为了建立健康的关系，我们需要信任。因为只有这样，我们才能敞开心扉，让自己在最好的意义上变得脆弱。只有这样，人与人之间才会有更加丰富的联系，否则亲密是不可能的。

为了让我们在不置身危险的情况下可以被触及，我们需要设定界限的能力。我们训练得越多，就越容易出现脆弱性——这可能听起来很矛盾。

如果你发现自己不能信任对方，这是一条重要的信息。它可能有多种原因：

1.你身边的人不值得信任：如果你只是不能信任一个人，那这本身就是一个强烈的信号，你最好听从它。

2.你身边的人与你过分亲近了：也许这个人是完全值得信赖的——在熟人圈子内。但除此之外的任何事情都太过分了。

3.你们还不能信任，因为你们认识的时间不够长：真正的信任不会凭空而降，这需要时间。真正看重你的人会耐心等待。这是缓慢节奏有利于建立稳固伴侣关系的另一个原因。所以：不要提前表扬！

4.在经历了有毒的关系之后，你还没能重拾信任：如果你的信任问题与约会无关，也与认识的时间长短无关，那说明你心里的伤口还没有愈合。在这种状态下，调情就像是拖着断腿在慢跑：不是一个好主意！几乎可以肯定的是，它不仅会失败，还会以另一条腿也摔断而告终。然后，你需要更多的呵护才能再次恢复。即使这很困难，即使其他人跑得更快——愈合需要它需要的时间，你不能加速。

越界：保持距离总是可能的——
但却变得越来越困难

当我再次开始小心翼翼地将触角伸向爱情的方向时，我的治疗师向我保证："你随时可以离开的！"于是，我大着胆子走上了地板。选择走开，给了我所需要的安全感。然而，在我的调查过程中，我意识到虽然我总可以离开，但随着时间的推移，它却变得越来越困难。因此：如果你约会的人越界了，请你打开警报系统！虽然它不是物理界限（比如粗暴地对待），而是与行为（比如控制）或话语（比如贬低）有关。但越界就是越界！

然而，为了维持关系，我们习得性的反应可能是为对方的行为进行辩护："那天他只是压力过大！"一旦我们按照这个逻辑思考问题，我们就会远离自己的想法和感受！我们屈服于这样的幻想，即如果我们变得更好，变得不同，结婚，生子，那么对方就会改变自己……这条道路会导致创伤依恋。请你守护好自己！

哪怕是很小的越界行为，你也应该立即明确表示这里存在一道不应越过的界限。例如，如果有人出于毫无根据的嫉妒而干涉你的友谊，那么你应明确地表示这样不行。否则，保护你的界限可能会逐渐消失。如果你即刻重建了界限，那么界限就会完好无缺。

特别是当自恋的表达形式更加隐蔽时，你更有可能处理的是微边界：发出邀请时，你会感到有压力。当他为你做了一顿美餐时，你觉得自己有义务让自己被亲吻。你对取消约会感到内疚，虽然你觉得约会的次数过多了。你害怕她会离开，如果你过于直言不讳或其他诸如此类的事情。当然，我们不应该毫不妥协——但明智的做法是从一开始就关注界限是否可能。

我们总是有一种划定界限的方法：与自己保持距离。当发生身体暴力时，应当立即使用这个方法。如果对方为此责备我们，除物理攻击外，我们还应处理受害者责备（即操纵）。创伤依恋再次出现的可能性很大：就像斯德哥尔摩综合征一样，我们不会考虑自己的最大利益，而是会站在对我们施暴的人一边。这就是为什么一旦对方明显以某种方式施虐，我们就应该立即离开这段关系，非常重要。我们仍然可以认出这一点。然而，随着我们停留的时间越来越长，认知失调和创伤依恋就会使我们的头脑变得越来越模糊。

如果（在轻微越界的情况下）你不确定，可以给（就一次！）第二次机会——像是："如果你再这样做，关系就结束了。"如果这样的行为再次出现——无论原因如何——走吧！因为往后情况只会变得更糟。

一切都有它的时间——时机就是一切！

约会最重要的是时机：在一段有毒的关系结束之后，紧接着，进入下一段有毒关系的概率特别高。其他重大的生活危机也使我们容易受到有毒关系的影响，因为我们正在寻求支持。或者因为我们太过沮丧，以至于我们忽略了关键信号。总之，不是开始新的伴侣关系的好时机。

治愈的速度因人而异，也取决于各自的经历——以及经历的时长。

我曾与那些觉得自己已毁灭到无法完全恢复的当事人交谈过。其他人虽然不同，但已能从他们的经历中成长，并在悲伤一年后再次恢复过来。如果可以完全断绝联系，似乎更容易完全摆脱它。非常合乎逻辑！伤口不再被划伤，因而得以愈合。

据说，我们至少需要一到两年的时间才能解毒，重新找回自我并建立起与自己的联结。只有当我们能够再次独立，走自己的路时，才能再次让自己的目光悠然游走。我建议你等待，直到认知失调基本消失为止。不是每个人都喜欢听取这个建议，但是这很重要。

同样重要的是不要让自己受到他人期望的催促：结婚生子的社会压力导致许多人急于陷入自恋关系或无法摆脱自恋关系；许多人仍处于无法忍受的状态，因为不然的话，他们将不得不从头开始。

所以，让生物钟嘀嗒作响吧！不要再理会那些想要撮合你的阿姨！被邀请参加他人的婚礼时，带上能够让你振作起来的同伴！让自己独立于内部和外部的需求。此外，也不要听那些告诉你要尽快回归混乱的关系或不要那么挑剔的人对你所说的话。你不知道，这完全是错误的方式！

因为，相互了解的关键原则是"慢慢来"。爱情轰炸让一切都发展得太快，以至于我们看不到自己正在陷入什么样的关系。对此，我不能说得再多：在你飞出弯道之前，踩刹车！在开始一段新的关系时，一点一点地慢慢深入。

这也意味着你必须警惕自己的冲动。如果你正在和一个隐性自恋者打交道，他可能会让你过早地采取主动：也许他会（十分绅士地）退缩，然后由你来决定在他家过夜。或者她坚持说她不想因见父母而让你感到烦恼——而你则想证明这对你来说是应该的，并建议向她的父母介绍你自己。也许你的心上人有令人心碎的悲惨遭遇，他被赶出了自己的公寓，于是你让他在你家避难——当然，这只是暂时的（你是这么认为的……）。

清单：约会时的安全策略

· 慢慢来，保持悠闲的步伐。

· 等到确定后再进行性接触。

· 在透露有关你自己的私密信息时要缓慢而小心。

· 将你的新情人介绍给了解自恋的知情人士。

· 不要立即同居。

· 与知情人士讨论危险信号。

· "难以获得"是一种危险的游戏，因为它会刺激自恋者。

· 不要混淆戏剧化和激情！

· 尽可能避免约会门户网站，那里是自恋者的家园，表象多
　于现实。

· 寻求欣赏而不是欲望。

永远不要饿着肚子购物！

　　如果你在肚子咕咕叫的情况下去购物，你会带着高热量食物回来，这些食物却不能做出一顿营养全面的饭菜。约

> 遵从自己的内心，但也不要
> 忘记理智。
> ——阿尔弗雷德·阿德勒

会也是如此：如果我们内心的渴望得不到满足，我们可能会带错误的人回家……

　　这种内心的渴望植根于童年的需求和创伤。如果这些需求和创伤保留在我们的无意识之中，我们就容易变得依恋自恋者。以自我怀疑为例——我们需要感觉到自己是有价值的。当我们不知道自己随身携带着

这些需求和创伤时，很容易就会陷于魅力攻势和赞美之中。

因此，在这一点上更好地了解自己是很重要的。然后，问题是：我怎样才能独立和有建设性地满足这个需求？怎样才能治愈这个创伤？这样就没有其他人可以滥用我的这种缺陷来引诱我了。

我已经在"堵住自己的洞"一节中谈到了这一点。现在是问问自己这会儿对约会有何影响的好时机。

你是否正在寻找一个美好的人儿，他/她并不在意你的自卑？——学会爱自己吧！

你是否正在寻找可以为你敞开心扉的人——有钱并信任你？——自己去寻找你所追寻的信仰飞跃吧！

无论怎样，请以不同的方式满足这种饥饿感！当你感到饥饿并渴望快速进食时，你不会花时间研究那些细微的成分。你会匆忙吞食那些不能满足你的饥饿，却会让你生病的东西。

如果你吃饱了，就不会再吃到有毒的东西。你会和一个真正可以滋养你的人在一起。

扩展的自我：对灵魂的入侵

意识到某人正在让你成为他扩展的自我，是一个危险信号。以下迹象表明可能是这种情况：

· 你觉得自己比平时更有价值或更不重要。
· 你觉得对方优于你。
· 你受到抑制、无自发性、克制自己。
· 你审查你所说的（感觉、需要……）。
· 你很在意可以用什么来增加对方的好感。

- 你突变成为一个笨拙的小孩。
- 你有与情况不一致的感觉或身体反应。
- 你不顾一切，利用成瘾来度过这次邂逅。
- 你通过他人的眼光看待自己并努力适应这个形象。
- 你欺骗了你们双方，你不再是你自己了。
- 你忽略了你不想在对方身上看到的东西。
- 只有当你断开联系时，你才会意识到你遭受了多少指责。
- 你无法保护自己免受操纵。
- 见面会消耗你的力量。

如果有人这样待你，请你重新建立与自己的联系。这在相遇时可能很难。如有必要，请你退出或是让那些可以使你与自己的核心、感受、需求和愿望相联系的人，以及提醒你正常发展节奏的人包围你。

清单：危险信号

- 这个人在第一次约会时说前任的坏话。
- 感觉有些奇怪或不对劲。
- 你的直觉会警告你。
- 你被爱慕或赞美，经历爱情轰炸。
- 你理想化或被理想化。

- 太神奇了！
- 你经历贬值——对自己或对他人。

- 责任总是归咎于你，对方不承担任何责任。

- 对批评的反应是愤怒或退缩。

- 你的新恋人对员工特别（不）友好。

- 你的新恋人明显比你说话时间多，不喜欢听你说话，也不问你任何问题。

- 面对"你最害怕什么？"这样的话，你感觉自己受到了审问。

- 这个人做什么都很匆忙：表白、性爱、见家人、订婚、结婚、联名账户、生孩子、同居等。

- 遮遮掩掩的恋爱：你被隐藏了。在公共场合，你们没有感情交流。

- 消息和联系的计时太快了。

- 你被迫花更多的时间和这个人在一起。

- 礼物、郊游和其他小礼物有点"过了"。

- "你去过哪里？和谁一起？"这样的话语表明你受到了控制。

- 你想知道，是否以及如何能够解决某些问题。你事先准备好相关的句子。

- 你写信、电子邮件和短信，为了解释自己。

- 你小心翼翼，害怕无意间引爆什么。

- 你的约会对象吹捧你的成功或不能与你分享你所获成功的喜悦。

- 你识别出自恋的特征（如缺乏同理心）和操纵（如煤气灯操纵）。

- 这个人称自己是"自恋的"并引以为豪。

- 以你为代价的笑话是可以的——反过来则是禁忌。

- 对方突然消失：这个人从你的生活中消失了，没有任何解释。

- 这个人有时会突然从现场消失，或者开始退缩。

- 这个人没有密切、深入的接触。

- 讨论和元交流不可避免地会变成争论。

- 共同的问题不能得到解决，堆积如山。

- 这个人不仅有盲点，自我反省的能力也极其有限。

- 这个人看不到自己的错误，也不会道歉。

- 这个人嫉妒你，或让你嫉妒。

- 你一再被骗。

- 这个人"忘记"了事情、约定、约会、说过的话、发生过什么……

- 你向自己或他人为这个人的行为做辩护。

- 你解释人际交往的基础（如诚实、同理心）。

- 这个人不尊重你的界限。

- 戏弄成为你们沟通的支柱。看似友好的事变得有辱人格。

- 这个人约会的对象"高级"（权力、名望、美丽），为了沐浴他人的光芒。

- 这个人约会的对象"低级"（贫穷、疾病、边缘化），为了获得优越感和控制权。

- 给人的感觉很熟悉。检查你是处于安全还是因为旧的模式。

- 交往过程中充满激情、戏剧性且波澜起伏。

  如果你在新恋人身上发现了这些迹象，请小心，因为它们可能表明自恋或其他有毒的关系模式。

用针刺！在最痛的地方

我的一个朋友是针灸师。当他在我耳边扎针时，他会寻找最放松的点扎针。 多年来，他已形成一种敏锐的感觉，可以识别出表面的状况，通过测试性针刺来检验并察知接受治疗者对针刺的反应。

在关系的早期阶段（不仅仅是伴侣关系），我已经养成了做同样事情的习惯：当我感觉到有一个潜在的腐坏点时，会用针去刺最痛的地方——在我自己身上是这样（因为我已经学会了遵守不成文的规则，不那样去做），在其他人身上也一样（因为在这一点上他人表现出的可能更多的是表象而不是事实）。

就像在求职面试中，简历和自我介绍会通过递交支持性文件来检查其真实性。可以是证书，但也包括评估中心的行为：这揭示了一个人是否真的像自我介绍中所声称的那样灵活或有创造力。当涉及自恋时，应当不断检查：言行一致吗？

例如，如果你将自己描述为具有心理反思能力的人，那么当你在进行元沟通并打开自己的心灵时，你不应该感到不知所措。关键是要将他人对自己的要求标准应用于自己，哪怕是在相识之后。

检查言行是否一致也有助于我们抵抗自恋者的影响：我们已经学会了遵循他们暗示的信息。如果我们对此不做抵抗，我们就会为了不让对方生气或不失去对方，从而习惯性地不断委曲求全。

也许，我们隐约感觉到了深度挖掘的禁令。或者我们前任的经历让我们痛苦地意识到，当我们提出问题并要求建立真正的人际关系时，风暴可能会再次袭向我们。难怪我们会倾向于否认我们有极强的同理心，取而代之的是在听到"小心，深刻！"时条件反射地隐瞒一切。

我们注意到这一点很重要！尤其是当你遇到潜在的新恋人时，这种模式会极其活跃。接下来重要的是，要弄清楚这是否只是上一段感情的遗产，或者我们是否直接走进了有类似不成文规则的人的怀抱。它也可能是两者的组合。

我给她写了一封电子邮件，做出了我觉得是绝对禁止的事情：元交流！我谈到了在接触过程中出现的误会。在之前的关系中，这难免会引发一场激烈的争论。（经过几天的紧张等待）我收到了一封新认识的女人发来的充满理解和反思的信。我们一起设法弄清楚了我们是如何陷入困境的，谁在其中扮演了怎样的角色。现在我终于松了一口气，决定继续观察下去。

从那时起，我会越来越快地注意到我需要澄清的时刻。我学会了感受那是旧日的变形还是对对方的反应。

以下是一些关于其他测试痛点的建议：

·练习给予认真且合理的批评，或是提供诚实的反馈。观察反馈是如何被处理的。无论是公开或被动的攻击性——愤怒、退缩或惩罚都是危险信号。

·汇报自己的成功。你的爱人会与你一起感到高兴吗，还是他对此反应很冷漠或是瞧不起？即使作为回应，吹嘘自己的光荣事迹，那也是一个坏兆头。挪用你的成就也一样："你只有我要感谢！"（小心！对于这个试验，最好不要选择会让你感到非常脆弱的话题。如有疑问，说说那些之前你已经与信任的伙伴分享过的事情。对方对我们成就作出的消极反应会深深地影响我们，使我们感到不安或沮丧。而你灵魂中的这个地方可能仍然过于敏感。）

·监视自己的冲动。你会避免某些话题吗？会让自己去适应吗？是否隐藏了自己的需求？能忽略分歧吗？是否为了他人而降低要求？如果是：请你有意识地抵抗它！如果关系因此而破裂，你应该庆幸，它这么早就发生了。

请尽可能轻松地、小步骤地、有机地完成这一切，顺其自然。没有人喜欢被考验的感觉。感到自己被监视也可能使友好的人表现出奇怪的行为。

毕竟，这不仅是对对方的测试，也是对自己的训练：只有找到合适的剂量，你才能重获那些长期以来都被禁止的东西。目标是自我主张，而不是对抗。

与自己的友谊：培养健康的态度

我已经养成了分手后与自己的想法建立联系的习惯：我宁愿一辈子单身，也不愿再发生类似的事情！因为，实际上，我发现自己是个好伴侣。不久，我的熟人圈子也恢复如常。当然，如果没有伴侣关系，生活中就会缺少某些东西。但是，例如阿斯特里德·林德格伦就不会被剥夺其充实的生活——她在生命中的某个时刻宣誓放弃异性。

确定能与自己一起过上美好的生活让我安心。当我失去某人时，这就是我的底线：很高兴同自己在一起。这不是我需要避免或害怕的事情。

自从认识这一点后，我就不再做出随波逐流的妥协了。我就是我。如果谁不想要我，那就走吧。是的！多一点更加健康的自恋可能对我们大多数人都有好处！

哪种内在态度为你提供了良好的基础？

小贴士

1.免疫：自恋者可以说是"诱惑的力量"。但是我们可以让自己对他们的伎俩产生免疫：你的前任填补了你的什么

"洞"？想一想，你怎么才能关上这些自恋的入侵门户？

检查一下，你是否仍然有同样的渴望或者此刻是否还有其他的渴望。你的上一段恋情可能遗留下了一些新的漏洞……

2. 检查：与你信任的人约定好，让他们认识你的新情人，以便（悄悄地）感知那是个怎样的人，以及你们相处得是否和谐，或者不和谐。如果你在荷尔蒙的影响下失去了清醒的头脑，这些中立的观察者会在适当的情况下帮助你恢复清醒。在你的内心，是否有一个不想听到他们话语的声音？

3. 限制：每当你开始一段新的关系时，为你的禁忌以及确定关系的时长设定一个限制。并且最重要的是：坚守你设定的限制。

4. 承诺：对方是不是像一个承诺，以实现你内心深处的渴望？显然，这听起来很浪漫！但是，它可能会引导你走向错误的方向。确保你自己也能满足这一需求，这样你就不需要倚仗其他人了。如果你们前进的道路上有过多的警告信号，那么，你也可以让他离开。

5. 第一印象：写下或与你信任的人讨论：你对新恋人的第一印象是什么？该印象是支持还是反对这段关系？你听从了吗？如果没有，为什么不呢？

6. 幸运仙女：你现在的生活怎么样？你会不时梦到自己离开吗？周一的早上你已经在等待周末了吗？还是在等待骑着白马的救星？那么，你可能很容易成为猎物。让自己的生活过得就好像会永远单身似的，你会如何安排你的时间来充分利用完全的自由？

7. 愿景板：你认为好的伴侣关系是怎样的？从杂志上剪下相应的图片和文字，将它们粘贴到一张大纸上，制作一幅拼贴画。你不会想要再低于这个标准了。

8. 新的格言：从现在开始按照"必须赢得信任！"的原则行事，这对你们关系的开始意味着什么？

9. 反面例子：写下上一段感情中对你没有任何好处的事情。现在，你知道你不想要什么了！从中吸取经验教训，决定你想要什么。记下这一认知，这样你就可以反复查看它，以便你在下一段伴侣关系中用此标准来矫正日常生活。

10. 关系打击：你可能会觉得你从未经历过真正的爱情。这一认知可能需要时间哀悼，给自己哀悼的空间并留心由此产生的一切。

第二十二章　恒星：真爱

我身旁放着一杯热茶，树枝透过窗户向我招手。

我已进入新的生活。我实现了自己的职业目标和人生理想。昔日好友如故，新的朋友不断。我以一种前所未有的方式接近自己和他人：我完全投入其中，也照顾好自己。

当我醒来时，我期待这一天的到来。当然，也会有些起起落落，却是平常，这只是其中的一部分。重要的是：现在已经打好了基础！我很开心。我对我的生活感到非常满意。

如果有一天，我遇到了一个我想与之分享的人，那么，我会非常高兴。因为我当然想要体验爱情。但是单身对我来说并不是暂时的，不需要被消除。

我的生活和我——我们是完整的一体。

我思考了很久，究竟哪一篇日记适合放在最后一章。起初我认为这里需要"最后一张照片"，就像在电影中一样：音乐声响起，悲剧的女主角也终于和心上人在一起了。男人、孩子和狗在镜头前奔跑。然后画面渐渐隐去！

我认为，不将伴侣关系设定为目标更好些。这不是说我们必须结婚，相反，我们留给自己重新变得完整的时间越多越好。我们都知道欲速则不达……

吸引爱

爱类似于灵感，我们无法强迫它的到来。但是，我们可以准备好让爱自愿在我们这里安顿下来的地方，并尽可能避免那些会吓走它的东西。

同样，我们也不能为自己拷制出心爱的人。但是我们可以打下一个良好的基础来吸引他们、认识他们，并对真正的联系持开放的态度。

· 直到我不再觉得有必要在第一次见面时就告诉所有人我的前任时，我才会再次约会。

· 以自己喜欢的方式安排自己的生活。

· 净化灵魂。座右铭：胜任关系，而非依赖关系！

· 创造机会，让自己可以（意外地）遇到某人。

· 培养自己结交新朋友的能力。

· 因为尊重自己，所以在生活中设定了有意义的界限并习惯于维护它们。

· 让自己远离那些具有有毒关系模式的人。

但是你可能想知道：如果我现在认识了某人——我怎么知道这次我是否遇到了一个对我有益的人？

健康的关系：它是什么？

糟糕的人际关系比肥胖和缺乏锻炼更不健康，你肯定已经有过亲身体验。更难回答的是，一段成功的关系是什么样子的？特别是对于那些——包括他们的父母——至今几乎没有经历过的人。

但基本上我们知道答案：绝不会像我们现在正在经历的那样！

布芮尼·布朗为信任的定义创造了一个我认为非常合适的首字母缩写词：BRAVING。

BRAVING：信任的 7 个方面	
有边界感（Boundaries）	尊重界限；怀疑时会被询问
值得信赖（Reliability）	兑现承诺，遵守诺言
有责任感（Accountability）	承认错误、原谅错误并修正错误
保守秘密（Vault）	我们之间的亲密是安全的
正直诚恳（Integrity）	价值不在于如何说，而在于如何做
不随意评判（No-judgment）	我们可以分享需求，表达请求并拥有弱点
慷慨大方（Generosity）	动机、言语及行为得到慷慨大方的阐释

怎么样？你注意到什么了吗？在有毒的关系中，事情看起来非常不同：界限被软化了。承诺的未来计划从未被实现。责任不是问题，只有责备——并且都属于你。你遭遇谎言、欺骗和三角测量。言行不一；而且由于双重标准，对你的要求总是会更高些。盐被撒在你的伤口之上，满足你的需求是一种麻烦，你因此会受到惩罚。最迟到关系结束时，你都是邪恶的化身，没有机会把事情纠正过来。难怪我们的信任会受到如此严重的损害！

当我们感到清晰、专注、舒适和安全时，当我们从一起度过的时光中变得精力充沛时，我们就会注意到，我们正处于一段健康的关系当中。真正的亲密是可能的——在这个词的所有意义上。

在一段有毒的关系中，存在许多起起伏伏。相比之下，一段稳定的关系更像是德国北部的街道：平坦、相对笔直，也许有些普通。在狂野的过山车（我们认为这是激情）之后，对我们来说似乎有点无聊，并且从一开始就有这种感觉。这可能表明你的猎物计划尚未完全进行必要的修改。

第一次约会：平平淡淡才是好！

在浮夸型自恋中，我们习惯了令人窒息的惊喜，这些惊喜收服了我们；在脆弱型自恋中，从第一次谈话时，我们就习惯了戏剧性事件。无论哪种方式：都是快速而激烈的。从一开始就很明确，是谁在主导一切。

在第一次约会时，如果你错过了天空中的小提琴，请享受这份安静吧！你可能就在对的地方。它也许不是第七天堂，但是乐曲《云朵4》可能会让人感觉更舒服，因为它很简单，对话自然流出。也许你们可以彼此保持沉默，没有人会生气或特别重要，但是感觉很好。那么请继续下去。

最初几周：完全正常！

无论是与浮夸先生一起去圣特罗佩进行短途旅行，还是为了脆弱小姐采取救援行动——现在，我们都知道并认识到爱情轰炸了。虽然它更加隐蔽，但我们可以通过强度、令人窒息的节奏以及压迫感识别出它，我们应该花更多的时间相处。

相反，在健康的关系中，一切总是正常的。你们会一起做某事或者一起待在家里放松。接触的频率合适。你总是期待下一次的约会，希望形成深厚的联结。

没有情绪的爆发，令人感到愉快。

我们感到对方在倾听——但不是以自恋的方式，我们不会被告知我们想要听到什么。我们会多多相互了解。如果谁犯了错误，谁就会道歉。

顺便说一下：冲突是衡量关系质量的一个很好的指标，所以不要避开它们！

在天堂里生气：愤怒的果实——认识之树！

你一定仍然清楚地记得上一段感情中的争吵，关于权力、胜利和统治的争执。到最后，你可能充满了自我怀疑，因阵地战而精疲力竭，遭受到更多的伤害。也许，你已经开始回避争吵，也许仅仅是想到争吵就已经让你感到害怕。

当然，没有人（不自恋者）喜欢争吵！但是通常情况下这不会让你哭泣。

当暴风雨即将袭上新的关系时，旧的恐惧可能会抓住你。但是：请你不要听它的！不要回避争吵，因为它是新伴侣关系质量的一个很好的指标。此外，它也是你们互动的一部分——与片面的自恋相反的模式。表达自己的请求很重要。这是我们中那些已经成为"避免冲突冠军"的人可以学到一些重要东西的地方：不要陷入会促成和鼓励自恋行为的旧角色中去。

当你们讨论时，请注意会发生什么！诚然，每个人都会漏掉一些事后回想起来最好还是不要说出来的东西。这是人性使然。然而，还是有一些基石构成了健康的辩论文化。

健康关系中的争吵很常见

· 尊敬对方。

· 没有攻击、贬低、残忍或蔑视。

· 没有石墙、沉默对待或其他操纵。

· 以解决问题为导向。

· 完全愿意相互理解。

· 努力做最终有助于更加亲密和联结的事。

· 个人和夫妻双方都有成长的机会。

本书到此结束，但是你的治愈过程可能才刚刚开始。

当我们处于风暴之中时，危机就是机遇，这可能听起来有些嘲弄的意味，但却是事实。创伤可以——对抗破坏的力量——让我们超越自我并开花结果，即所谓的（后）创伤性成长，几乎是对灵魂的过度补偿。或者更粗俗的说法：过去的粪便即是未来的肥料。

也许，你已经找到了爱情，或许你很快就会遇见爱情，也可能你需要先走一些弯路。

重要的是你找回了最为重要的关系：与自己的联结。这才是真正幸福的结局。

黑暗的章节将永远是你故事的一部分，没有什么可以从生命之书上被撕下来。但如果这些黑暗的部分能够很好地融入故事之中，那么下一步就不是由黑暗的章节决定了。你手里拿着笔，填满了尚未到来的页面——如你所愿。祝你玩得开心！

小贴士

1.正常的理想：你认为一段良好的关系应该是怎样的？对你来说什么是重要的？你希望对方有什么品质？你们在一起的

价值是什么？什么是正常的？你会为常态感到高兴吗？或者你内心的声音是否正在寻求冒险？

2. 技能：为了下一段恋情，你想要拥有什么样的新技能？你如何开发它们？从在轻松环境下使用新的行为方式开始，然后慢慢步入更加情绪化的时刻。

3. 你的常量：也许，到目前为止，你还没有经历过健康的伴侣关系。但是可能存在一种不同类型的可行关系，你可以将其用作模板，例如友谊、工作关系，与家人、动物、自己或更高存在的联系。把这种相处作为可行伴侣关系的蓝图。此外，这种持续的关系也向你表明你可以成功地建立起良好的关系。

4. 多情的"处女"：第一次寻求或找到真爱可能有点像情感上的"处女"。它所需要的是与自恋关系给予我们的完全相反的东西——温柔的呵护。请对自己温柔一点！小心彼此！

5. 品质特征：健康的关系具有以下品质：尊重、同情、互惠、真诚、耐心、感恩、欣赏、信任、共同进化和成长、耐性、（对内和对外的）界限等。另外，在这样的关系中，还有你和我，以及我们。这些品质中，哪些对你来说特别重要，你还想要添加哪些品质？

6. 历史遗产：有时，我们对待新爱人不公正，因为旧的反应仍然活跃在我们身上。即使我们早就清楚，和这个人在一起很安全，恐惧和保护机制偶尔也会被触发。如果你在自己身上观察到这一点，请你（只要你可以信任）敞开心扉。这会使你的新恋人更容易理解你的行为，使用你可以收集到的纠正性经验来进一步愈合旧的伤口。如果你发现，新的幸福被你从前的恐惧掩盖，请你寻求专业的帮助。

7. 情绪调节：可以帮助你与自己和他人打交道的品质是情绪调节——能够忍受、感受以及（如果需要）平息情绪的能力。我们有许多新的触发器，做到这一点并不容易！感觉是能被清醒观察的身体感应过程，它们在我们的体内出现并在几分钟后消退。我们之所以会明显更久地遭受一些感觉的折磨，是因为我们一次又一次地触发了它们。我们内心的声音在我们的脑海中讲述了一个故事。例如，这可能是内在批评家或悲观的灾难疯子，但是，只要我们让身体平静下来，心灵也会随之平静下来。尝试适合自己的方法：正念练习、亚历山大技巧、菲登奎斯方法、可以体验到的呼吸、渐进式肌肉放松、自体训练或（引导）冥想。在被触发的情况下，什么能够有效调节你的情绪？

后　记

在签完本书的出版合同后，我产生了一种类似宿醉的勇气。但是，我的轻率之举让我在第二天感到头痛不已：我要写一本关于自恋虐待的书？！

感觉就像是同意自己赤身裸体地去参加拳击比赛，同时递给观众一盘盘西红柿和臭鸡蛋。怀疑者在想到封面故事和快乐的圆桌谈话时会抱怨道："看来，你还没有受够私生活中对受害者的指责！"

此后所发生之事远超出我的想象：关于自身经历谈论得越多，就有越多相似经历的人联系我。形形色色的人加入这个群体当中。一些幸存者早已将过去的阴影抛诸脑后，另一些幸存者则仍在努力摆脱具有伤害性的关系。尽管有所不同，但是他们都具有一个共同点：谈论这些经历会让他们感到放松。每个人都认为将这个话题公之于众是极为重要的。

我知道，我并非一人。相反，我开始猜想，这是一个巨大的问题，并且受之影响的人数远比我们意识到的要多得多。

这怎么可能？

我认为主要有两个原因：

1.很少有当事人能够意识到他们所经历之事是一种虐待。

2.很少有人谈论亲密关系中的情感暴力，特别是这种形式的情感暴力。（尤其是关于男性作为受害者的情况甚少被提及。）

此两种原因互为前提条件，为虐待铺平了道路。

因此，我想在这里向所有打破沉默，提供自身经历的幸存者们致以最衷心的感谢。

没有你们，就没有这本书。你们的故事表明，我们所面临的挑战巨大无形，又无处不在。

但愿，因为你们的勇敢发声，情感虐待终将成为社会上众所周知的一个概念。因为（还有谁会比我们更加了解？），我们只能识别和改变我们能够命名的东西。

……当然，我还要感谢……

致　谢

我要感谢我的幸存者同胞们，感谢他们通过研讨会、书籍、视频、聊天和对话帮助我在迷惘时保持清醒。此外，对于他们鼓励我熟悉人格障碍，我也永存感激之情——这点拯救了我的生命。

亲爱的彼得，真高兴有你的支持，一句"谢谢"不足以表达我对你的感激。没有你，这本书可能就只是一个想法。

谁又会知道我是否真的会写这本书，如果没有"缪斯妈妈"（Musen-Muddi），亲爱的伊迪丝。

我的父亲一直深信我会成为作家，他对我的信任（尤其是在我怀疑自己时）令我无比感激……

……还有我的母亲，她在阅读书稿时，一直容忍我极富创意的拼写方式。

我还要感谢艾伦·L.平卡斯，与他的书信往来为本书的自恋主题带来了许多新的启发，他会原谅我笨拙的简化。艾伦，我知道：不存在纯粹的隐性自恋。显性和隐性模式只是脆弱型和浮夸型自恋的不同表达形式，并且显性和隐性自恋总是同时存在的。因为你们的研究，我没有陷入调查定义的沼泽！

此外，我还要特别感谢出版社，他们不仅认真对待这个话题，还给予了我很大的自由。在编辑们的帮助下我才得以完成人生中的第一本书。我知道自己有时很固执，我由衷地感谢你们的耐心：卡罗琳，你为写成此书付出了极大的努力。

亲爱的马克女士，您将我的专业术语翻译成日常德语，简化了冗长的句子结构，并多次使我摆脱操作的盲目性。没有您，这本书不但会更长，也会更难读懂。非常感谢您！

与出版社内部和外部同事们的合作带给我无尽的乐趣。我很高兴在本书出版后还能够继续与他们保持合作。

还有托尔格……即使我不需要更多照片，我也还是会时不时地过来拍上一张！否则我就会觉得缺点什么！（顺便说一句，当我写下这些时，我在微笑……）

亲爱的安雅，亲爱的扬——如果没有你们对我身体、思想和灵魂的滋养，我会是什么样子？！

现在我终于知道，为什么人们经常在书中感谢他们最亲近的人：在过去的几个月里，我最爱的人很少见到我，感谢你们对我"失踪"的理解。现在我又再次出现了！